Linguistic Identities and Policies in France and the French-Speaking World

Edited by Dawn Marley, Marie-Anne Hintze and Gabrielle Parker

Association for French Language Studies
in association with the
Centre for Information on Language Teaching and Reasearch

Published by the Association for French Language Studies in association with the
Centre for Information on Language Teaching and Research, 20 Bedfordbury, London
WC2N 4LB
Printed in Great Britain by CiLT.

First published 1998.
ISBN 1 874016 94 1

Acknowledgements

The AFLS, the Series Editors and the book editor wish to acknowledge with thanks the support of the *Service Culturel de l'Ambassade de France*.

Editor's acknowledgements

I would like to thank firstly the AFLS Publications Committee, for their help and advice at all stages in the production of this book: the successful completion of this project has only been possible with their support and hard work, particularly in the latter stages of editing. I would also like to thank all the referees, for their valuable advice as well as all the participants at the conference which inspired this book. Finally, special thanks are due to Carol Sanders, who originally suggested holding a conference on this theme. Her knowledge and experience have been of assistance at every stage of this project, and I owe a great deal to her support and advice.

Previous titles in the series:

French and the Enterprise Path: Developing Transferable and Professional Skills, edited by James A. Coleman & Gabrielle Parker, 1992.

Integrating New Approaches: the Teaching of French in Higher Education, edited by James A. Coleman & Annie Rouxeville, 1993.

Discourse Variety in Contemporary French: Descriptive and Pedagogical Approaches, edited by James A. Coleman & Robert Crawshaw, 1994.

Languages for the International Scientist, edited by Gabrielle Parker & Catherine Reuben, 1994.

The 'Year Abroad': Preparation, Monitoring, Evaluation, Current Research and Development, edited by Gabrielle Parker & Annie Rouxeville, 1995.

Teaching Grammar: Perspectives in Higher Education, edited by Dulcie Engel & Florence Myles, 1996.

Promoting Learner Autonomy in University Language Teaching, edited by Elspeth Broady & Marie-Madeleine Kenning, 1996.

Teaching Translation in Universities: Present and Future Perspectives, edited by Penny Sewell & Ian Higgins, 1996.

Forthcoming titles:

Second Language Writing in a Computer Environment, edited by Elspeth Broady.

Technology and the Advanced Language Learner, edited by Tim Lewis & Annie Rouxeville.

Target Language, Target Culture, edited by Nicole McBride & Karen Seago.

All AFLS/CILT publications are available from Grantham Book Services, Isaac Newton Way, Alma Park Industrial Estate, Grantham, Lincs NG31 9SD
Tel: 01476 541 080. Fax: 01476 541 061

Contents

Section II: Linguistic Identities throughout the French-speaking World

Section III: Linguistic Policies

Introduction

Dawn Marley, University of Surrey

The role of the French language today, both at home and abroad, is an issue which concerns French politicians across the political spectrum, and French speakers of all nationalities. The French language is an integral component of cultural identity for its speakers, both in France and throughout the French-speaking world, and using a language other than French within French-speaking areas can lead to ambiguity over identity. Linguistic policy is therefore often an emotive issue for French speakers, and issues of linguistic identity and policy are hotly debated throughout 'Francophonie'. The changing status of French at international level means that there is a heightened awareness of the significance of language policy, and indeed an awareness of the significance of speaking French in an increasingly anglophone world.

This volume thus highlights some of the important problems facing the French-speaking world today, such as how to maintain a 'French' identity, whilst respecting others, and how to 'control' and 'defend' the French language at home and abroad. The book examines the way in which the French language is involved in the construction and perception of identity, starting from the premise that the French language is perceived as essential to cultural identity and has been an integral part of the 'mission civilisatrice', symbolising a certain way of life and a set of cultural values seen as 'universal'. It explores the issue of identity for speakers of other languages within France, and for French speakers within France and throughout the French-speaking world, using a series of specific examples, which indicate how wide-ranging these issues can be in different social and linguistic contexts. It also takes a wider view of the issues involved by looking at how the official line on the role of the French language has evolved, in the light of recent national and international developments, and considers to what extent such policies can be effective in people's lives. In short, the book will address the question of what it means to be a French speaker in today's world and, perhaps, tomorrow's too.

The order of the sections and the chapters in the volume reflects a move from the centre of the French-speaking world – Paris – out through the different regions of France, followed by a tour of the French-speaking world outside the Hexagon, from Belgium to Mauritius, and concluding with the section on linguistic policy, which gives a framework for the preceding discussions on identity. The first section highlights the fact that centuries of state intervention to ensure that French should be the unifying language of the Republic has led to a situation where most French citizens tend to see themselves first and foremost as French, yet they still feel an affection for regional languages and dialects, which provide an important link with regional traditional identity. The second section reveals the continuing international importance of French, examining its role in a variety of very different settings across Europe, North America and Africa. Finally, the section on linguistic policy considers how the policy-makers approach the linguistic and cultural challenges of an English-dominated global village, and effectively shows how tightly the issues of identity are bound up with linguistic policy.

As we approach the end of the twentieth century, the massive changes in the way we all live mean that identity has become a complex issue for many people, at a variety of levels: in terms of nationality, ethnicity, cultural and religious background among others. The first two sections of this book highlight the importance of language at all these levels, whilst the third indicates the importance of linguistic policy if linguistic and cultural diversity are to survive in the modern world.

There is a widespread feeling in France, as in much of the Western world, that modern life has become too far removed from traditional values and customs, resulting in a loss of local identity, as people are less attached to a local community, and feel more bound to a national or even supra-national (European) identity. A number of the chapters in the first section reflect this: Auzanneau in Poitou, Broadbridge in Alsace, Pooley in Picardy, and Hoare in Brittany. Auzanneau's conclusion that '[le] problème de l'identité en milieu rural poitevin est [...] fortement lié à l'évolution rapide de la société rurale au XXème siècle' could hold for most of the chapters mentioned in this section. Each looks at its region in a slightly different way, but all indicate the fact that local identities, formerly closely bound up with a regional language or dialect, appear to be dying, and that this is a cause for regret. Few French citizens today would reject the French language, or renounce their French identity, but the chapters reporting on regional languages and dialects indicate that even for non-speakers of these varieties, there is a real attachment to their regional identity, and even to the dying language. In Alsace, for example, most people seem to think that the Alsatian language will not survive, and yet feel it ought to be preserved 'si on tient à préserver une manière de vivre', and Broadbridge comments that 'even if the value of Alsatian is likely to become symbolic, it reveals the importance of this idiom to those who live in Alsace.' A similar situation obtains in Brittany, where Hoare concludes that 'children appear to be somewhat confused by their own identities. Some are anxious to hold on to a Breton identity which they consider to be theirs by birthright, and others do not feel that they can consider themselves Breton because they do not speak the language.' Other chapters in this section, notably those by Gadet and Lagarde, comment on the changes over time of regional and local perceptions of identity, and the important role that language plays in this, whilst Armstrong's chapter highlights the way in which standard French has become so essential to being French: 'to be French is to have competence in a more or less close approximation to standard French'. Francard's chapter on Belgium, meanwhile, indicates the uncertainty over identity felt by a community which is proud to be francophone, and yet is clearly not French, by nationality or by culture.

At another level of identity, France and the French-speaking world are still coming to terms with the legacy of the colonial era, which means that a significant number of French citizens are unsure of their cultural identity, being French by nationality and socialization, but 'other' by origin and family upbringing. The linguistic aspects of this are discussed in Leconte's chapter on language use among African immigrant families in France. She concludes that speaking an African language in addition to French 'est une composante importante de l'identité des enfants issus de l'immigration d'Afrique noire car elle rattache l'individu à un groupe social et culturel et permet aux individus d'avoir des origines, des racines.' Similarly, in ex-French colonies worldwide, people are having to reconcile the benefits of a French, or French-style, education with the desire to achieve local cultural 'authenticity'. Examples of this type of identity dilemma are discussed in chapters on the Maghreb – Laroussi and Madray-Lesigne, and Marley – and in Bissoonauth's chapter on Mauritius. In both Morocco and Mauritius it appears that French is viewed very much as a useful and important language to have, for various practical reasons, and Moroccans and Mauritians are attached to it, even if they see other 'home' languages – dialectal Arabic or Berber for Moroccans and Creole for Mauritians – as more essential to their identity. Bissoonauth suggests that the linguistic perception of young people in Mauritius is 'imprégnée d'une forte dose de pragmatisme, voire réalisme' and goes on to promote the concept of 'plusieurs identités chez un même individu', according to what they might be looking for in life. The data on Morocco leads to the same idea, that French is respected and appreciated for what it can offer people, although Laroussi and Madray-Lesigne suggest that the relationship of Maghrebians with the French language is rather more fraught with problems because of the colonial past: French is not 'just' a foreign language in the Maghreb, but is an integral part of an as yet unresolved identity crisis suffered by all Maghrebians.

In another part of the French-speaking world, the chapters on North America –
Heller on Canada and Girard and Lyche on Louisiana – reveal two situations where
French is seen very much as a language of identity, often fulfilling here the function
that regional languages fulfill in France, a link with tradition and a more 'authentic'
identity. In both cases the local variety of French is suffering in relation not only to
English, the ever-present dominant language of North America, but also in relation to
standard French, which is seen as 'better' even though it cannot play the same role in
terms of identity as the local traditional variety.

At yet another level, the rapid growth of computer technology in recent years has
confirmed the role of English as the language of international communication, and has
led to a further need for French speakers to assert their own identity both at home and
abroad. For English speakers this often appears ridiculous, but the preceding two
chapters have indicated the vital role of language in maintaining an identity in the
modern world, and the final section shows why French speakers feel the need to
combat the threat to the international status of their language, and how they are dealing
with this challenge, at national, European and international level. Eloy examines the
reactions of French politicians to attempted language legislation in France,
acknowledging that 'intuitivement, on a d'abord l'impression qu'un tel débat n'est
possible qu'en France.' Certainly the French seem to be more concerned than most
other nationalities or language communities about the role and status of their language.
Judge and Judge examine the way in which they ensure that it continues to be a major
force within a united Europe, and Ager gives an overview of language policy
throughout the French-speaking world. Both contributions confirm the beliefs of the
policy-makers that the French language must be preserved in order to maintain a
certain way of life and of thinking which is uniquely French and should be valued by
all peoples who have 'la langue française en partage'. In the same section, meanwhile,
Parker looks at the ideology which inspires French linguistic policy or 'the politics of
French', both in the past and today.

The articles in this volume stem from current sociolinguistic research, thus giving
a picture of French and francophone identities at the end of the twentieth century. At
a time when linguistic identities and policies are of such topical importance in the
French-speaking world, this volume should be of interest and, we hope, use to other
researchers and teachers in this field, as well as to students on courses which involve
an element of French cultural studies, both at undergraduate and post-graduate level.

Des fortifs aux técis: persistances et discontinuités dans la langue populaire

Françoise Gadet, Université de Paris-X Nanterre

Qu'est-ce qui a changé dans la langue française au cours du XXe siècle? N'a-t-elle fait que poursuivre une évolution endogène à peu près prévisible? Ou bien, étant donné les fortes mutations sociales, idéologiques et technologiques intervenues depuis le début du siècle, a-t-elle subi des influences inattendues?

L'observation du plan linguistique rend assez facile de répondre pour ce qui concerne la langue standard: les changements sont peu nombreux, avec une certaine différence selon les plans. Étant donné la brièveté de la période considérée, il n'y a guère que dans le lexique et en phonologie que de réelles modifications ont pu intervenir: tel est le cas, en phonologie, de l'émergence d'un ensemble 'nouvelle accentuation-liaison sans enchaînement' (Encrevé, 1988), désormais bien implanté. Cette modification concerne surtout un niveau surveillé (on la note d'abord chez des professionnels de la parole publique: hommes politiques, avocats, enseignants). Quant aux mutations morphologiques et syntaxiques, elles supposent un temps de mise en place plus long, et on ne peut guère s'attendre qu'à voir se confirmer des tendances amorcées dans les siècles précédents.

Donc, il n'y a pas grand chose de nouveau à signaler sur le plan interne, du moins pour la langue parlée standard. Or si, pour les siècles précédents, il est possible de parler de 'langue parlée' en général (faute de documents autres qu'écrits ou reconstitués), on ne peut plus faire de même pour le XXe siècle[1], où il faut absolument distinguer parmi différentes sortes de langue parlée.

Nous allons nous intéresser ici aux formes de langue orale les plus sensibles aux influences externes, parce que les moins fixées, et les moins sensibles à la norme et aux prescriptions de la langue écrite: les formes dites populaires.

1. La langue populaire

Il faut s'arrêter un moment à l'expression même de 'langue populaire'[2]: nous affirmerons qu'il ne s'agit aucunement d'une réalité linguistique, mais d'un stéréotype (produit des jugements spontanés des locuteurs), tellement répandu qu'il a conquis droit de cité.

Certes, il y a, d'un point de vue socio-historique, une certaine réalité derrière ce terme. Mais, étant donné que les traits qui vont nous arrêter concernent la prononciation et la morpho-syntaxe, on verra qu'il n'y a que peu de phénomènes qui puissent être dits spécifiquement populaires.

1.1 Les traits populaires ne constituent pas une variété

De fait, les phénomènes qui nous intéressent sont également à l'œuvre dans les variétés ordinaires et familières de la langue quotidienne, et pas seulement des locuteurs défavorisés, mais bien de tous les locuteurs: tel est le cas, pour la phonologie, de la fréquence de chute des *e* muets, ou des 'facilités de prononciation' (assimilations et simplifications de consonnes dans les groupes); ou bien, pour la morpho-syntaxe, de la négation effectuée au moyen du seul *pas*, ou de la fréquence des détachements, comme en (1):

(1) moi / ma mère / la télé / elle aime pas

La plupart des traits sont donc communs aux formes populaires et aux formes familières de la langue, et il faut éviter de durcir la distinction entre les deux (George, 1993, qui parle de 'alternative French', insistant seulement sur le non-respect de la norme, et évitant d'introduire le type de jugement idéologique qui se trouve à l'œuvre dans les termes 'familier' et 'populaire').

Mais que reste-t-il alors de spécifiquement populaire dans le 'français populaire'? Deux aspects peuvent nous retenir: a) il y a bien certains traits spécifiques, et b) les produits réalisés sont instables.

Pour les traits spécifiques, je prendrai l'exemple de la liaison. La rareté des liaisons facultatives est certes un trait partagé par la langue familière et la langue populaire; mais la spécificité populaire, c'est un usage morphologique de la liaison comme marque de pluriel, comme en (2). Cette autonomisation peut aller jusqu'à des formes comme (3), où seule la liaison vient indiquer le pluriel:

(2) par quatre z'officiers (chanson 'Malborough s'en va-t-en guerre')
(3) furieux d'avoir z été poursuivis

On pourrait ajouter quelques traits dont nous parlerons plus bas, mais il est bien vrai que ces traits spécifiques ne sont pas très nombreux.

Quant à l'instabilité, Auvigne & Monté (1982), ayant étudié d'un point de vue syntaxique quinze heures de production linguistique d'un locuteur du 'quart monde', ont montré que ce qui méritait l'épithète de 'populaire' ne constituait pas un ensemble homogène, stable, aux éléments énumérables (une variété): plus que la présence de tel ou tel trait linguistique, son absence, son taux de fréquence, ou les restrictions sur son emploi, le plus caractéristique est, selon elles, l'instabilité généralisée:

> Il n'y a aucune construction qui ne fasse pas problème à un moment ou à un autre; il n'en est non plus aucune qui ne soit pas bien employée au moins une fois (1982: 41).

Certes, l'instabilité n'est pas l'apanage de certains locuteurs défavorisés: c'est au contraire une caractéristique de toute production spontanée, de tous les locuteurs, même si elle est ici particulièrement forte, entre standard, non-standard, aléatoire et fautif.

La dénomination de 'français populaire' apparaît donc, plus que la manifestation d'une variété linguistique, comme l'expression d'un jugement social. Si nous la conservons, c'est parce qu'elle correspond à une capacité de jugement spontané, à la fois rapidement attribué et efficace, de la part des locuteurs.

1.2 La langue populaire a changé de statut au cours du XXe siècle

Le 'français populaire' a longtemps été le propre de couches sociales spécifiques, jusqu'au tournant décisif que constitue la guerre de 14 pour la France linguistique moderne. Il est auparavant inconnu du plus grand nombre des locuteurs, pour qui, si d'aventure ils s'y trouvaient confrontés, il constituait une étrangeté incongrue[3].

Les mutations sociologiques du XXe siècle vont avoir pour effet de diffuser largement la langue populaire: les brassages de populations entraînés par la première guerre (qui vont par exemple lui donner droit de cité dans la littérature, voir Helgorsky, 1988), ou les effets des technologies de reproduction de la parole (progressivement, à partir des années 30, tout le monde se met à écouter la radio, puis la télévision, et celles-ci laissent de plus en plus parler des locuteurs de toutes origines sociales et géographiques). Pour reprendre le mot de Bauche (1920), 'la langue populaire passe de l'office au salon' (la langue populaire n'est plus l'apanage des couches populaires).

Aussi le statut de la langue populaire se modifie-t-il progressivement. Nous nous efforcerons cependant d'éviter les poncifs médiatiques qui ont pu conduire à des questions comme: 'le français est-il en train d'accoucher d'une nouvelle langue?' On est frappé devant la naïveté d'une telle question, car, avant la généralisation de la radio et de la télévision, personne n'avait jamais l'occasion d'entendre des accents autres que de proximité (locale ou sociale). Peut-être d'ailleurs le choc que constitue la confrontation au parler d'autres locuteurs finira-t-il par faire bouger en France les représentations des variétés et de la variation, qui sont pour le moment très mal admises.

Des modifications sociales récentes, comme la diminution des ressortissants de la classe ouvrière traditionnelle, devant l'extension des couches moyennes, et le déplacement géographique des populations défavorisées (du centre des villes vers la périphérie, puis les banlieues), ont encore une fois modifié le statut de la langue populaire; et on a pu se demander si le français populaire existait encore. La question de la permanence des traits populaires est donc posée.

2. La langue populaire des fortifs

Je prendrai comme premier terme de ma comparaison ce que j'appelle la 'langue des fortifs'[4], selon la description qui en est proposée dans les années 40–50, mais dont il n'y a guère de raisons de penser qu'elle avait beaucoup bougé depuis le début du siècle, et sans doute avant d'ailleurs (Bauche, 1920, Frei, 1929, Guiraud, 1965, François, 1985, Gadet, 1991, Gadet, 1992, et Carton, 1995 dont une partie concerne le 'langage populaire').

Faute de pouvoir l'écouter, nous nous contenterons de donner quelques références culturelles: c'est la langue pratiquée par Jean Gabin dans beaucoup de ses films des années 50, par Arletty dans le rôle de Raymonde dans le film *Hôtel du Nord*, prononçant par exemple l'inoubliable *atmosphère*; ou l'accent parigot des chansons de Maurice Chevalier (ex. 'Ma pomme').

2.1 La phonologie des fortifs

C'est le plan phonologique qui est le plus saillant, permettant une identification immédiate de l'accent populaire héréditaire: intonation 'faubourienne', débit rapide, flexibilité de l'intonation, spécificité de certains timbres vocaliques[5].

Nous écarterons, parmi les exemples donnés, ceux qui sont trop typiques d'une langue populaire d'illettrés, comme cet exemple donné par Bauche, destiné à illustrer une prononciation très relâchée de la plupart des consonnes:

(4) aor, pa, tu i (d)i (d)o-moi (l)a (l)èt, h'é moi (q)eù j(l)a po(r)te au (p)a(tr)on

Avec les progrès de l'instruction obligatoire, de telles formes me semblent en voie de disparition, et donc ne pas se prêter à la comparaison.

Nous ne retiendrons ici, pour les comparer avec des formes plus récentes, que quelques-uns de ses traits:

1- La simplification des groupes consonantiques (à partir de deux consonnes) par syncope, soit en finale (finale absolue, ou finale d'un mot suivi d'un autre mot, commençant soit par une consonne soit par une voyelle), soit à l'intérieur d'un mot:

(5) j'en veux quat(re)
(6) quat(re) cents
(7) quat(re) enfants
(8) esprès (graphie de Queneau)

2- L'assimilation consonantique, quand la nature de deux consonnes successives (relevant du même mot ou de deux mots distincts) entre en conflit:

(9) méd(e)cin ([mètsɛ̃])
(10) j(e) peux pas ([Spøpa])

Ces deux premiers traits sont généralement décrits sous la dénomination de 'facilités de prononciation'. Mais, si le premier est senti comme un 'relâchement', le deuxième est commun à toutes les formes de langue parlée peu formelle.

3- La prosodie dite parigote ou faubourienne, caractérisée par de grands écarts mélodiques et de nombreux accents d'intensité, l'accentuation sur l'avant-dernière syllabe du groupe, prononcée de façon longue et intense:

(11) ven'**dre**:di
(12) tu '**t'rends**: compte

Cette accentuation peut même intervenir sur une syllabe en *e* muet, habituellement exclue de l'accent:

(13) 'de:: quoi?

2.2 La morphologie et la syntaxe des fortifs

Nous illustrerons l'instabilité avec un exemple concernant les pronoms (à partir d'un exemple de Bauche, 1920): la tendance à la régularisation des paradigmes flexionnels, avec l'uniformisation de l'accord en genre, comme dans (14), (15) et (16):

(14) les femmes / elles travaillent mal
(15) les femmes / i(ls) travaillent mal
(16) les femmes / ça travaille mal

Mais, pour le plan syntaxique, on s'arrêtera surtout à la subordination: extension des usages de *que* (ex. de (17) à (20)); tendance à faire suivre toutes les conjonctions de *que* (ex. de (21) à (23)); et formes de relatives spécifiques, comme en (24) et (25) (relatives de 'français populaire'):

(17) reprends donc vite le petit que je me suis trompé (ex. de Frei, 1929)
(18) il est venu que j'étais malade (ex. de Frei, 1929)
(19) et comment que je vous emmerde (ex. de Guiraud, 1965)
(20) alors / qu'il me fait comme ça
(21) ils vont pas faire ça jusqu'à qu'ils ont quarante ans
(22) il a pas voulu venir à cause que ça lui faisait trop loin
(23) au lieu qu'elle travaille / elle ferait mieux de s'occuper de sa gamine
(24) j'ai une casserole qu'elle est trouée (ex. de Bauche, 1920)
(25) je vous envoi par la même occasion un mandat de trois francs que vous ferez l'usage que vous jugerez (*sic*, ex. de Frei, 1929)

Enfin, pour le plan lexical, on se contentera de signaler la spécificité du vocabulaire, éventuellement le recours à l'argot et à des formations parasitaires, et une exploitation large de la dérivation (quatrième proportionnelle, permettant de former par exemple *désattacher* face à *attacher*, sur le modèle *habiller/ déshabiller*).

Même si nous avons tenté d'éviter les termes impliquant trop fortement un jugement de valeur ('manque', 'perte', 'limitation'), il semble difficile de se passer totalement de termes impliquant simplicité et simplification (Berruto, 1983 pour l'italien populaire, Gadet, 1991, Gadet, à paraître). On n'a donc pas réussi à échapper à la référence au français standard (définir le français populaire comme un démarquage simplifié du français commun): il y a là une réflexion à reprendre, qui illustre la difficulté de tracer une frontière entre description et évaluation. Le linguiste tend à donner plus de poids à la description; mais se débarrasse-t-il pour autant de l'évaluation?

3. La langue populaire des técis

Le deuxième terme de ma comparaison sera ce que j'ai appelé la 'langue des técis' (verlan de 'cité', c'est-à-dire la langue parlée dans les zones de banlieues à forte concentration populaire), malgré l'extrême difficulté de généraliser. Comme pour le premier terme, je ne parle que de la région parisienne, en un sens très étroit[6], et, afin d'accroître l'effet de décalage avec le modèle précédent, je m'appuie sur la langue parlée par des adolescents, parmi lesquels on peut constater de fortes disparités (même souvent dans la production d'un seul).

Les enquêtes précises à grande échelle manquent cruellement, encore plus que pour le domaine précédent, et on se contentera de quelques observations.

3.1 Un mot sur le lexique dans la langue des cités

Il n'est pas possible de ne pas commencer par évoquer le plan lexical, où l'on rencontre des phénomènes que l'on ne trouve pas dans le français populaire de la période antérieure: la présence de verlan (pouvant entraîner l'absence de désinence verbale), et quelques usages argotiques spécifiques, dont voici quelques exemples:

(26) j'rentre chez ouam et j'fais rien / j'lèrega
(27) il était franchement chelou / le keum
(28) je m'suis fait tèj par ma meuf [tèj = jeté] (ex. de Goudailler, 1997)
(29) grave dur / le mec

Ce renouvellement lexical n'est pas une surprise. Mais la caractéristique la plus saillante (et en grande partie nouvelle) est constituée par les emprunts[7] à différentes langues parlées dans les cités (arabe, berbère, créoles, tsigane, langues africaines...), qui peuvent cohabiter avec des verlanisations et/ou des dérivations parasitaires:

(30) on a bien chafrav, maintenant c'est en teboi qu'on va [*chafrav* = 'travailler', emprunt au manouche] (ex. de Goudailler, 1997)

Ces emprunts, même s'ils voisinent sans conflit apparent avec des termes issus de l'argot français traditionnel, ont souvent pour effet de donner une apparence inhabituelle à ces productions (ainsi, on a noté que le verbe *chafrav* n'est pas conjugué). Pourtant, les procédés formels énumérés par Goudailler (1997) (métaphore, métonymie, apocope, aphérèse, resuffixation après troncation, séries synonymiques, absence de marques désinentielles verbales) sont à peu près les mêmes que ceux donnés par Guiraud (1956) pour l'argot traditionnel[8].

3.2 Plan phonologique dans la langue des cités

Une première écoute produit immédiatement un effet d'étrangeté: il ne s'agit plus du même type d'accent. Le film *La haine*, dont la bande-son me semble assez naturelle, en donne une assez bonne idée. Pourtant, à écouter plus attentivement, et à reprendre un par un les traits cités plus haut, on voit que l'on retrouve la plupart d'entre eux, sinon tous.

- Les simplifications consonantiques

À la finale:

    (31) êt(re) balaize
    (32) l'aut(re) i(l) doit dire
    (33) tu regar(des) que ça
    (34) casser un cen(tre) commercial ([sānkome])

À l'intérieur du mot:

    (35) la prof elle nous explique et tout des fois c'est plus facile ([esplik])
    (36) si on te pose une ques(t)ion

- Les assimilations

    (37) il foutait rien d(e) sa vie ([ifutèrjẽtsavi])
    (38) on développait les photos qu'on faisait durant l'séjour ([kɔ̃vzè])
    (39) je suis toujours derrrière eux / je les laisse pas faire les cons ([Stujur])

Pour ces deux premiers points, multiplier les exemples ne ferait que confirmer la stabilité par rapport au modèle antérieur.

C'est avec le troisième trait (la prosodie) que les choses se modifient. On trouve certes de nombreux exemples qui obéissent au schéma du modèle antérieur:

(40) faut êt' **ba:**laize
(41) quel âge j'ai / ben dix-**se:pt** ans
(42) ça m'fait plaisir de **fu:**mer
(43) mon père il est **jamai:s** là / pi dès qu'il est là i m'**fai:t** chier
(44) ça s'**passai:t** bien
(45) ben ouais mais j'vais **l'a:**voir / **mon** bac

Mais, à côté de cette accentuation populaire classique illustrée plus haut, d'autres locuteurs manifestent un type d'accentuation vraiment différent: chez eux, c'est soit la dernière syllabe du groupe qui est accentuée, d'une façon particulièrement forte qui ne retrouve pas l'accent héréditaire du français sur la finale (ex. (46) et (47)); soit l'initiale (Goudailler, 1997, sans exemple):

(46) si je me fais virer du ba'**hut** / je sais même pas si je vais en retrou'**ver**
(47) moi personnellement j'ai pas de grand '**frère** (['frer], avec une modification de l'aperture de la voyelle, particulièrement nette sous l'accent)

Comment caractériser ce type d'accent? On sait (Lafontaine, 1988) à quel point les locuteurs ont du mal à trouver des mots pour qualifier les accents, alors même qu'ils les perçoivent finement dans leurs différences. Aussi ne sera-t-on pas étonné de l'imprécision des réponses, quand on leur demande de caractériser ce type d'accent. Ils le qualifient généralement 'd'accent beur'. Pourtant, il est aisé d'observer qu'on l'entend chez toutes sortes de jeunes, pas nécessairement maghrébins de première ou deuxième génération, et que certains beurs ne l'ont pas.

Je ferai donc l'hypothèse que, quelle que soit l'origine de cet accent, on a désormais une autonomisation d'un marqueur d'identité (Badache, 1996). Mais quelle identité? Seulement 'jeune'? ou aussi un certain refus de l'ordre établi?

Le phénomène pourrait ainsi être comparé à ce qu'a étudié Labov dans l'île de Martha's Vineyard (1963): les locuteurs qui centralisent les diphtongues observées ne sont pas tous des pêcheurs (origine de la particularité de prononciation), loin de là; et tous les pêcheurs ne centralisent pas. La centralisation a ainsi pris valeur identitaire autonome, à la fois comme marque d'appartenance (ce que Labov appelle se réclamer d'une 'identité vineyardaise'), et comme rejet des autres (en l'occurrence des touristes qui envahissent l'île pendant les étés).

3.3 Morphologie et syntaxe dans la langue des cités

Pour les plans significatifs, on ne retrouve pas une telle distorsion entre deux ensembles, l'un héréditaire et l'autre nouveau. Même si l'on est encore une fois frappé par la disparité entre les différents enregistrements (en particulier quant à la fréquence de traits non standard), les phénomènes vont tous dans la même direction.

On rencontre bien des phénomènes déjà connus, comme les détachements; ou, pour la morphologie, tout ce qui est classiquement dénoncé comme fautes populaires, par exemple pour la morphologie verbale (ex. (48) à (50)):

(48) les notes de ton stage / tout ça / on le garde / nous
(49) i croivent
(50) que j'aye
(51) i croyent

On trouve aussi toujours l'instabilité évoquée dans la citation d'Auvigne et Monté (1982), dont voici un bel exemple concernant les pronoms:

(52) ouais / les meufs des fois y'en a qu'**ils** le prennent bien et **e(lles)** rigolent avec nous quoi / mais d'autres ou **elles** disent rien ou [askas] (= elles se cassent)

On trouve ici, dans cette brève séquence attestée, les quatre variantes que peut connaître la prononciation du pronom sujet féminin pluriel: 1) neutralisation du genre (*ils* aussi bien pour le masculin que pour le féminin), 2) chute du [l] derrière la voyelle, devant un mot commençant par une consonne, 3) forme standard, et 4) chute du [l] cumulée à une modification de la voyelle (aussi devant consonne). Or ces quatre formes sont bien attestées de façon ancienne (signalées chez Bauche, 1920, par exemple). Mais nous nous arrêterons un peu plus longuement à la subordination, et spécialement aux relatives, pour lesquelles on peut noter trois traits saillants:

3.3.1 Monotonie des types de relatives rencontrées

Dans un article de 1995, j'avais fait état d'un sondage sur 10 minutes de 10 enregistrements de locuteurs originaires de banlieue, avec les observations de fréquence suivantes: *qui* et *qu'il(s)*, 74 %, *que* 22%; les 4 % restants sont partagés entre un seul *dont*, deux *où*, et quatre *Prép + qui*. Soit une fréquence élevée de *qui* et de *que*, qui n'est pas, d'ailleurs, fondamentalement différente de ce que l'on rencontre chez les autres locuteurs: les proportions sont seulement un peu plus extrêmes que dans le *Français fondamental* (Gougenheim *et al.*, 1967).

J'insistais aussi sur la différence avec ce que l'on observait dans une autre population typée 'populaire', des petits commerçants du quartier des Halles, qui montraient une plus grande variété typologique: à attribuer à la différence d'époque des langues populaires? ou simplement à l'âge (différence de maîtrise de certaines structures, selon l'âge)?

3.3.2 'Évitement' de la relative

Ce n'est qu'avec la plus grande prudence que je formule une telle rubrique, parce que le terme même d'évitement risque d'impliquer qu'il y a une façon normale de parler, dont les formes populaires ne font pas partie.

(53) y'en a / j'aime pas le rythme
(54) y'en a / i(ls) ont pas de parents
(55) i va s'laisser entraîner parce qu'i va voir son copain il est dehors il est en liberté i fait c'qui veut / i va s'laisser entraîner
(56) quoi y en a i z'aiment bien le sport i vont y aller / mais voilà quoi y'en aura toujours dehors

L'absence de relative dans les exemples de (53) à (56) me semble à mettre en rapport, de façon générale, avec l'évitement de la subordination (spécialement en *que*), que l'on rencontre aussi dans les complétives:

(57) faut pas croire les élèves i viennent avec des calibres en cours hein / i viennent tranquilles
(58) ça fait dix-huit ans j'habite ici / quand même
(59) ah c'est maintenant tu l'entends / oh ça fait longtemps elle est sortie

Cette omission de *que* est peu signalée par les grammaires (et dans une période antérieure, et de nos jours), même sous une étiquette 'populaire'. On ne saurait toutefois conclure de ce relatif silence qu'elle n'est apparue que de façon récente, car j'ai souvent constaté que les locuteurs ne la remarquaient que difficilement, même quand on attirait leur attention sur elle[9].

3.3.3 Relatives dites de 'français populaire'

On en connaît la typologie variée (Gadet, 1995), mais je ne les rencontre, pour les enregistrements dont je dispose, qu'en résomptives, et sur le sujet (et spécialement le sujet masculin, avec confusion entre *qui* et *qu'il*):

(60) j'connais des mecs et même des meufs bon à partir de 16 ans qui z ont plus
envie de rien foutre parce que / personne s'intéresse à eux donc eux i lâchent
tout i euh i z'arrêtent l'école et tout i s'retrouvent à galérer dehors
(61) je dis pas qu'ils sont tous comme ça mais la plupart qui sortent des écoles
privées ou alors qui: / qu'ils ont des parents riches qu'ils habitent au Vésinet
qu'ils ont la voiture à dix-huit ans

Il y a là un exemple intéressant de cas où le recours à des corpus permet de mettre en
lumière des phénomènes dissimulés par l'observation aléatoire: seule une partie du
système offert apparaît effectivement exploitée par les locuteurs. C'est encore une
différence avec le corpus des commerçants du quartier des Halles, chez qui les formes
sont plus variées, par exemple avec:

(62) c'est une femme qu'elle a pas beaucoup de courage
(63) c'est des choses que / quand on a bu / on les oublie
(64) elle me coûte cher ma salle de bain / que je me sers pas d'ailleurs

Conclusion

Pour tout ce qui ne concerne pas la prosodie et le lexique, nous pouvons donc observer
que ce sont en grande partie les mêmes traits du français populaire qui persistent, de
l'époque des fortifications à celle des cités.

Il n'y a d'ailleurs là rien d'inattendu, si l'on admet que les formes populaires ne
sont pas telles de façon aléatoire. Elles sont, par rapport aux formes standard, le
fréquent produit d'un processus de simplification (Gadet, à paraître). Perspective qui
d'ailleurs devrait être relativisée par ce que montrent Kroch (1978) pour la phonologie,
et Berruto (1983) pour la syntaxe, en considérant que ce ne sont pas les variétés
populaires qui simplifient, mais plutôt les variétés standard ou recherchées qui tendent
à complexifier.

C'est donc avant tout dans le lexique et dans la prosodie que l'on peut situer une
réelle spécificité de cette nouvelle langue populaire. Et c'est le caractère
particulièrement saillant des traits sur ces deux plans qui a pu étayer, un peu
rapidement, l'hypothèse selon laquelle quelque chose de radicalement nouveau était en
train d'advenir dans le français.

Si le lexique constitue de tout temps une dimension mouvante de la langue,
l'observation de la prosodie permet de faire une remarque véritablement instructive.

Elle nous invite à faire le partage entre deux types d'accents populaires de banlieue, ou plutôt à se représenter les nuances comme situées sur un continuum entre deux pôles: le premier conforme au schéma antérieur, et un autre, apparemment le plus nouveau, qui s'en distingue radicalement. Étant donné ce que l'on sait de la façon dont un accent peut constituer un 'badging', ou marqueur social (Irwin, 1993), on n'aura pas trop d'hésitations à avancer l'hypothèse selon laquelle les valeurs identitaires que véhicule chacun de ces deux pôles ne sont pas exactement les mêmes: différences dans l'adhésion aux valeurs des classes populaires, degré dans la conformité aux valeurs et aux normes dominantes, nuances dans le rejet de l'intégration, du mode de vie dominant, ou du modèle scolaire pour nos adolescents.

Que ces marqueurs puissent éventuellement s'avérer de façon ambiguë ou contradictoire, il n'y aura pas lieu d'en être surpris, puisque les propos tenus sur ces sujets peuvent aussi être ambigus ou contradictoires (voir par exemple Decugis & Zemouri, 1995).

Il est donc urgent, afin de mettre à l'épreuve ces différentes hypothèses, de pratiquer des enquêtes de grande envergure, de réunir davantage de corpus dans les conditions les plus naturelles possibles, et de les confronter à des observations sur les attitudes des locuteurs, d'un point de vue aussi bien linguistique que social.

Notes

1. Veken 1985 fait état des premiers enregistrements de langue spontanée, à partir du début du XXe siècle. Très vite, dès 1912, certains d'entre eux concernent la langue populaire (Voir François, 1985).

2. François (1985) présente un relevé de sources où l'on peut trouver des manifestations de la langue populaire, pour une période qui va de 1880 à 1914.

3. Depuis Victor Hugo, le premier écrivain français à en parler longuement (*Les Misérables* ou *Les Derniers jours d'un condamné*), on peut cerner les réactions devant l'argot: mépris, fascination, effarement, idéalisation romantique. Nisard (1872), le premier auteur à tenter une description du français populaire, reflète d'ailleurs le même type d'attitude.

4. Le mot lui-même est une apocope populaire de *fortifications* (celles qui entouraient Paris). C'était une expression très usitée jusqu'aux années 50, bel exemple d'une persistance dans la langue de réalités qui n'existent plus.

5. Les exemples cités dans cette partie sont extraits soit des textes classiques sur le français populaire, soit d'enregistrements de locuteurs de parlure populaire ancienne (surtout des interviews de commerçants du quartier des Halles à Paris).

6. Les enregistrements exploités ici ont été effectués par des étudiants de licence de sciences du langage de l'Université de Nanterre, auprès d'adolescents de banlieue. La consigne les encourageait à exploiter des modes directs d'entrée en relation avec les locuteurs ; mais, même si la plupart des enregistrements apparaissent très spontanés, les conversations ne sont généralement pas des interactions parfaitement "naturelles", dans la mesure où elles ne relèvent pas de contacts sociaux spontanés.

7. Goudailler (1997) présente de nombreux exemples de telles formations lexicales, relevés sur la base d'enquêtes.

8. Une autre particularité, dont on ne s'occupera pas du tout ici, est le fonctionnement de l'insulte rituelle (Badache, 1996), propre à la culture de rues des adolescents, comme l'avait déjà montré Labov (1992) dans le contexte américain.

9. Elle est pourtant signalée par Frei (1929: 123), qui cite des exemples empruntés à Bauche.

Références

Auvigne, M.-A. & Monté, M. (1982). 'Recherches sur la syntaxe en milieu sous-prolétaire', *Langage et société* n° 19: 23–63.

Badache, R. (1996). 'Le monde du 'NTM'. Le sens caché de l'injure rituelle', *Agora débat jeunesses* n° 2: 85–95.

Bauche, H. (1920). *Le langage populaire*, Paris: Payot.

Berruto, G. (1983). 'L'italiano popolare e la semplificazione linguistica', *Vox Romanica* 42: 38–79.

Carton, F. (1995). 'La prononciation du français'. *In* Antoine & Martin (éd..), *Histoire de la langue française. 1914–1945*, Paris: Éditions du CNRS: 27–59.

Decugis, J-M. & Zemouri, A. (1995). *Paroles de banlieues*, Paris: Plon.

Encrevé, P. (1988). *La Liaison avec et sans enchaînement. Phonologie tridimensionnelle et usage du français*, Paris: Seuil.

François, D. (1985). 'Le langage populaire'. In *Histoire de la langue française de 1880 à 1914*, G. Antoine et R. Martin (éds.), Paris: Ed. du CNRS: 295–327.

Frei, H. (1929). *La grammaire des fautes*, Genève: Republications Slatkine.

Gadet, F. (1991). 'Simple, le français populaire?', *LINX* n° 25: 63–78.

Gadet, F. (1992), *Le français populaire*, Paris: PUF, 'Que sais-je?'.

Gadet, F. (1995). 'Les relatives non standard en français parlé: le système et l'usage', Copenhague, *Études romanes* n° 34: 141–162.

Gadet, F. à paraître, 'Le français populaire et la simplification linguistique', Glasgow: Presses de l'Université de Glasgow.

George, K. (1993). 'Alternative French'. In *French Today: Language . In its Social Context*, Sanders, C. (ed.), Cambridge: Cambridge University Press: 155–170.

Goudailler, J-P. (1997), *Comment tu tchaches. Dictionnaire du français contemporain des cités*, Paris: Maisonneuve et Larose.

Gougenheim, G., Michea, R., Rivenc, P. et Sauvageot, A. (1967). *L'élaboration du français fondamental*, Paris: Didier.

Guiraud, P. (1965), *Le français populaire*, Paris: PUF, 'Que sais-je?'.

Helgorsky, F. (1988). 'La langue française', *Encyclopaedia Universalis*.

Irwin, C. (1993). 'Les éthiques naturalistes et le contrôle du conflit de groupe'. In J-P. Changeux (éd..), *Fondements naturels de l'éthique*, Paris: Ed. Odile Jacob.

Kroch, A. (1978). 'Toward a Theory of Social Dialect Variation', *Language in Society* n° 7-1: 17–36.

Labov, W. (1963). 'The Social Motivation of a Sound Change', repris in *Sociolinguistic Patterns*, 1972, tr. fr. *Sociolinguistique*, 1977, Paris: Éditions de Minuit.

Labov, W. (1972). 'Rules for Ritual Insults'. In *Language in the Inner City*, University of Pennsylvania Press: 297–353.

Lafontaine, D. (1988). 'Le parfum et la couleur des accents', *Le français moderne* 1/2: 60–73.

Nisard, Ch. (1872). *Étude sur le langage populaire ou patois de Paris et de sa banlieue*, Paris: Franck.

Veken, C. (1985). 'Le phonographe et le terrain: la mission Brunot-Bruneau dans les Ardennes en 1912', *Recherches sur le français parlé* n° 6: 45–71.

Identités poitevines:
une réalité mouvante

Michelle Auzanneau, Université René Descartes, Paris

La société rurale en France a subi depuis le début du siècle des mutations sociales, économiques et culturelles importantes qui l'ont conduite à abandonner certaines des caractéristiques qui la distinguaient du monde urbain.

Elle a vu ses réseaux de communication se développer, connu l'exode rural puis agricole, une certaine diversification socio-professionnelle, un développement du travail des femmes, notamment dans le secteur tertiaire, et une augmentation du niveau de scolarisation. Ces évolutions se sont non seulement accompagnées de l'adoption de nouveaux modes de production et de consommation, mais aussi de vie et de pensée. Ainsi, progressivement et en particulier au travers d'une transition fondamentale dans les années cinquante et soixante, la société rurale traditionnelle a laissé place à une société rurale nouvelle, modernisée, proche de la société urbaine.

Dans la région du Poitou, au sud-ouest de la France, et en particulier au sud des départements de la Vienne et des Deux-Sèvres, les valeurs et caractéristiques nouvelles de la société rurale n'ont pas totalement effacé celles de la société traditionnelle; certaines d'entre elles subsistent, en effet, à leurs côtés. S'opposant aux valeurs et caractéristiques de la société urbaine, elles constituent l'un des pôles d'un continuum socio-culturel sur lequel se disposent valeurs et caractéristiques diverses des deux types de société. Le pôle urbain du continuum est le seul attractif de l'évolution de la société rurale.

Les membres de la communauté rurale se positionnent sur ce continuum, de façon plus ou moins permanente ou ponctuelle, selon leur identité sociale, et notamment leur âge, mais aussi selon la signification qu'ils donnent à leurs actes, en partie langagiers, lors des rencontres face à face.

Les personnes de plus de soixante ans s'attachent plutôt aux valeurs et caractéristiques de la société traditionnelle, les personnes de moins de quarante ans et surtout de moins de vingt ans, à celles de la société urbaine. Les premières définissent plutôt leur identité sur le plan local, rural, les autres plutôt sur le plan national, excepté pour certains agriculteurs âgés de vingt à trente-neuf ans. Globalement, ces deux parties de la population, et surtout les plus de soixante et les moins de vingt ans, s'opposent souvent, par leurs compétences, leurs représentations et leurs pratiques sociales et linguistiques. Les personnes de quarante à cinquante-neuf ans se présentent comme intermédiaires de ces deux parties de la population dans la mesure où elles partagent certaines de ces caractéristiques avec l'une et l'autre. Il est intéressant de remarquer qu'elles ont vécu leur enfance ou leur jeune âge adulte lors des années de transition de la société rurale, tandis que les parties âgée et jeune les ont vécus dans la période antérieure ou postérieure.

Les différentes générations ont donc intériorisé les valeurs propres à la société dans laquelle elles étaient socialisées et dans laquelle elles ont évolué principalement ou totalement, et ont acquis des compétences et pratiques particulières, déterminées par leur histoire sociale et linguistique, celles-ci étant inscrites dans une société en évolution rapide.

L'observation des comportements en interaction quotidienne sur les marchés de la région montre cependant que les identités auxquelles se rattachent les individus ne sont pas figées mais dépendent des données interactionnelles et de leur dynamique. Elles se définissent lors des rencontres face à face, ponctuellement, compte tenu des buts et des enjeux débattus à un moment donné de l'interaction, et notamment au travers du langage.

Pour comprendre comment les membres de la communauté rurale se différencient du point de vue des compétences et des pratiques, mais aussi pouvoir interpréter leur comportement en interaction, il convient de s'arrêter un moment sur l'état de la situation linguistique actuelle, c'est-à-dire de définir les variétés linguistiques dont dispose la communauté linguistique.

La langue régionale du Poitou, le poitevin, est une langue gallo-romane appartenant à la famille d'oïl. Elle est donc une proche parente du français dont elle a très tôt subi la domination. Ce contact entre les deux langues, d'une durée de sept siècles, a abouti à un accroissement de leur proximité et notamment à la forte hybridation du poitevin. Actuellement, les monèmes grammaticaux et lexicaux spécifiquement poitevins ne se présentent jamais seuls dans les discours, mais se combinent selon des règles précises avec leurs équivalents français. Ainsi, quatre combinaisons d'unités poitevines et françaises distinctes sont possibles. Elles se définissent en référence à la présence ou à l'absence des différentes catégories de monèmes grammaticaux et des monèmes lexicaux spécifiquement poitevins répertoriés, ainsi qu'à leur coexistence avec les unités françaises équivalentes ou, au contraire, à leur caractère exclusif.

La détermination de ces combinaisons repose sur un travail de description comparative de la structure de plus de 700 discours produits en situation de communication spontanée. Ce type d'analyse était basé sur l'hypothèse selon laquelle la situation sociolinguistique poitevine actuelle correspondait à un bilinguisme dialectal tel qu'il avait été défini par P. Encrevé (1967). Ce concept décrit une situation où des unités linguistiques relevant de deux systèmes ('bilinguisme') apparentés ('dialectal') coexistent et se combinent de façon régulière dans les discours. Ces combinaisons s'inscrivent sur un continuum linguistique allant du français à la variété de l'idiome local qui s'en éloigne le plus. Néanmoins, elles constituent autant de variétés linguistiques à disposition de la communauté linguistique et font chacune l'objet de choix linguistiques particuliers.

Dans la situation considérée par cette recherche, 4 combinaisons d'unités significatives poitevines et françaises se répètent. Elles sont désignées comme V1, V2, V3 et V4 . Une variété ne comportant aucune unité minimale significative spécifiquement poitevine, V0, est aussi utilisée. Ces 'variétés de discours', telles qu'elles sont dénommées dans cette étude, constituent un continuum linguistique allant de V0, qui correspond au français régional ou au français standard, à V4, variété qui comporte la plus grande diversité et le plus grand nombre d'unités spécifiquement poitevines inventoriées dans les discours recueillis. Chacune des variétés de discours fait l'objet d'un choix indépendant de celui des autres.

Ce que les membres de la communauté linguistique étudiée appellent le 'patois' ou le 'français écorché', sera désigné ici comme l'"idiome local'. Il correspond à plusieurs variétés de discours, c'est-à-dire à V2, V3, V4 et parfois à V1. V1 peut en effet être assimilé par les membres de la communauté linguistique à l'idiome officiel dans certaines circonstances. Sa signification de ce point de vue dépend donc de données interactionnelles.

V1 comporte les mêmes unités spécifiquement poitevines que V2, c'est-à-dire les adverbes, les articles indéfinis, les désinences verbales de mode, de temps, de personnes et les pronoms personnels poitevins, mais aussi les unités françaises correspondantes. Alors que V2, de même que V3 et V4, utilisent exclusivement les unités poitevines relevant de ces trois dernières catégories lorsqu'elles sont disponibles. V3 comporte, comme V4, toutes les catégories d'unités poitevines répertoriées mais elle en alterne davantage qu'elle, et en plus grande quantité, avec les unités françaises .

Le tableau suivant présente de façon comparative les composantes de ces variétés de discours. (Ce tableau provient de Auzanneau, 1993a, p.256)

	F	P
Pronoms Personnels formes légères	V1	
Désinences verbales	V1	
Temps		
Personnes		Toutes
Modes		
Articles indéfines	Toutes	
Adverbes		
Adjectifs possessifs		
Pronoms possessifs	V1 V2 V3	
Foctionnels prépositions		V3 V4
Pronoms personnel formes lourdes		
Adjectifs démonstratifs		
Pronoms démonstratifs		
Pronoms indéfinis	Toutes	
Adjetifs indéfinis		
Adjectifs exclamatifs interrogatifs		
Pronoms interrogatifs		
Pronoms personnels indéfinis on, y, en		
Lexèmes		
Fait de correspondances lexicales P ←→ F		
Emprunts P → F		
Calques P → F		

Les cinq versions de l'énoncé présentées ci-dessous permettent de visualiser le continuum linguistique et de se faire une idée des productions linguistiques caractéristiques de chacune des variétés de discours. Celles-ci ne peuvent cependant être véritablement saisies que dans le cadre de l'unité de base, plus large que l'énoncé, selon laquelle elles ont été définies, à savoir le discours. Néanmoins, pour donner, dans l'espace restreint que représente cet article, un aperçu de ces variétés de discours et du continuum linguistique qu'elles constituent, sont ci-dessous présentées cinq versions d'un même énoncé. La version V4 est attestée dans le corpus. Les autres versions ont été reconstruites à partir de la définition des variétés de discours à laquelle l'analyse structurelle des discours recueillis a abouti. Pour plus de précision il conviendra de se reporter au corpus présenté dans l'étude initiale (Auzanneau, 1993a), ou encore aux extraits divulgués dans de précédents articles (Auzanneau, 1995a et b).

Sur la première ligne de chacune des versions les unités spécifiquement poitevines figurent en caractère gras et notation phonétique. Le reste de l'énoncé est transcrit en graphie aménagée de façon à rester fidèle aux productions, seules les unités françaises présentant des réalisations phonétiques caractéristiques du système poitevin ou étroitement combinées avec les unités poitevines ont été transcrites phonétiquement. La seconde ligne de la version V4 identifie les monèmes spécifiquement poitevins. La troisième ligne traduit littéralement ces unités et la quatrième rend compte de l'ensemble de l'énoncé produit selon une graphie normalisée. Les autres versions ne présentent pas la seconde ligne. En revanche, chacune d'elles indique, en les soulignant, les unités qui, produites en français, l'étaient en poitevin dans la version qui la précède.

Les abbréviations utilisées sont les suivantes: pp: pronom; s: singulier; pl: pluriel; l: première personne; 3: troisième personne; n: neutre; adv: adverbe; art ind: article indéfini; adj dém: adjectif démonstratif; p ind: pronom indéfini; imp: imparfait; dés: désinence; lex: lexème; prép: préposition.

V4:

Nous dans **Hele** villages **ol** est pareil **anØ** / **ol** est qu'do Parisiens
adj dém plur   ppsn   adv   ppsn   art ind pl
ces   c'   aujourd'hui c'   des
Nous dans ces villages c'est pareil, aujourd' hui c'est que des Parisiens

pœrtu /alors **i vwc pœrsun** parc'qu'**ol** est qu'do familles inconnues
/ adv   pps1 mon v   p ind   ppsn   art ind
partout   je vois personne   c'   des
partout alors je vois personne parce que c'est que des familles inconnues

partout dans l'temps les J^Ha(1 emjo(**bE**(aller les uns chez les o^{ot} **pœr**
pppl 3 dés: adv   prép   ppl 3 + impf
         gens   ils aimaient bien   autres pour
partout, dans le temps les gens aimaient bien aller les uns chez les autres pour

causer / bah ma **fwe i** resto(tranquille / **i** dis **mwe i** reste à la maison /
lex pps1 dés: pps1 pps1 pps1   ppl1
foi nous restons   je moi je
causer bah ma foi, on reste tranquille, je dis moi, je reste à la maison !

V3:

Nous dans **Hele** villages **ol** est pareil **anØ** / **ol** est qu'do
         ces   c'   c'   des

Parisiens partout /alors i vois personne parc'qu'**ol** est qu'do familles /
                    je   c'   des

inconnues partout, dans le temps les gens 1 emjo(**bE**(aller les uns chez
                                              ils aimaient bien

o^{ot} **pœr** causer / bah ma foi i resto(tranquille / **i** dis **mwe i** reste à la maison.
autres pour   nous restons   je moi je
                on reste

V2:

Nous dans ces villages **ol** est pareil aujourd'hui / **ol** est qu'do
              c'   c'   des

Parisiens partout /alors i vois personne parc'qu'**ol** est qu' des familles /
                    je   c'

inconnues partout, dans le temps les gens l emjo(bien aller les uns chez
        ils aimaient bien

autres <u>pour</u> causer / bah ma foi i resto (tranquille / i dis <u>moi</u> i reste à la maison
        nous restons   *je je*
        on reste

V1:

Nous dans ces villages <u>c'</u> est pareil aujourd'hui / **ol** est qu'<u>des</u>
             c'
Parisiens partout /alors i vois personne parc'que <u>c'est</u> qu' des familles /
    je   *c'*   *des*
inconnues partout, dans le temps les gens l emjo(bien aller les uns chez
        ils aimaient bien
les autres pour causer / bah ma foi <u>on reste</u> tranquille / i dis moi <u>j'</u>reste
              je
à la maison.

V0:

Nous dans ces villages c'est pareil aujourd'hui, c'est qu' des Parisiens partout alors je vois personne parc'que c'est que des familles inconnues, partout, dans l'temps les gens aimaient bien aller les uns chez les autres pour causer, bah ma foi on reste tranquille, je dis moi je reste à la maison.

  La nature et l'étendue du répertoire verbal des locuteurs est variable. Elle dépend de l'identité sociale du locuteur et, à travers elle, de son histoire sociale et linguistique, ainsi que des réseaux de communication dans lesquels il est inséré, ceux-ci impliquant une fréquentation plus ou moins large des marchés linguistiques où le français est prédominant. La notion de marché linguistique est ici entendue au sens de P. Bourdieu (1982). Il s'agit d'une situation de communication où les capitaux linguistiques des interactants, c'est-à-dire leurs connaissances des variétés linguistiques à disposition dans une communauté, entrent en concurrence et sont donc évaluées les unes par rapport aux autres et en référence à une variété reconnue comme légitime et dotée du statut social le plus élevé.

  Globalement, l'idiome local, tel qu'il est défini dans cette étude est utilisé principalement par les agriculteurs, les hommes plus que les femmes et les personnes de plus de quarante ans et surtout de soixante ans. Cependant, la part des unités poitevines dans les discours n'augmente pas nécessairement parallèlement à l'âge des locuteurs, plusieurs classes d'âge pouvant manifester le même comportement linguistique. En outre, elle est liée à d'autres facteurs que le sexe et le groupe d'appartenance sociale de l'individu. En d'autres termes, le comportement linguistique du locuteur est déterminé par d'autres facteurs que l'identité sociale, des facteurs parfois beaucoup moins fixes que celui-ci, d'ordre interactionnel. Les représentations linguistiques des locuteurs qui sont elles aussi conditionnées par cet ensemble de facteurs, sous-tendent leur comportement et interviennent dans la dynamique de la situation sociolinguistique. En effet, les locuteurs agissent linguistiquement en fonction des images, des jugements subjectifs et évaluatifs et des idéologies qu'ils se font à l'égard des langues et de leurs usagers, ainsi qu'en fonction des règles sociales gérant les comportements linguistiques. Conscients des implications de leurs choix, ils se réfèrent, lors de l'interaction, à l'ensemble de ces représentations et au but qu'ils poursuivent.

Ainsi, les parents de plus de soixante ans n'ont plus systématiquement transmis l'idiome local à leurs enfants. Ceux de quarante à cinquante-neuf ans ont presque toujours substitué à cette transmission celle du français. Les plus jeunes parents n'ont pas non plus transmis directement l'idiome local à leurs enfants. De plus, ils ont souvent veillé à ce que cette transmission ne se fasse pas de façon indirecte, c'est-à-dire au travers du contact avec leurs propres pratiques linguistiques ou celle de leurs parents.

Cette rupture dans la transmission de l'idiome local s'explique notamment par sa forte dévalorisation tant sur le plan fonctionnel que symbolique, mais aussi par le fait qu'il est considéré comme un obstacle à l'acquisition de la variété légitime, le français, et donc à la promotion sociale, voire à l'intégration sociale. L'usage de l'idiome local, porteur de connotations négatives, est en effet considéré comme un signe d'attardement, d'archaïsme, de manque d'instruction etc. Il est déclassant socialement ou renforce une position socialement défavorisée.

Le français reçoit les connotations positives inverses; l'utiliser, le maîtriser, c'est adhérer aux valeurs de la modernité, de la nation.

Ainsi, cette agricultrice de soixante dix ans à laquelle je demandais si elle utilisait le patois, reprenant ainsi la dénomination qu'elle utilisait, répondait, visiblement offusquée par cette question: 'Je suis allée à l'école, moi!' et plus tard, alors que je faisais une nouvelle tentative: 'Je n'insiste pas sur le patois, ce n'est pas une langue nationale!'

Plus loin sur le marché elle allait contredire ces propos en utilisant l'idiome local avec ses pairs, comme elle avait coutume de le faire sur ce lieu. Il n'avait plus alors le caractère déclassant qu'il prenait face à un interlocuteur dont toutes les caractéristiques légitimaient et même obligeaient à l'usage de l'idiome officiel par tous les interactants. Evaluée dans cette situation de façon extrêmement négative, sa compétence devenait pour cette locutrice inavouable et la question posée lui paraissait déplacée car offensante.

Les déclarations d'une autre informatrice, agricultrice de trente-huit ans, sur ces points sont très éclairantes. Elle explique:

> Le patois nous différencie encore plus des autres, car il nous enfonce encore plus, car on y est déjà pas mal enfoncé, étant agriculteurs, de par notre condition, notre statut, on est en bas de l'échelle. Alors si en plus on parle le patois, on perd l'habitude de s'exprimer normalement presque, sans y penser vraiment, et on ne sera plus sortables, plus sociables.

On trouve chez cette informatrice, comme chez d'autres agriculteurs, surtout quand ils sont âgés de moins de cinquante ans et de surcroît quand ce sont des femmes, la volonté de se désidentifier de l'image du paysan traditionnel, le rejet de valeurs et fonctionnements économiques et sociaux traditionnels, considérés comme désuets. On trouve le désir de se tourner vers un monde agricole à l'organisation socio-économique nouvelle, moderne, dont l'identité culturelle déborde des limites de la communauté rurale, une identité en adéquation avec les valeurs d'une société nouvelle. Pour ces agriculteurs, abandonner le véhicule des valeurs traditionnelles et acquérir les capitaux culturels et linguistiques de la société dominante leur offre le moyen d'y parvenir. Ne pas transmettre l'idiome local leur permet d'offrir à leurs enfants une chance d'accéder à de meilleures conditions de vie que les leurs, à un statut social plus élevé.

Les femmes, plus sensibles que les hommes aux formes de prestige, et plus négatives quant à l'usage de l'idiome local, sont aussi plus déterminées qu'eux quant à sa non transmission. Elles jouent un rôle déterminant dans le processus de changement linguistique qui a cours et qui s'oriente uniquement vers le pôle français du continuum linguistique. Ce sont encore elles qui manifestent le moins de motivation à l'acquisition de l'idiome local lorsqu'elles ont moins de vingt ans, bien que cette attitude caractérise l'ensemble de la jeune génération. L'usage de l'idiome local par les jeunes est d'ailleurs perçu comme 'choquant' par la communauté linguistique du fait de l'opposition de la connotation d'archaïsme de cet idiome et de leur identité de jeune. En d'autres termes, selon les informateurs, un jeune qui utilise l'idiome local parle comme une personne âgée.

Comme dans de nombreuses situations sociolinguistiques (Auzanneau, 1993a, troisième partie, chap III), les différences d'attitudes linguistiques entre hommes et femmes peuvent donc s'expliquer par le fait que l'acquisition de la variété de prestige est l'un des moyens privilégiés de promotion sociale des femmes, dont la position est généralement subordonnée à celle des hommes. L'adoption des formes de prestige leur permet d'affirmer un statut que ne leur confère pas leur position sociale, celle de membre du groupe rural et de surcroît d'agricultrice, le cas échéant, mais aussi celle de femme. Ce désir, sinon d'accéder à une mobilité sociale ascendante, tout au moins de revaloriser leur statut social en manifestant leur compétences dans la variété prestigieuse, est d'autant plus grand que, insérées dans des réseaux sociaux plus larges que leurs homologues masculins, du fait de la répartition sexuelle des tâches, elles participent plus qu'eux à des situations où la variété légitime prévaut. Souvent confrontées à des détenteurs des formes légitimes, dans des conditions où les productions linguistiques sont hiérarchisées par rapport à celles-ci et sont donc particulièrement hiérarchisantes, elles sont amenées à utiliser elles-mêmes le français mais aussi à percevoir plus que les hommes les valeurs sociales des variétés linguistiques.

Les représentations, compétences et pratiques linguistiques et sociales des membres de la communauté rurale, et par suite, les identités qu'ils manifestent s'expliquent donc en partie par les données de l'évolution de la société rurale, de son organisation et de sa dynamique actuelle. L'interprétation de certaines représentations et comportements linguistiques peuvent cependant reposer sur d'autres critères. Ainsi, par exemple, la différenciation sexuelle des comportements linguistiques semble aussi liée à la connotation de virilité associée à l'idiome local, à l'instar de variétés populaires de langues dominantes.

Une telle connotation rend en effet l'abandon de l'idiome local au profit du français moins facile aux hommes de plus de cinquante ans, voire de plus de trente ans, qu'aux femmes, dans la mesure où ils peuvent percevoir cette attitude comme un double reniement d'identité, celle de membre du groupe rural et celle de locuteur masculin. Au contraire, cette attitude peut être recommandée pour les femmes, en particulier lorsqu'elles sont jeunes ou d'âge moyen, car une telle connotation s'oppose à leur féminité et rend de ce fait vulgaire leur usage de l'idiome local.

L'incompatibilité de certaines connotations de l'idiome local avec l'identité sociale de sous-catégories de la population, telles que les jeunes, les personnes exerçant une profession éloignée du monde agricole, et les femmes plus que les hommes, implique pour ces locuteurs l'interdiction d'user de l'idiome local.

Dans certaines circonstances très informelles, cependant, l'idiome local se trouve lié aux valeurs de la société traditionnelle, du groupe de pairs ou à la solidarité, et l'interdit peut être levé de façon à permettre à ces locuteurs de manifester leur appartenance au monde rural, de signaler à leur interlocuteur qu'ils partagent son identité de membre du groupe rural. Ils produisent alors V1, voire V2, selon leurs compétences.

L'idiome local revêt donc des valeurs positives dans les situations où prévalent les valeurs du groupe de pairs. Son usage permet alors au locuteur de s'identifier à ces valeurs, de marquer sa fidélité au groupe. Ainsi, parler 'patois', selon les membres de la société rurale c'est aussi 'rester simple', 'parler comme on sait', ne pas 'berdasser' c'est-à-dire faire des manières en 'parlant pointu', en cherchant à produire des formes françaises qu'on ne maîtrise d'ailleurs pas toujours.

Les usages linguistiques sont dans de telles situations gouvernés par une contre-norme, concurrente de la norme légitime, qui implicitement et à l'inverse de celle-ci commande qu'on s'éloigne de V0, excepté aux locuteurs non autorisés à user de l'idiome local. La valeur symbolique du choix de l'idiome local par ces derniers est alors très forte, le cas échéant.

A l'inverse, la norme légitime s'impose quand le degré de formalité de la situation s'élève et commande à l'ensemble des locuteurs, quelle que soit leur identité sociale, d'utiliser V0. C'est dans ce contexte que les locuteurs ne parvenant pas à exclure de leur discours les unités spécifiquement poitevines souffrent d'insécurité linguistique et produisent V1. Certains locuteurs ne pouvant pas produire moins que V2 préféreront garder le silence estimant qu'ils n'ont pas droit à la parole. Les personnes de quarante à cinquante-neuf ans et, d'une façon générale les femmes plus que les hommes, expriment plus fortement ce sentiment d'insécurité linguistique, ce qui s'explique plus que par un problème de compétence en français, par une perception fine des valeurs des idiomes en présence du fait d'une fréquentation plus assidue des marchés linguistiques dominants, c'est-à-dire gouvernés par la norme légitime.

Les valeurs fonctionnelles et symboliques des variétés de discours s'actualisent donc dans l'interaction. Plurielles pour une variété de discours, elles peuvent aussi être les mêmes pour des variétés de discours différentes. Elles ont un caractère plus ou moins permanent pour chacune d'elles dans la mesure où elles leur sont conférées par plusieurs facteurs, à savoir: le degré de proximité de la variété de discours avec chacun des pôles du continuum linguistique global ou de celui moins large reproduit par les limites du répertoire verbal du locuteur – plus elles s'éloignent de V0, plus elles se chargent de valeurs et fonctions propres à la société traditionnelle – notamment du fait du parallélisme existant entre le continuum linguistique et le continuum socioculturel; le fait que certaines catégories de population, telles que les femmes, les hommes, les personnes âgées, les membres de certaines classes sociales, etc., en font un usage prédominant; les données de l'interaction dans laquelle elles sont produites et en particulier les variétés de discours utilisées par les interlocuteurs, mais aussi les autres variétés de discours utilisées par le locuteur lui-même (se reporter à Auzanneau, 1993a quatrième partie, chap III).

Ainsi, choisir V0 en situation formelle, c'est-à-dire, par exemple, face à une personne avec qui on a peu d'intimité, un membre de classe sociale moyenne ou supérieure, une personne étrangère à la commune, permet d'exprimer une identité socialement privilégiée, une identité de locuteur éduqué, inséré dans une société moderne, maîtrisant le langage d'autorité c'est-à-dire celui qui, ayant la valeur sociale la plus élevée, lui attribue un droit à la parole supérieur. Mais c'est aussi, en situation informelle, rejeter l'identité de locuteur rural traditionnel, le groupe d'origine et ses valeurs.

Choisir V4 exprime sans compromis une identité rurale traditionnelle forte. Ceci ne peut se faire que dans des situations d'intimité élevée. V4 peut alors faire face à toutes les variétés de discours, y compris V0. Tel est le cas par exemple lorsqu'une personne de 70 ans s'adresse à ses enfants et petits enfants, usagers courants de V0.

V3 est utilisée majoritairement sur le marché par des agriculteurs de sexe masculin et permet d'affirmer cette identité tout en limitant, tel qu'il convient dans un lieu public, la part des unités poitevines présentes dans le discours. Elle est utilisée par les hommes de vingt à trente neuf ans et est la variété de discours privilégiée par les locuteurs plus âgés. V3 a aussi pour les femmes cette valeur symbolique par laquelle on peut manifester son appartenance au groupe rural, cependant V2 est davantage la variété de discours qui remplit pour les femmes la fonction double de marquer la fidélité au groupe tout en assurant ce qu'elles considèrent comme de la *'discrétion'* en public. La différence de variété de discours pour les mêmes fonctions s'explique ici, notamment par le fait que hommes et femmes ne sont pas insérés sur le marché dans les mêmes réseaux sociaux. Les femmes rencontrent des personnes d'identités sociales plus diverses et aux pratiques linguistiques plus variées que celles que rencontrent les hommes. Les hommes fréquentent en effet essentiellement des agriculteurs, de sexe masculin, souvent âgés de plus de soixante ans. Les femmes sur le marché utilisent V2 de façon prédominante dès l'âge de quarante ans. Elles ont souvent la compétence de V3 et V4. Les hommes n'utilisent V2 de façon importante que lorsqu'ils sont âgés de vingt à trente neuf ans. Plus âgés, ils lui préfèrent généralement V3 ou V4. V2 a encore valeur d'intermédiaire entre V0 ou V1 et les variétés de discours à fort caractère local. Elle permet donc, comme V1, mais à moindre degré, d'exprimer une position de neutralité face à des interlocuteurs aux pratiques divergentes, les uns utilisant l'idiome officiel, les autres V3 ou V4, c'est-à-dire les variétés de discours les plus caractéristiques de l'identité rurale. Le but poursuivi par le locuteur dans le cadre d'une interaction particulière explique alors ce choix de neutralité. Dans les mêmes conditions ou en dehors de celles-ci, le locuteur peut avec V1 manifester une identité mixte, un attachement à la société traditionnelle et à la société moderne. Il s'agit alors du choix de l'alternance entre les deux idiomes. V1 assure aussi, pour les jeunes locuteurs, et notamment pour les garçons, une fonction à la fois grégaire et ludique. Des adolescents d'une quinzaine d'années m'expliquaient que s'ils n'utilisaient pas le *'patois'* de façon habituelle, ils s'en servaient quelquefois comme d'un code secret, au lycée, entre camarades issus de la même commune ou de communes rurales avoisinantes, et s'amusaient de l'incompréhension des autres lycéens. Ils l'utilisaient aussi entre eux ponctuellement, pour plaisanter. Ils devaient alors produire au plus V1, cette variété de discours étant la seule, dans le répertoire verbal des jeunes de moins de vingt ans, représentant l'idiome local.

Ces quelques exemples ne constituent évidemment pas un inventaire exhaustif des valeurs fonctionnelles et symboliques dont se chargent les variétés de discours. Celles-ci sont nombreuses et varient en fonction des données interactionnelles.

Une telle situation sociolinguistique permet donc au locuteur de se positionner dans la sociabilité de la communauté rurale en définissant par son seul choix linguistique la relation qu'il désire établir avec son interlocuteur et l'identité qu'il négocie dans l'échange.

Ainsi, par exemple dans l'interaction commerciale, dans laquelle il convient selon les normes sociales d'user de V0, le vendeur, dont la compétence en français est communément reconnue, peut proposer à son interlocuteur une redéfinition de l'interaction selon une nouvelle norme sociale, en tentant d'utiliser une autre variété de discours. Percevant ce comportement comme une stratégie de condescendance qui implique pour lui un déclassement social, l'attribution de valeurs négatives, le client peut refuser l'usage de l'idiome local et ainsi l'identité dévalorisée qui lui est liée, et chercher à maintenir V0. S'il accepte, au contraire, la proposition du vendeur, il optera cependant pour des variétés de discours proches de V0, c'est-à-dire de V1 ou V2, et réalisera ainsi une sorte de compromis entre le respect du comportement normalement attendu et le désir d'établir une relation particulière avec le vendeur. L'usage de V3 et V4 est totalement réservé aux relations non commerciales, informelles réunissant des membres du groupe de pairs.

Le problème de l'identité en milieu rural poitevin est donc fortement lié à l'évolution rapide de la société rurale au XXème siècle. Il se comprend en référence à la coexistence dans un même espace de deux grands ensembles de réalités socio-culturelles, mais aussi économiques et linguistiques, propres à la société traditionnelle ou à la société urbaine. Cet espace est un espace temporel, celui qu'ont traversé les générations successives, et un espace géographique, social, délimité par les frontières de la communauté rurale. Ces réalités s'y affrontent mais surtout s'y confrontent.

Les identités se construisent à travers elles, elles s'y définissent aussi, ponctuellement. Le locuteur par son comportement linguistique va en effet s'y référer, les mobiliser, de façon à définir son identité et celle de son interlocuteur pour une durée plus ou moins longue, lors des rencontres face à face et compte tenu de chacune des composantes de l'interaction. Le parallélisme existant entre les continuums linguistique et socio-culturel rend les choix linguistiques particulièrement significatifs.

Dans un tel contexte les identités se redéfinissent constamment, aussi souvent que le positionnement du locuteur dans la sociabilité de la communauté rurale peut varier. En ce sens les identités poitevines sont des réalités mouvantes.

Références

Auzanneau, M. (1993a). *La situation sociolinguistique en milieu rural poitevin, avec application au marché*, Thèse de doctorat, sous la direction de Louis-Jean Calvet, Université René Descartes-Paris V, Paris.

Auzanneau, M. (1993b). 'Entre dire et faire en Poitou'. In *L'insécurité linguistique dans les communautés francophones périphériques*, Actes du colloque de Louvain-La-Neuve, 10–12 novembre 1993, édités par Michel Francard, Cahiers de l'Institut Linguistique de Louvain, 19: 3–4, Editions Peeters, Louvain-La- Neuve, Volume I: 87–93.

Auzanneau, M. (1995a). 'Français, patois et mélange ou variétés de discours en Poitou?', *Langage et Société*, n°71: 35–63.

Auzanneau, M. (1995 b). 'Paroles de marché', *La Linguistique*, Vol 31, fasc 2: 47–62.

Bourdieu, P. (1982). *Ce que parler veut dire*, Paris: Fayard.

Encrevé, P. (1967). *Problèmes de bilinguisme dialectal: la situation linguistique à Foussais*, Thèse de troisième cycle, sous la direction d'A. Martinet, Sorbonne, Paris.

Labov, W. (1976). *Sociolinguistique*, Paris: Les Editions de Minuit.

Le Page, R.B. et Tabouret-Keller, A. (1985). *Acts of Identity, Creole Based Approaches to Language and Ethnicity,* Cambridge: Cambridge University Press.

Myers Scotton, C. (1983). 'The Negotiation of Identities in Conversation: a Theory of Markedness and Code-choice', *International Journal of Sociology of Language,* n°44: 115–136.

Tabouret-Keller, A. (1982). 'Entre bilinguisme et diglossie, du malaise des cloisonnements universitaires', *La Linguistique,* vol. 18, fasc. 1: 17–43.

Trudgill, P. (1974). *Sociolinguistics, an Introduction,* Harmondsworth, Middlesex: Penguin Books.

Picard and Regional French as Symbols of Identity in the *Nord*

Tim Pooley, London Guildhall University

1. Introduction

A *Télérama* survey conducted in the spring of 1991 in Lille found that only 7.1% of 15–24 year olds questioned considered Picard to be a 'centre d'intérêt culturel'. Reviewing this finding, the magazine *Région Nord* (39, May 1991) asks:

> Après la vague régionaliste des années 70, la nouvelle génération n'aurait-elle plus besoin de racines ? Le *Nord*, pays à l'originalité profondément marquée, est-il en passe de perdre sa langue ?

The quotation sets out an interesting (and significantly worded) agenda. Although it does not use the term 'symbol of identity', which I have chosen to use in my title, expressions such as 'centre d'intérêt culturel', 'besoin de racines', 'originalité profondément marquée', 'sa langue' clearly evoke the value of Picard as a focus of cultural identity.

Although I do not propose to tackle the question of language loss directly here, much of what I have to say has to be seen against a backcloth of language contact, bearing in mind that we are dealing with one of those cases where the minority language (Picard) is closely related to the dominant language (French). The usual end result of such a language contact situation is convergence – not so much in the merger of equals but in the takeover of the communicative roles and linguistic forms of the weaker variety by the stronger, which, however, continues to bear traces of the assimilated language, giving rise to mixed varieties sometimes referred to as *picard francisé, français picardisé* or *français émaillé de picardismes*. Such a process characterises, albeit in oversimplified form, the genesis of Regional French in the *langue d'oïl* regions.

Having clarified what I hope is a useful rider, I can now set out the agenda that the opening quotation has inspired. Firstly, what is the language of the *Nord*? Secondly, how has the so-called regional wave manifested itself in the promotion and defence of Picard? How do the people involved – particularly in the *associations patoisantes* – see Picard as a symbol of identity? Thirdly, I intend to report on part of a field study which I carried out on two groups of adolescents. In this section I shall attempt to answer two sets of questions. Firstly, does Picard retain any potency as a symbol of identity for urban teenagers in an area where within living memory, rapid urbanisation and industrialisation gave rise to urban vernaculars (*patois ouvriers*) derived from what are thought of as rural forms of speech (*patois paysans*)? Secondly, does it make more sense to look for the linguistic manifestation of their sense of regional identity in the way in which they speak French?

2. La langue du Nord

To imply, as I have in my introduction, that Picard is the language of the *Nord* is something of a linguistic sleight of hand for a number of reasons. Firstly, the anonymous writer in *Région Nord* seems to have conveniently overlooked the fact that part of the *département* – the Westhoek (see Figure 1) – is Flemish-speaking.

Moreover, the part of the *Nord* where I have done my fieldwork and where the *Télérama* survey was conducted is Lille, i.e. the *Communauté urbaine de Lille* which, although it lies within the Picard language area, is, by historical tradition, the capital of Flanders. This geographical situation leaves the Picard of the *Nord* with no obvious respectable, geographically rooted label such as those, for instance, proposed by Dauzat (1927) to designate the major linguistic divisions of the Picard dialect area – *picard, hainuyer, artésien*. Although this subclassification appears to correspond very neatly to the major historical subdivisions of the territory, other scholars, e.g. Debrie (1983: 9), Carton & Poulet (1991: 8), have proposed taxonomies with a far greater number of subdivisions. In either case, such subdivisions are approximate clusterings within a highly fragmented dialect area, and there is no hint of the existence of subregional *koinoi* (cf. Trumper and Maddalon, 1988). The *langue du Nord* is thus deprived of the symbolic value which it might derive from a clear link to a territorial base as is the case for most languages. Its value as a symbol of ethnolinguistic and cultural identity is thereby weakened.

Although Picard is clearly associated with Picardie, no politico-geographical definition of Picardie has ever covered the whole of the Picard dialect area shown in Figure 1. The region has never been united politically, which means that the defence and promotion of Picard while it is arguably political in the current administrative region of Picardie, particularly the Somme, seems to have little or no political importance in the Nord – Pas-de-Calais.

Since political fragmentation favours linguistic diversity, the *Nord*, contrary to the implicit claim of the opening quotation, does not have a language, but a considerable range of related micro-dialects usually called patois, which are usually regarded as part of the northern Gallo-Romance continuum, where variety boundaries are notoriously hard to define. The anonymous author's use of the term 'langue' seems entirely calculated, but no more so than my own substitution of 'Picard' for 'patois' – the term which the *Télérama* survey question had used in order to be understood, since most respondents would have associated Picard with the current administrative region of Picardie. Does this mean that the *langue du Nord* is no more than a cluster of nameless patois, whose only names are the localities where they are spoken? The only collective names with any symbolic resonance are the originally pejorative nicknames such as *Rouchi* for the French Hainaut and *Chti* or *Chtimi* for the Nord-Pas-de-Calais. While the term *Chti* encapsulates many positive regional associations, however ill-defined – it is used for example on car stickers, brands of beer and lemonade, and city guides – it is linguistically polysemous. It can be used to refer to what Carton (1987) calls traditional Picard. More usually it designates a range of Picard-based varieties manifesting varying degrees of convergence towards French, corresponding to the patois usages which Carton calls Dialectal French. It is this *patois d'intention* that corresponds to the broadest varieties that can still be heard and the *de facto* target varieties of the *patoisants*. The term often refers to urban vernacular French, which Carton & Poulet (1991: 5) call 'un mélange de patois, de français régional et d'argot'. Such a definition, albeit with decreasing patois input over the generations, corresponds to what is referred to in the title as Regional French. *Chtimi* can also be used simply to evoke geographical origin, i.e. a person from the *Nord*, without any implications as to linguistic behaviour. This latter definition of *Chti* as 'Français du *Nord*' is arguably the most meaningful one for the majority of the population. If this turned out to be the case, then one would expect regional identity to be manifested linguistically in the way in which *Nordistes* speak French and that this Regional French might be a more powerful symbol of identity than the traditional language varieties.

3. The *vague régionaliste*

Before testing the hypothesis which I have just formulated, I now intend to describe briefly the sociolinguistic aspects of the 'vague régionaliste des années 70' and to assess how a sample of the people involved in such a movement perceive the cultural value of Picard. While one may wonder about the force of the so-called 'regionalist wave of the 1970s' in northern France, there can be no doubt of a growing awareness in the region that Picard is an endangered linguistic species, and that it is a significant part of the regions's cultural heritage. This awareness is evidenced, for instance, by the number of dialect societies and other folkloristic events which have been organized in the region since the late 1970s and early 1980s. The most reliable estimates available (André Lévêque president of *Ch'ti qu'i pinse*, personal communication) suggest that there were between seventy and a hundred such societies in 1995 – the majority of which have been formed in the last twenty years – throughout the Picard dialect area. Whether the existence of such societies can be considered to constitute a major regionalist movement, is, to say the least, doubtful. Assuming an average membership of 100 people, one could hazard a guess that around 10,000 people, with varying degrees of commitment – barely 0.25% of the total population – were regularly involved. Such numbers are perhaps more indicative of a ripple rather than a wave.

Significantly, nearly all such dialect societies call themselves *associations patoisantes*, since all their potential members would identify their language as patois. The *associations patoisantes* therefore see as part of their mission to convince their members of the cultural value and distinctiveness of their patois. Such a mission involves firstly debunking the myth that patois is, as R. A. Lodge (1993) put it, 'the lowest form of language life' as implied by such epithets as 'français déformé, français écorché, français inachevé, sous-idiome des courées' and secondly informing their sympathizers that their patois is none other than a local form of Picard with its long and respectable history. As André Lévêque expressed it:

> Nous ne devons plus avoir honte de ce que nous nommons notre 'patois'. C'est une langue, qui a ses lettres de noblesse, son originalité, ses richesses. On a parlé picard au XIIe siècle. Et on n'a pas cessé depuis. (*Liberté*, 8.4.85.)

This line of argument, although crucial if calls for Picard to be recognized as a *langue régionale* are to be taken seriously, does not necessarily carry the whole-hearted support of the rank and file membership. Far more important than the cultural value of Picard for the majority of attenders is a highly personal desire to go back to their roots. For older speakers this return to their roots means hearing again the patois that they used in their youth, and for younger speakers the patois of a parent or grandparent. This seeking after roots is almost always bound up with the local variety, e.g. the patois of Roubaix or Tourcoing, with which they are familiar, and accompanied by vivid awareness of a generation gap and a clear recognition that the social fabric of their towns has changed irrevocably.

4. Picard as a symbol of identity at the veillées patoisantes

Brigitte Söhnle (1994) conducted a questionnaire-based survey among attenders at one of the most strongly culturally oriented of the local patois associations, the *veillées patoisantes* in Tourcoing, and here I shall describe and review the answers given to questions concerning the value of Picard (the investigator was able to frame her questions using the term 'Picard' with her subjects) as a cultural symbol.

What is the importance of Picard for you ?
Would you like your grandchildren to learn Picard ?

One would expect *a priori* these informants to attach greater value to Picard than the general population for several reasons. Not only do they attend meetings at one of the more culturally oriented dialect societies, they have particularly strong roots in the *Nord* (95% are *Nordiste*, 94% have spent all their lives in the region, 56% in the same town in an area of largely uninterrupted built environment). Their responses suggest, however, that the cultural and symbolic value of Picard is clearly oriented towards the past – perhaps not surprisingly for a group of people whose average age is 61.

In response to the question 'Quelle importance a pour vous le picard ?', the most frequent answers all evoke the past, either directly or indirectly (Söhnle 1994: 57):

'cela me rappelle des gens qui ne sont plus, mes parents, mes grands-parents'
'souvenir d'enfance, de jeunesse, du passé'
'perpétuer un passé'
'retrouver les racines'
'moyen de faire connaître notre mode de vie passé'
'conserver l'origine des gens du *Nord*, les traditions régionales'
'c'est la langue de nos ancêtres'

The personalized way in which the question was framed means that it is unfair to overemphasise the personal orientation of comments such as 'j'aime le picard' or 'c'est ma deuxième langue maternelle' which imply that any symbolic value which Picard may have for these informants is usually firmly rooted in personal associations. It may legitimately be argued, however, that Söhnle worded her question as she did, because it corresponded to an accurate observation.

When asked whether they would like their grandchildren to learn Picard – whether through them or a third party – only 66% of Söhnle's informants replied in the affirmative, giving reasons which evoke a sense of identity even more clearly (Söhnle 1994: 56):

'pour qu'ils gardent le patrimoine linguistique de la région'
'c'est lié à notre histoire et à notre identité régionale'
'pour ne pas perdre nos racines: notre racine est le picard qui ne doit pas mourir'
'parce que c'est notre langue'.

Of the 34% who replied in the negative, most either had no grandchildren or had grandchildren living away from the *Nord*. A significant minority of those who do have grandchildren living in the region thought that the young people would not be interested or that their parents might object. Others, significantly, gave answers which suggest regretfully that Picard has lost its value as a symbol of cultural identity for young people (Söhnle 1994: 57):

'malheureusement, ce ne sera plus en usage chez les jeunes'
'cela ne s'apprend que par habitude, dans le milieu. Chaque ville ou village a son propre parler picard; en apprenant le patois d'un autre village, on ne retrouvera pas ses racines'

These answers suggest not only that the normal process of intergenerational transmission has broken down but that the appropriate community-based linguistic environment has largely disappeared. Moreover, the value of Picard as a symbol of identity is inextricably linked to the local variety and environment. Worse still, the answers appear to imply that to attempt to revive the language by such artificial means as second language (second dialect?) teaching can never hope to instil in the younger generation the values which it enshrines for their own.

5. The Picard skills survey

Table 1 – Comparison of Picard features index in spontaneous speech – 1983 Roubaix corpus and 1995 Rouges-Barres corpus – max. 11

Roubaix born pre 1938	6.1
Roubaix born 1938–1952	4.6
Roubaix born post 1953	2.3
Rouges-Barres born 1979–1981	0

Table 1 shows that the use of picardisms in the spontaneous speech of the least well educated French native speakers in the Lille-Roubaix-Tourcoing areas conversation is decreasing both in quantity and intensity down the generations. Whereas the 1983 corpus consists entirely of spontaneous conversations (Pooley, 1996), the 1995 corpus is based on both spontaneous group conversations and individual interviews with myself. The interview provided not only the opportunity to investigate style shifting within a classic variationist paradigm – reading a word list, reading continuous prose passages and answering a series of set questions, but also the chance to test informants' latent knowledge of Picard and to enquire about their attitudes towards this variety and their home region. Here I intend to report on how the answers given in response to such questions were used to devise a number of indices (see Section 6) which, in addition to other social characteristics such as sex and ethnicity – were correlated, firstly with scores in the Picard Skills Test and secondly, with their use of the most characteristic feature of the *accent du Nord* – the so-called northern *a* – in group conversations. The comparison of the two sets of figures should at the very least be suggestive as to whether either variety can be construed as a symbol of regional identity.

The discussion will be limited to data gathered in two schools, chosen because of their stark social differences. The first was a *Section d'Education Spécialisée* of the Collège Rouges-Barres in Marcq-en-Baroeul. The pupils' family backgrounds are clearly working-class and their presence in an institution set up to address special needs, suggests no more than a modest future in their working lives. The second school was a prestigious private Catholic *collège* – Collège Pascal – academically the most highly rated in the lower secondary sector in Roubaix. All pupils could be expected to reach *BEPC* if not *Baccalauréat* standard and to obtain at least reasonable jobs. Both schools had a majority of pupils who could be described as *Français de souche* – the pupils from the *SES* were either in 4e or 3e (average age 14.3). The pupils from Pascal were in their second year of secondary education (aged 13.0). Twenty-four teenagers (sixteen from Rouges-Barres and eight from Pascal) participated both in individual interviews and group discussions. Both sets of subjects contained an equal number of boys and girls, four of the Rouges-Barres pupils and three from Pascal were of non-French ethnicity. While such numbers produce significant quantities of data for detailed linguistic analysis, the survey results discussed here cannot claim to be anything more than indicative.

During the interview all subjects were given a four part oral test on their knowledge of Picard (referred to as patois) as follows:

a) identifying patois (informants were asked to listen to six short extracts in different varieties of Picard and asked simply to state whether they thought the speaker was using patois, French or a foreign language (six points);
b) recognizing ten Picard words (ten points);
c) giving Picard equivalents for ten French words (ten points);
d) saying something in Picard (ten points).

Performance in the test is rated by a score – the Picard Skills Score – ranging from zero to thirty-six. Although the tests were intended to be relatively straightforward, scores were low (overall average eleven). Generally, the Pascal pupils were much more at ease with the test situation and performed better, scoring an average of fifteen against nine for Rouges-Barres. Interestingly, however, the Rouges-Barres pupils scored marginally better on the vocabulary recognition section. Moreover, while the Pascal pupils answered the variety identification questions in the terms in which they were framed, the Rouges-Barres pupils spontaneously introduced the notion of *mélange* i.e. dialect mixing.

That the answers of the Pascal pupils suggested a far clearer distinction between French and patois is further confirmed by their higher scores in the two sections where respondents were asked to 'perform' in Picard. Not only did they give more correct responses, they gave few, if any, answers which showed confusion or even ignorance as to what patois is. Several of the Rouges-Barres pupils asked what patois was, and several gave answers which suggested that they associated patois with the south of France or Normandy. Moreover, when asked about their competence in patois (PC Index), the Pascal pupils scored either 2 or 0, whereas all but one of the Rouges-Barres pupils scored 1 or 0. This suggests that in purely linguistic terms Picard and French are more clearly distinct for people with higher educational attainment.

6. Picard and Regional French as symbols of identity

The generally low level of the Picard Skills Score – 67% (16/24) of the young people interviewed scored ten or less and the overall average score was 11 – indicates, however, that for the informants Picard cannot hold great value as a symbol of identity. Indeed, only five of them have been exposed to the language naturally in early childhood and only three of these with outstanding scores of 33, 29 and 27 might be counted, in Dorian's (1981) terms, as fluent semi-speakers. The Picard Skills Score nevertheless shows some interesting correlations to a number of non-linguistic factors. Such correlations do not, however, appear to be isomorphic with those which are most significant for the use of marked features of Regional French in the subjects' spontaneous speech, exemplified in Section 7 by the use of northern back *a* [a] – among the Rouges-Barres adolescents (cf., Figure 4).

Seven such parameters were investigated in relation to the Picard Skills Score:

1) The Granny Bond.
2) The Country Connection.
3) Gender.
4) Ethnicity.
5) Regional Loyalty Index (RL INDEX).
6) Index of Cultural Value of Picard (CV INDEX).
7) Index of Professed Competence (PC INDEX).

and the results are shown in Figures 2 (Items 1–4) and 3 (Items 5–7) .

The three pupils whose Picard Skills scores stood out markedly all had patois-speaking grandparents or at least a patois-speaking grandparent – hence the term Granny Bond. The experience of these young people confirmed the breakdown of normal parent-child transmission in urban environments. Where any degree of transmission occurred it did so naturally and never as a result of deliberate intent to teach Picard.

The link with a rural environment – the Country Connection – is not totally independent of the Granny Bond. Spontaneous acquisition of Picard through the grandparents occurred in two cases out of three in a rural environment. The wide catchment area of both schools meant that a minority of pupils commuted from villages where they could hear Picard spoken outside the home and thus gain some familiarity with the language. If what applies to this small sample of teenagers proved to be generally true of the whole population, then the traditional rural associations of patois would seem to have re-established themselves after a period of several generations where *patois ouvriers* of various degrees of francisation had been an integral part of urban speech forms.

Although girls had somewhat higher Picard Skills scores than boys, this cannot be claimed to be significant since there was clear overlap with family background (Granny Bond and Country Connection).

Native French pupils scored significantly higher than those from ethnic minorities. (13–6). Not surprisingly, only native French pupils had picardophone grandparents and rural family connections in France. The pupils from ethnic minorities had spent all their time in France in urban areas where, clearly, they had gained relatively little awareness of patois from their contacts with the community at large.

The Regional Loyalty Index yields the exact reverse of the expected overall pattern, namely that pupils with the highest Regional Loyalty Index have the lowest Skills scores and vice versa. The neat overall pattern, however, disguises differences between the two groups. The best Picard speakers at Rouges-Barres have a zero RLI, with the other three possible index scores hardly differentiating the other pupils at all. The Pascal pupils, however, show the expected pattern – higher RLI correlating with a higher Picard Skills scores. Significantly, however, only pupils at Rouges-Barres have an RLI of 3. The brighter career prospects of the Pascal pupils had already led some of them to contemplate careers which could not be pursued in the *Nord*, including the two fluent semi-speakers. When I asked these two girls whether regional loyalty was more important to them than their career aspirations, they replied, perhaps not without a tinge of regret, to the effect that they set greater store by career success.

On average the competence professed (PC INDEX) by respondents was reflected in their Picard Skills scores which increase stepwise from those who professed no competence (Level 0) to those who claimed receptive competence (Level 1) and those who claimed some ability both to understand and to speak (Level 2).

Curiously and perhaps crucially, there is absolutely no difference in the Skills scores compared to the Cultural Value Index (CV INDEX) values. The lack of discriminatory value of the CV INDEX suggests that respondents had no strong feelings about the significance of Picard as a symbol of identity, either in terms of its status or cultural importance.

7. Regional French as a symbol of identity

As I have expounded this theme more fully elsewhere (Pooley, 1996), I intend to review only very briefly the spontaneous speech of the Rouges-Barres pupils recorded in single-sex groups, when interacting freely among themselves. I have already pointed out that this speech contained only vestigial traces of the eleven historically Picard features used as the basis of the Picard features index (see Table 1). Indeed, when one pupil used word-final consonant devoicing (one of the constituent features of the Picard features index), he was corrected and told to speak French. Moreover, some pupils, who used no such dialectal features at all in spontaneous speech with their classmates, did make marginal use of certain non-stereotypical traits when interviewed one-to-one by an adult investigator. Had they introduced stereotypical features such as [Ú] as in *chtimi*, one might have tempted to conclude that such usage had been introduced to please the investigator. Since, however, it is non-stereotypical features such as relatives like *la femme qu'elle vient* which occur, it may be that such items are perceived as being characteristic of adult norms and therefore markers of upward style shift. A comparable table (Table 2) shows a significant increase in the use of [a] in spontaneous speech among the same informants. If the figures do not appear particularly high, it is worth bearing in mind firstly, the extremely overall frequency of possible sites and secondly, the relative favourability of certain phonological constraints – particularly word and tone-group final open syllables (cf. Pooley, 1996).

Table 2 – Percentage use of [a] in spontaneous speech – 1983 Roubaix corpus and 1995 Rouges-Barres corpus.

Roubaix born pre 1938	18
Roubaix born 1938–1952	22
Roubaix born post 1953	31
Rouges-Barres born 1979–1981	40

Figure 4 shows that boys, *Français de souche* and those with RLI value of 3 make heavier use of the most marked feature of Regional French – the back [a] – than girls, pupils from ethnic minorities, and those with an RLI value of 1 or 0. All three factors are significant. In the case of gender, the overall figures blur significant differences. Among the pupils of native French stock, boys used [a] significantly more than girls, but overall this was evened up by the significantly greater use of [a] by female pupils of non-French ethnicity compared to their male counterparts. I have already argued (Pooley, 1996) that this is due to the considerably greater degree of integration of the *Beurettes* into the female peer group, compared to their *Beur* counterparts into the male peer group.

8. Conclusions

Picard is undoubtedly a symbol of identity, part of the region's cultural heritage, but its identity value is clearly far greater for older speakers (born in or before 1938) – the age group most strongly represented at meetings of dialect societies. There are also clear indications that this cultural symbol is more highly valued in urban areas by more educated people than those who might be assumed to be Picard's natural constituency – the least educated working classes. Moreover, bearing in mind the phenomenon of convergence between two closely related varieties, better educated speakers of all generations tend to see Picard and French as being more clearly differentiated. The value of Picard as a symbol of identity is clearly rooted in the past and in personal associations, particularly within the family in early childhood. Moreover, it is almost exclusively local varieties that are imbued with such symbolic resonance and only a few intellectuals can attribute such symbolism to a proposed pan-regional variety.

While there is evidence to suggest that a significant proportion of young people in rural areas (Howells, 1993; Söhnle, 1994) still profess to know Picard at least reasonably well, their urban counterparts are in a small minority and even then they may well have rural connections. The Picard Skills survey indicates that where urban children do acquire anything like a reasonable knowledge of patois, it is because of input from their grandparents, but without any deliberate attempt to teach the language. Young people with low educational attainment were less certain of the distinctiveness of patois from French and were more aware of dialect mixing, although they had eschewed virtually all dialectal variants from their own spontaneous French speech. For them heavy use of strongly marked vernacular variants corresponded significantly to a sense of regional identity at least as measured by the Regional Loyalty Index, as well as by the values shared by the Rouges-Barres peer group (Pooley, 1996).

For children with higher educational attainment potential, there is some indication that competence in Picard did correspond to a greater sense of regional loyalty, although the sense of regional loyalty was significantly greater among working class young people. On the evidence presented, Regional French is, for urban teenagers, clearly a more potent vehicle for expressing regional identity than a variety of which most of them have but a modicum of awareness.

References

Carton, F. (1987). Les accents régionaux. In Vermès, G. & Boutet, J. (éds.) (1987) *France, pays multilingue, t.1: les langues en France, un enjeu historique et social,* Paris: Logiques Sociales. L'Harmattan.

Carton, F. & Lebègue, M. (1989). *Atlas linguistique et ethnographique picard,* Paris: CNRS.

Carton, F. & Poulet, D. (1991). *Dictionnaire du français régional du Nord-Pas-de-Calais,* Paris: Editions Bonneton.

Dauzat, A. (1927). *Les patois,* Paris: Delagrave.

Debrie, R. (1983). *Eche pikat bèl é rade*, Paris: Omnivox.

Dorian, N. (1981). *Language Death*, Philadelphia: University of Pennsylvania Press.

Gueunier, N., Genouvrier, E. and Khomsi, A. (1978). *Les Français devant la norme*, Paris: Klincksieck.

Howells, A. (1993). 'Le patois d'Arras', Unpublished B.A. project: London Guildhall University.

Lefebvre, A. (1991). *Le français de la région lilloise*, Paris: Sorbonne.

Lodge, R. A. (1993). *French: From Dialect to Standard*, London: Routledge.

Pooley, T. (1996). *Chtimi: the Urban Vernaculars of Northern France*, Clevedon: Multilingual Matters.

Poulet, D. (1987). *Au contact du picard et du flamand*, Lille: Atelier National, reproduction de thèses.

Söhnle, B. (1994). 'Enquête sur l'utilisation du picard'. Unpublished Mémoire de maîtrise: University of Lille.

Trumper, J. & Maddalon, M. (1988). 'Converging divergence and diverging convergence: the dialect-language conflict and contrasting evolutionary trends in modern Italy'. In Auer, Peter & di Luzio, Aldo (eds.), *Variation and convergence*, Berlin: Walter de Gruyter.

Walter, H. (1988). *Le français dans tous les sens*, Paris: PUF.

Appendix

Bases of Indices
Cultural Value Index (CV Index)

1) Laquelle de ces deux affirmations correspond le mieux à votre point de vue ?

    i) le patois est un français déformé
    ii) le patois est une langue différente du français

2) Pour vous est-ce que le patois est une richesse culturelle ? OUI- NON

Professed Competence Index (PC Index)

1) Est-ce que vous comprenez le patois ?
2) Est-ce qu'il vous arrive de pratiquer le patois ?

Regional Loyalty Index

1) Est-ce que vous aimez vivre dans le *Nord* ?

    i) OUI beaucoup
    ii) OUI assez
    iii) NON pas vraiment
    iv) NON pas du tout

2) Je trouve que les gens du *Nord* sont:

    i) très sympathiques
    ii) assez sympathiques
    iii) pas très sympathiques
    iv) pas sympathiques du tout

3) Où est-ce que vous préféreriez travailler (dans des conditions identiques) ?

    i) dans le *Nord*
    ii) dans la région parisienne
    iii) dans une autre partie de la France
    iv) à l'étranger

Figure 1 – Map of Picard dialect area

Source Debrie, 1983; Carton and Lebègue, 1989 adapted by Don Shewan of
London Guildhall University

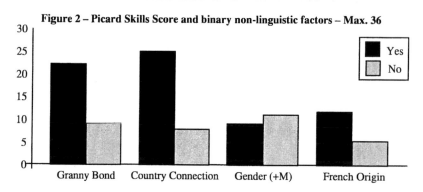

Figure 2 – Picard Skills Score and binary non-linguistic factors – Max. 36

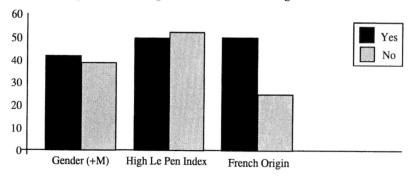

Figure 3 – Picard Skills Score and binary non-linguistic factors – three value indices – max. 36

Figure 4 – Percentage use of back a and non-linguistic factors

The Relationship between Language and Attitudes in Brittany: the Attitudes and Perceptions of Young Bretons

Rachel Hoare, Trinity College, Dublin.

1. Introduction

This chapter is concerned with one of the many world languages threatened with extinction: Breton. The number of native speakers of Breton has been declining over several centuries and the fate of the language will clearly depend to a large extent on contemporary attitudes. The focus here, however, will be not only on the attitudes of young people towards Breton, but also on their attitudes towards Breton-accented French and Standard French, and with their perceptions of linguistic identity vis à vis these three language varieties, in order to ascertain the extent to which each language variety is perceived to be a marker of Breton identity.

Section 2 of this paper briefly examines the sociolinguistic situation in Brittany. The rest of the chapter is concerned with a recent research project on language attitudes: section 3 describes the structure of the research and the most salient results, whilst sections 4 and 5 provide a summary of the results and a discussion of the conclusions.

2. The sociolinguistic situation in Brittany

Breton was first introduced into Brittany, which was then called Armorica, in the 4th century by immigrants from the British Isles (cf. Abalain, 1995). Breton is an Indo-European language belonging to the Brittonic branch of the Celtic languages together with Welsh and Cornish. The syntax and vocabulary of Welsh and Breton are very similar but mutual intelligibility is difficult without having studied both languages. Cornish, on the other hand, is very similar to Breton.

The Breton language is spoken in the area known as *Basse Bretagne* (Lower Brittany) which comprises all of *Finistère* and the western halves of the *Côtes-d'Armor* and *Morbihan*. It is also spoken by individuals and small communities resident in the eastern part of Brittany, in particular in the cities of Rennes and Nantes. A number of seventeenth and eighteenth century atlases show the division of Brittany into the areas of *Basse Bretagne* and *Haute Bretagne*. This division has never had any administrative standing, but it corresponds to the linguistic dichotomy (cf. Humphreys, 1992). The fact that French censuses have never reported linguistic data has made the calculation of the number of Breton speakers at any one time virtually impossible. According to a number of studies carried out at the beginning of the 19th century there were approximately one million speakers at that time. Current estimates range from 500,000 to 800,000 out of a population of just under three million (with 838,000 in Finistère).

In the 1990's the language situation in Brittany may be seen as somewhat paradoxical. Although there has been a marked decline in the daily usage of Breton, this has been accompanied by some progress in the field of education. This has meant that children are still learning to speak Breton, but that they are doing so at school rather than at home.

3. The structure of the research and the results

During fieldwork in schools in Brittany, attitudes were measured directly with questionnaires and indirectly with matched guise experiments. Statistical analysis was carried out on the data in order to identify any statistically significant differences between the responses of the following three groups of informants:

Age groups: **Regional groups:**   **Sex:**
12 and under vs. over 12   *Basse Bretagne* vs. *Haute Bretagne*   Male vs. female

This quantitative analysis was complemented by a qualitatively analysed discourse-based approach. The overall structure of the research is given in Table 1.

The aims, design and administration of the three research instruments, along with the most significant results, will now be briefly described.

Table 1. The structure of the research into attitudes towards language varieties in Brittany:

METHODOLOGY	DATA ANALYSIS	
	QUANTITATIVE	QUALITATIVE *(BASSE BRETAGNE ONLY)*
Questionnaires: (500 respondents)	The analysis of responses to questions concerning language use and Breton identity in terms of: (1) **Age** (12and under vs over 12) (2) **Sex** (3) **Region** (*Basse Bretagne* vs Haute Bretagne)	**60 informants:** 60 interviews based on the questions asked in the questionnaire.
Matched guise tests: (160 informants)	The analysis of reactions to the following language varieties: (1) **Breton-accented French** (2) **Standard French** (3) **Breton** in terms of: (1) **Age** (under 12 vs 12 and over) (2) **Sex** (3) **Region** (*Basse Bretagne* vs Haute Bretagne)	**60 informants:** A discussion of the original matched guise material by 30 pairs of informants.

3.1 The questionnaire and associated interview data

The questionnaire comprises two main sections, the first being concerned with language ability and use, and the second consisting of ten statements about Breton language and identity, accompanied by a series of rating scales.

The questionnaires were sent to contacts in educational establishments in *Basse Bretagne* and *Haute Bretagne*. The responses to the questionnaires were subjected to statistical analysis in order to determine whether the differences between each pair of the independent variables of age, sex and region were statistically significant. The discourse-based section of the study was designed to complement the questionnaire and matched guise techniques already used. For the questionnaire and matched guise parts of the study, informants were used from both regions. Given the time constraints on qualitative work, it is always necessary to work with smaller numbers; it was therefore considered desirable to use a sub-population to allow better comparisons to be made across the quantitative and qualitative findings, rather than to seek to match all of the matched guise and questionnaire informants. The *Basse Bretagne* group were chosen for the reasons given below.

Results from the questionnaire part of the study suggested that the informants from *Basse Bretagne* had more direct experience of the Breton language, had a stronger sense of Breton identity, and were more likely to have definite views and opinions (both positive and negative) on the matters to be discussed in the individual interviews and the pair discussions, than the informants from *Haute Bretagne*, for whom in many cases the issues appeared to have no relevance. It is very important in qualitative work to have access to a sample of informants who are both willing and able to discuss the issues at stake. I therefore chose to conduct this third stage in schools in *Basse Bretagne* where I had also found the teachers to be cooperative and interested in what I was doing during the first round of the research. For the questionnaire section the stimulus material consisted of a slightly shortened version of the written questionnaire which was used as the basis of interviews. Ten different schools in *Basse Bretagne* were visited, and 62 pupils were interviewed.

3.1.1 Section 1 of the questionnaire

The most salient results obtained in the section of the questionnaire concerned with language use, and attitudes towards this, will now be highlighted. Tables 2 and 3 (below) provide breakdowns of the responses to the questions on language understanding and use; they show that globally, it was found that the majority of respondents had no understanding of Breton (55%), and that the majority never spoke (65%), read (72%), or wrote (78%) the language. However, the tables also show that in each case there was a sizeable minority of respondents who were able to do so to varying degrees.

Table 2: Understanding of Breton

	Parfaitement	Bien	Moyennement	Un peu	Pas du tout
Comprenez vous le breton?	3%	2%	10%	30%	55%
Parlez-vous breton?	3%	9%	8%	15%	65%

Table 3: Use of Breton

	Tous les jours	Plusieurs fois par semaine	Une fois par semaine	Moins d'une fois par semaine	Jamais
Lisez-vous le breton?	2%	6%	8%	12%	72%
Vous arrive-t-il d'écrire en breton?	2%	6%	9%	5%	78%

A more detailed analysis of the results indicated that the twelve and under age group claimed to be more competent in their understanding of Breton and in their spoken Breton than the over 12 age group (there was no significant difference between the two groups for the reading and writing of Breton). The younger respondents were also found to have much more favourable attitudes towards Breton. This was shown in their greater desire to learn the language. A comparison of the two regional groups showed that the respondents from *Basse Bretagne* claimed their level of understanding of Breton and their competence in speaking the language to be much higher than the respondents from *Haute Bretagne* (p<.001 in each case). There was also found to be a much greater frequency of reading and writing Breton amongst those from *Basse Bretagne*, who considered themselves to be more Breton than the *Haute Bretagne* informants. No significant difference was found between the two sexes for any of the questions in the first section of the questionnaire.

3.1.2 Breton and French identity

The final part of the first section of the questionnaire was concerned with the notion of Breton identity, with the respondents being asked to what extent they felt Breton or French. Table 4 shows very clearly that a larger percentage of the respondents consider themselves to be completely French and not at all Breton (31%), than consider themselves to be completely Breton and not at all French (14%).

Table 4:

	complètement breton(ne)	plus breton(ne)	les deux	plus français(e)	complètement français(e)
Dans quelle mesure vous sentez-vous breton(ne)?	14%	4%	21%	30%	31%

This tendency for the Breton respondents to associate more readily with a French identity is reflected in the results of the previous sections on language use in which it was found that relatively small percentages of the Breton respondents would be interested in understanding, speaking, reading or writing Breton.

The responses given by the informants as part of the *interview* data show there to be very few informants who consider themselves to be totally French (6 of the 60 interviewed). The majority consider themselves to be Breton to varying degrees, with many seeing themselves as half Breton and half French. One of the main reasons given for them having some degree of Breton identity is the fact that they were born in Brittany. It must be remembered that all informants interviewed were from *Basse Bretagne*. This is reflected in the more positive overall responses of these informants compared with the questionnaire respondents. Some of the typical responses took the form of informant justifications of their Breton identities, as can be seen in extracts 1 to 5 below:

Extract 1:

A: *Dans quelle mesure tu te sens bretonne?*
B: Parce que je suis née en Bretagne, mes parents, enfin ma mère et mes grands-parents sont bretons, et j'aime bien cette région quoi.

A: *Tu te sens plus bretonne que française par exemple?*

B: Non, il n'y a pas de différence, peut-être pour quelques personnes, si, mais pas pour moi, je suis bretonne, je suis française.

A: *Il n'y a pas de différence entre les deux?*

B: Non, pas pour moi en tout cas.

(female aged 14)

Extract 2:

A: *Dans quelle mesure tu te sens bretonne?*

B: Ben, mes grands-parents parlent le breton, et puis on habite quand même dans, juste à la pointe de la Bretagne, donc, on se sent bien breton.

A: *Est-ce que tu te sens plus bretonne que française ou plus française que bretonne?*

B: Je dirais que c'est moitié moitié

(female, aged 14)

Extracts 1 and 2 (above) show that place of origin is an important determinant of Breton identity for both informants. It is interesting that the informant in extract 2 mentions the fact that her grandparents speak Breton when talking about the extent of her own Bretonness. The informant in extract 3 (below) also specifies region of origin as being an important aspect of Breton identity, and even elaborates upon more specific features of the region which, for her, obviously make it particularly important to be Breton:

Extract 3:

A: *Dans quelle mesure tu te sens bretonne?*

B: Le fait d'habiter dans une région qui n'est pas encore totalement industrialisée, qu'on est toujours dans la campagne, qu'on a pas tout urbanisé, ça me fait, enfin, j'aime bien la Bretagne quoi, c'est là que je me sens bien, et puisque je suis bretonne.

A: *Est-ce que tu te sens plus bretonne que française par exemple?*

B: Ah oui, oui, oui, beaucoup plus parce qu'on a des traditions et puis, surtout quand je vois mes grands-parents je me dis bon ben, il y a des fêtes bretonnes, parfois je défile avec des costumes bretons, il y a des fêtes, donc, je me sens plus bretonne que française, oui.

A: *C'est bien, et tes grands-parents, ils parlent breton entre eux?*

B: Oui, entre eux, oui, ils aiment parler, c'est sûr qu'avec nous, ils peuvent pas parce que, ben, nous comme on a pas appris le breton, ils peuvent parler et c'est leur plus grand regret d'ailleurs, mais je pense qu'en ce moment dans les classes on recommence à apprendre le breton comme ça devenu langue morte. En fait, j'aimerais bien le connaître mieux.

(female aged 14)

It is also interesting that this informant refers to Breton as *le breton comme ça devenu langue morte* which assumes that the language has already died. This was an attitude expressed either directly or indirectly by a number of the informants in spite of the existence of Breton-immersion schools and the high profile accorded to the language in the media.

The responses to this question concerning Breton identity do in fact include a number of references to the Breton language, and these are addressed in extract 4 (below). The perceptions of the young informants vis à vis their own identity and the speaking of the different language varieties in Brittany are addressed specifically in questions 6 to 8 of the questionnaire, the responses to which are examined in section 3.1.2.

Extract 4:

A: *Dans quelle mesure tu te sens bretonne?*
B: Ben, déjà je suis née en Bretagne, j'ai des grands-parents de famille bretonne et puis bon, ben, je connais quelques traditions, je sais un peu parler breton quoi, juste quelques mots.
A: *Est-ce que tu te sens plus bretonne que française par exemple?*
B: Eh oui.

(female aged 12)

It is clear that, although the informant speaking in extract 4 associates speaking Breton with having a Breton identity, she still considers herself to be Breton in spite of the fact that she herself only knows a few words. This association was implicit in a number of responses to this question, but several informants considered themselves to have a stronger French identity due to the fact that they did not speak Breton, as illustrated by extract 5 (below):

Extract 5:

A: *dans quelle mesure tu te sens bretonne?*
B: ben, déjà je suis née en Bretagne, donc je suis bretonne, et puis ma famille parle le breton couramment, donc je me sens quand même, j'ai quand même des racines bretonnes quoi
A: *est-ce que tu te sens plus française que bretonne ou plus bretonne que française par exemple?*
B: plus française que bretonne quand même, ben déjà le français je parle beaucoup mieux que le breton, je peux mieux m'exprimer en français alors qu'en breton, ben il faut que je cherche mes mots et puis je les trouve pas tout le temps non plus quoi.

(female aged 18)

Although this informant claims to have Breton roots, she considers herself to be more French than Breton because of her more fluent command of the French language.

It was also interesting to note that several informants pre-empted question 7 in the questionnaire by suggesting that accent was a marker of Breton identity, as shown in extract 6 below:

Extract 6:

A: *dans quelle mesure tu te sens bretonne?*
B: comment ça?
A: *est-ce que tu te sens, par exemple, plus française que bretonne ou plus bretonne que française?*
B: ben, il paraît que je parle, que je suis assez bretonne, et que ça, c'est assez remarquable, oui, il paraît que ça se remarque, et moi je ne le remarque pas, et je me sens plus bretonne que française quand même, parce qu'il paraît que j'ai un accent breton quoi.

(female aged 12)

This informant says that the fact that she has a Breton accent makes her feel more Breton than French. The issue of accent as a marker of Breton identity is directly addressed in question 7 of the questionnaire, and is discussed in section 3.1.3.

3.1.2.1 Comparable studies
Le Coadic (1994), in his questionnaire-based study of the significance, for 323 pupils in a *lycée* in Landerneau (*Finistère*), of being Breton, asked a question about the strength of their feelings of belonging to the following ethnic groups: European, French and Breton. The pupils were asked to rate these three groups by completion of the following phrase: *Je me sens d'abord.......puis.......et enfin.......* Le Coadic found that 60% of those interviewed felt themselves to be French above all, 32% felt themselves to be Breton first and foremost, and only 8% felt themselves to be primarily European. In this case then, almost a third of the pupils felt Breton before they felt French. This proportion was much lower in the current study, where a total of 18% of the pupils considered themselves to be either completely Breton or more Breton than French. However, comparisons of the two studies are likely to be problematic due to the differences between the samples and the questions. The current sample was comprised of children from all over Brittany, whereas Le Coadic was examining attitudes within a single school.

In another recent study which looks at the question of language and identity, Vassberg (1993) examines language use, attitudes and identity processes in Alsace. Vassberg, in response to the statement *Je me sens d'abord Alsacien ensuite Français*, found that the largest group of respondents felt an attachment to the Alsace region first rather than to France: 49.8% of the student informants and 55.1% of the adult informants reported feeling *Alsacien* before they felt French. Although the assumption could be made that attachment to local values over the wider national values would favour greater use of the dialect, Vassberg found there to be no clear relationship between these values and the reported language behaviour of the informants. Vassberg suggests that this apparent detachment of the dialect from Alsatian identity does not bode well for the future of the dialect, and is reminiscent of what Trudgill (1983) found in Greece amongst adult speakers of Arvanitika.

3.1.2.2 A comparison of responses to the question concerning French/Breton identity, by region
The most highly significant differences in responses to the question of French and Breton identity were found between the mean response values for the two different regions of Brittany. The mean score shows that the respondents from *Basse Bretagne* tend to consider themselves to be equally French and Breton whereas the mean score for those from *Haute Bretagne* shows that they consider themselves to be *plus français(e) que breton(ne)*.

This division reflects the historical separation of Upper and Lower Brittany which was originally based on the areas of concentration of the two different language varieties found in the two regions (Gallo in Upper Brittany and Breton in Lower Brittany). Kuter (1985) in her case study of Breton identity emphasises the importance of this division in the study of Breton identity. She suggests that it can complicate the presentation of 'Breton culture' to non-Bretons: 'The Gallo heritage of eastern Brittany is unique to Brittany, but an obstacle to those in search of an easy definition of Brittany as a Celtic nation.' (Kuter, 1985: 17).

However, the fact that young people from *Haute Bretagne* do not seem to relate to a Gallo identity is shown by their reactions to a response about Gallo identity included in the pilot version of the questionnaire used in the current research. This generated a great deal of confusion amongst young Bretons from both regions. The vast majority of respondents did not know what Gallo was. It was subsequently decided not to include it as a possible response to the question on French and Breton identity. It would therefore appear to be the case that young people from *Haute Bretagne* would tend to consider themselves to have a French rather than a Breton or Gallo identity.

3.1.3 Attitudes of young people towards language issues

In this section, the responses to the statements given in the second part of the questionnaire will be examined in conjunction with the results of the interview data. The statements address the following issues; the relationship between language and identity, young people's perception of Breton speakers, the learning and teaching of Breton, and the importance of keeping the Breton language alive. The statements are accompanied by a series of rating scales comprising the following five possible responses:

Tout à fait d'accord	*Plutôt d'accord*	*indifférent*
Plutôt pas d'accord	*Pas du tout d'accord*	

The aim of this section of the questionnaire was to gain a direct measure of the attitudes of young people in Brittany towards language issues in the region, and to use the interview data to provide some explanation for the results. A brief discussion of the overall results as illuminated by the interview data will be followed by a breakdown of the most important results by age, region and sex.

The percentage frequency results indicate there to be a relatively even division between the positive and negative reactions of the informants in response to the question asking whether it is necessary to speak Breton in order to be considered Breton. The interview data from informants in *Basse Bretagne*, reveals that many of the *Basse Bretagne* informants define 'Bretonness' in terms of their place of origin and that of their parents, rather than with reference to their ability to speak Breton. There is less agreement with the question amongst the interviewees than amongst the questionnaire respondents, which may be explained by the fact that the interviewees were given the chance to expand upon their answers, and were therefore able, as many did, to give qualified responses like the following given by a 14 year old male:

Extract 7:

'je pense que pour être un Breton, même si on parle pas breton ici, on est considéré comme un Breton, mais *pour vraiment être Breton* je pense que oui'.

It was interesting to note that all of the informants who agreed with the statement qualified their responses by making the distinction between 'being Breton' and 'being a true Breton'.

When asked whether a non Breton-speaker could still be considered to be Breton if they spoke with a Breton accent, 60% of the questionnaire respondents replied affirmatively. This finding was mirrored in the interview data with many informants describing instances when they had been identified as being of Breton origin from their accents. This widespread experience resulted in several personal accounts of the perception of the Breton-accented speech of the pupils by other people, as shown in Extract 8 (below):

Extract 8:

A: *Est-ce qu'on est toujours un(e) vrai(e) Breton(ne) si on parle français avec un accent breton sans parler la langue?*
B: ah ben oui, ah oui, ça c'est, on sait tout de suite, on reconnaît tout de suite qu'on a un accent, on me dit tout de suite 'tu es bretonne toi', tout de suite, eh oui, sinon ça va avec un accent breton, c'est sûr
A: *même si tu te trouves dans une autre région, les gens savent tout de suite que tu es bretonne?*
B: ah oui, ça c'est sûr.

(female aged 17)

The responses to the following question, which asked whether non Breton-speakers could still be considered to be Breton if they used Breton words or expressions, indicated that the respondents considered Breton-accented French to be a stronger marker of Breton identity than using Breton words. However, a number of informants also stated, in response to this question, that identity was not necessarily related to the Breton *language*, but rather to Breton *origins*, as shown in Extract 9 below:

Extract 9:

A: *est-ce qu'on est toujours un(e) vrai(e) Breton(ne) si on utilise quelques mots bretons ou quelques expressions bretonnes sans parler la langue?*
B: je pense qu'on est toujours breton, qu'on est breton, c'est beaucoup indépendant du fait de parler la langue ou pas, c'est surtout personnel, c'est quelque chose qu'on sent qui est indépendant des autres je pense, indépendant de la langue qu'on parle.

(female aged 16)

Overall, the responses to the second part of the questionnaire indicate that the most favourable attitudes towards the Breton language are expressed by the respondents from *Basse Bretagne* and by the younger age group.

Although the results suggest that the young Breton informants do not consider it to be necessary to speak Breton to have a Breton identity, the majority of informants are in complete agreement with the statement that it is important to preserve the Breton language. It is interesting that the informants associate the Breton language with Breton culture but not necessarily with Breton identity. The interview data also suggests that although the informants in *Basse Bretagne* are keen for the language to be preserved, they are less keen to make any contribution towards this preservation.

3.2   *The matched guise tests*

The overall aim of this part of the study was to elicit the subconscious attitudes of schoolchildren in Brittany towards Standard French, Breton-accented French and Breton, the main strength of this technique being the spontaneity of the attitudes elicited, as opposed to questionnaires which allow time for reflection. The combination of both techniques gives a well-rounded approach.

Table 5 shows the order of the speakers of each language variety in the present study, and Table 6 shows a section of the response sheet given to the respondents.

Table 5. The ordering of the extracts on the matched guise tape:

Speaker	Language Variety		Language Variety
A	French with Breton accent	A	Breton
B	Breton	B	Standard French
C	Standard French	C	French with Breton accent

Table 6. The matched guise evaluation sheet:

	Très	Plutôt	Entre les deux	Plutôt	Très	
Sympathique						Désagréable*
Chaleureuse						Froide
Intelligente						Bête
Instruite						Peu instruite
Ambitieuse						Sans ambition
Travailleuse						Paresseuse
Honnête						Malhonnête
Têtue						Conciliante
Plouc						Chic

* The traits are listed in their feminine forms as all guise voices were female.

The subjects (known as listener-judges) consisted of 160 school children between the ages of seven and eighteen, half of whom who were based in *Basse Bretagne* and half in *Haute Bretagne*.

The factor analyses carried out on the reactions to all six guises gave empirical support to the distinction between 'status' and 'solidarity' traits as found in previous research on language attitudes. This means that the responses to the following pairs of traits (again given in the feminine form because the guise voices were female) were found to be related:

The Solidarity Traits		The Status Traits	
Chaleureuse	Froide	Intelligente	Bête
Sympathique	Désagréable	Instruite	Peu Instruite
Honnête	Malhonnête	Ambitieuse	Sans ambition
Conciliante	Têtue	Travailleuse	Paresseuse

Two-tailed t-tests were used to compare the mean responses of the listener-judges to each of the three different language varieties, using the variables of age, region and sex. The stimulus material used for the discourse-based section of the matched guise study consisted of the same matched guise material used for the first stage of the fieldwork the previous year. This time the respondents were given the opportunity to discuss their reactions with a partner in order to elicit discourse which would be evaluated qualitatively.

The results showed there to be statistically significant differences between the responses of the different groups of listener-judges. Comments on the overall trends given in Table 7 are made in sections 3.2.1 to 3.2.3.

Table 7. The most favourable reactions to the guises by age, region and sex:

LANGUAGE VARIETY	MOST FAVOURABLE REACTIONS		
	Age	Region	Sex
Breton-accented French			
Solidarity:	over 12	*Basse Bretagne*	No differences
Status:	12 and under	*Basse Bretagne*	No differences
Breton			
Solidarity:	12 and under	*Haute Bretagne*	No differences
Status:	12 and under	*Haute Bretagne*	Female
Standard French			
Solidarity:	No differences	No differences	Female
Status:	12 and under	*Basse Bretagne*	No differences

3.2.1 Breton-accented French

The impression gained from the pair discussions of the Breton-accented language variety is obviously less detailed than that obtained from the matched guise tests, because of the lack of constraining categories, and is therefore in many ways more emphatic. It also brings in other unsolicited information such as age and place of residence, as can be seen from the second of these responses to the first Breton-accented guise:

Extract 10:

A: moi je trouve qu'elle a l'air plutôt sympathique
B: sympathique?
A: oui, elle est pas froide du tout
B: non, elle est pas froide, ça c'est sûr
A: elle est plouc aussi
B: oui, avec l'accent.

(two females aged 17 and 18)

The informants in extract 10 concentrate on the positive solidarity characteristics of the speaker, whereas those in extract 11 focus in directly on the voice and the accent, which for them provide a marker of Breton identity.

Extract 11:

A: c'est vraiment une voix bretonne et paysanne
B: on voit bien qu'elle est de la Bretagne, elle vit dans la campagne
A: oui, et c'est vrai que ça se voit qu'elle vit en Bretagne, qu'elle vit à la campagne et tout, c'est une femme d'une cinquantaine d'années à peu près
B: oui, c'est ce que je dirais aussi.

(two females aged 14)

On the whole, the reactions of the informants taking part in the pair discussions, to the second Breton-accented French guises concentrated largely upon the fact that this was a typical Breton accent.

Language or speech style is often one of the most distinct and clear markers of ethnic identity. For instance, the Welsh and the English in the UK are two of the most distinctive ethnolinguistic groups in terms of accent and language, and one of the most powerful ways in which to display one's Welshness is either to speak English with a very strong Welsh accent or to speak Welsh. Similarly, the variety of Breton-accented French cues a certain ethnic identity which is immediately detected by the informants in this study. Table 7 indicates that the most favourable reactions to this variety are made by the *Basse Bretagne* informants, and that the 12 and under age group rates this variety the most positively for the status traits, whereas those over 12 display more positive attitudes towards the solidarity traits.

3.2.2 Breton

One of the most interesting results concerning the reactions to the Breton variety, was the very highly significant difference between the scores of the two age groups for the traits *chic-plouc* for both guises. This was a very clear example of the more positive attitude of the younger listener-judges towards this language variety. This is also illustrated by the comments made by the two young informants in Extract 12, compared with those made by the older informants in Extract 13.

Extract 12:

A: elle avait l'air instruite, intelligente parce qu'elle parlait breton, c'est pas facile de parler breton
B: un tout petit peu têtue, elle a l'air sympathique.

(two females aged 12)

Extract 13:

A: on dirait que c'est sans ambition, oui, sans ambition, sympathique je dirais pas
B: elle vient plutôt de la campagne, le breton il est parlé le plus à la campagne
A: oui, de la campagne
B: elle est froide et plouc, et oui, c'est tout

(two females aged 17)

Extract 12 shows that the attitude of informant 'A' is that the ability to speak Breton requires a certain skill and intelligence level, whereas the informants in Extract 10 associate the speaking of Breton with being *plouc* and coming from the country. It is possible that this difference in perception is due to the higher profile accorded to learning Breton in recent years. It may be that the younger informants have had more experience of different opportunities to learn the language whereas the experience of the older informants with the language has been predominantly through contact with *bretonnants* such as grandparents.

3.2.3 Standard French

The pair-discussion data shows a clear division between the reactions of the two age groups to the language variety of Standard French, with more favourable attitudes being exhibited by the younger age group, as is shown in Extracts 14 to 17.

Extract 14:

A: elle habiterait plutôt à la ville, elle est sympathique
B: elle est intelligente aussi
A: elle a l'air instruite, honnête, elle a l'air honnête.

(two females aged 12)

Extract 15:

A: elle est plutôt chic celle-là
B: oui, sa façon de parler, et puis autrement elle doit être de la ville plutôt parce qu'elle a l'air assez distinguée et tout.

(two males aged 11)

Extracts 14 and 15 (above) exemplify the positive reactions of both male and female informants to the Standard French guise in the 12 and under age group. These two responses represent a clear contrast with the negative responses given by the over 12 age group in extracts 16 and 17 (below).

Extract 16:

A: elle a l'air plus jeune, elle a l'air bourgeoise aussi
B: elle est snob
A: elle doit être de la ville
B: ben, elle est snob surtout, elle est froide parce qu'elle se croit supérieure aux autres.

(two males aged 15)

Extract 17:

A: alors, à mon avis c'est une bourgeoise, parce qu'elle a l'accent très chic et elle me
  paraît assez snob
B: elle a l'air d'être intéressé, elle a l'air de, comment
A: pour l'âge
B: jeune aussi, mais elle m'attire pas trop, elle a pas l'air d'être très gentille
A: je la vois pas avec un visage très souriant

(two females aged 15)

These extracts show that the younger age group tends to be more impressed by the
Standard French guises than the older age group, and that they associate this variety
with a middle class identity.

4. Summary and discussion of the results with particular reference to the relationship between language and identity

Globally, it was found that the majority of respondents had very little contact with the
Breton language. The language use and attitudes data will be considered in terms of
the three variables of age, region and sex in order to highlight any differences between
the two groups in each case.

Overall, the 12 and under age group were found to have much more favourable
attitudes towards Breton, which was manifested in their greater desire to learn the
language.

A number of language attitude studies have found that younger subjects tend to
have positive attitudes towards minority language varieties. These studies have
produced much evidence to suggest that children who speak a minority language
variety gradually acquire the language attitudes of the standard or majority culture. For
example, Cremona and Bates (1977) in an investigation of the development of
attitudes towards standard Italian and the southern Italian dialect of Valmontonese,
using the matched guise technique, found that the younger subjects evaluated the
minority variety positively whereas the older subjects displayed a preference for
standard Italian. However, it must be noted that there is a difference between this study
and the present study in that the majority of the children in the present study do not
speak Breton as their first language, whereas in the study by Cremona and Bates the
children spoke the regional variety as their first language.

However, this pattern is also apparent in children who speak a majority variety. In a study of language attitudes in Bristol, England, Giles et al (1981) found that younger children (seven year olds) evaluated Welsh-accented English more favourably than British Received Pronunciation (RP), while the older children (over 7's) evaluated RP more positively than Welsh-accented English.

A comparison of the two regional groups showed that the respondents from *Basse Bretagne* claimed their level of understanding of Breton and their competence in speaking the language to be much higher than the respondents from *Haute Bretagne* (p<.001 in each case). There was also found to be a much greater frequency of reading and writing Breton amongst those from *Basse Bretagne*, which provides additional evidence of the existence of a division between *Haute* and *Basse Bretagne* as discussed above. The results also showed that the respondents from *Basse Bretagne* had the tendency to consider themselves to be equally French and Breton whereas those from *Haute Bretagne* consider themselves to be more French than Breton.

Responses to the question *Dans quelle mesure tu te sens breton?* showed there to be very few informants who considered themselves to be totally French. The majority considered themselves to be Breton to varying degrees, with many seeing themselves as half Breton and half French. Place of origin was found to be an important determinant of Breton identity for a number of informants.

The responses to this question concerning Breton identity also included a number of references to the Breton language. Although several informants associated speaking Breton with having a Breton identity, they still considered themselves to be Breton even if they could not speak the Breton language. However, other informants considered themselves to be more French due to the fact that they could not speak Breton. Several informants also considered accent to be a marker of Breton identity.

The relationship between language and identity is further examined in the second section of the questionnaire and in the matched guise tests. The responses lend additional support to the reactions to question 5, discussed above, concerning feelings of identity, i.e. that language, for these informants, does not necessarily determine identity. In many cases they cite living in Brittany and having parents from Brittany to be important considerations of Breton identity. However, in spite of this, one clear result which emerges is that there appears to be a stronger association in the minds of the listener-judges between Breton identity and Breton-accented speech than between Breton identity and the Breton language.

5. Language use, language attitudes and the relationship between language and identity – some concluding remarks

5.1 Language use

It emerged from the study that although around half of the sample had some knowledge of Breton, this was typically limited to odd words and phrases. The main underlying reason given in the *Basse Bretagne* interview data for this knowledge was through contact with older relatives, especially grandparents, who were *bretonnants*, and this was also the main reason given for wanting to improve knowledge of the language, as illustrated by extract 18 below:

Extract 18:

A: *tu connais le breton?*
B: je parle un peu, oui avec ma grand-mère, ma mère parle aussi un peu de breton.
A: *tu parles toujours le breton avec ta grand-mère?*
B: ben, de plus en plus, vu que je l'apprends à l'école maintenant, et que je fais du breton depuis la sixième
A: *mais avant ça tu arrivais à comprendre ta grand-mère?*
B: ben, quand j'étais petit, ma mère me parlait breton, enfin je connaissais surtout des expressions mais après quand je suis allé au collège, ma mère parlait presque plus le breton et puis là j'ai commencé à prendre des cours et j'aime bien.

(male aged 18)

However, the Breton language community in both regions of Brittany is an ageing one, with only 3% of the questionnaire informants claiming to be able to speak the language perfectly. The decline in speaker numbers is largely due to the non-transmission of the language from the grandparents to the parents of the informants in the current research, and amongst this younger generation the school has replaced the home as the main opportunity to learn the language. However, the limited number of pupils who learn Breton in this way is unlikely to have a major impact on the dominance of the French language in Brittany.

5.2 Language attitudes

The majority of informants exhibit positive attitudes towards the Breton language in response to direct questions and statements concerned with the language, such as the statement that it is important for the language to be preserved (with 55% claiming to be *tout à fait d' accord* and 19% *plutôt d' accord* with this statement). However, a much smaller proportion of informants are interested in becoming part of this process as illustrated by their responses to the question *vous aimeriez comprendre le breton?*, with 16% choosing the response *cela m' intéresserait beaucoup*, and 30 % *cela ne m' intéresserait pas du tout*. The responses to these two questions reflect the difference between the passive and active support of the informants for the language. The questionnaire and interview responses show that although many informants are willing for measures to be put into place to preserve the language, the majority are not engaging in them personally.

5.3 The relationship between language and identity

The responses to question 5 on the questionnaire indicate that the majority of young informants consider themselves to be either more French than Breton (30%), or to be completely French and not at all Breton (31%), with only 14% seeing themselves as completely Breton and not at all French. Further probing, via the interview data, into the underlying reasons for these responses, reveals that in the cases where the informants consider themselves to be Breton, this is not necessarily related to whether or not they are able to speak the language, as shown in the following reply of a 16 year old female in response to the question *dans quelle mesure tu te sens breton ?*

Extract 19:

B: je me sens plus facilement bretonne que française
A: *pourquoi?*
B: d'abord par ma situation géographique, j'y habite. Je vais quasiment jamais en France, je reste beaucoup en Bretagne, et puis dans la mesure où je, de parler de mon entourage, je vis beaucoup plus dans une culture bretonne que française. J'ai plus d'ouvertures sur la culture bretonne que sur la culture française.

It is also interesting to see that the respondent speaking in the above extract implies that she sees Brittany as an entity which is separate from the rest of France. This is a reflection of the informant's close involvement with Breton culture.

The responses given in section 2 of the questionnaire and the matched guise tests also indicate that language, for these informants, does not necessarily determine identity. For many of the informants, Breton origins are the most important determiner of Breton identity.

5.4 Language and identity in Brittany

The results of the current research illustrate the ambiguous nature of the language situation in Brittany at the present time. Although many Bretons are in favour of the preservation of the Breton language, the majority further its demise by their actions. They try neither to learn it nor to transmit it to their children. Parents are likely to encourage their children to learn French and English because they are perceived to be more useful, and these same children appear to be somewhat confused by their own identities. Some are anxious to hold on to a Breton identity which they consider to be theirs by birthright, and others do not feel that they can consider themselves to be Breton because they do not speak the language. There is also a sizeable centre ground which considers itself to have a dual identity. This identity appears, however, in a great number of cases, to be unlinked to knowledge of the Breton language. There are of course those who are anxious both to preserve the language and treat it as an integral part of Breton identity.

If the language itself seems doomed, this research suggests that there is still a considerable Breton consciousness which seems, in many cases, to exist independently of the Breton language.

References:

Abalain, H. (1995). *Histoire de la langue bretonne*, Paris: Editions Jean-Paul Gisserot.

Baker, C. (1992). *Attitudes and Language*, Clevedon: Multilingual Matters.

Cremona, C. and Bates, E. (1977). 'The Development of Attitudes towards Dialect in Italian Children', *Journal of Psycholinguistic Research* 6: 223–32.

Giles, H., and Coupland, N. (1991). *Language: Contexts and Consequences*, Milton Keynes: Open University Press.

Giles, H., Harrison, C., Smith, P. and Freeman, N. (1981). *A Developmental Study of Language Attitudes: a British Case*, Mimeo: University of Bristol.

Humphreys, H. Ll. (1992). 'The Breton Language: its Present Position and Historical Background'. In Ball M. and Fife J. (eds.), *The Celtic Languages*, London: Routledge: 606–644.

Kuter, L. (1985). 'Labelling People: Who are the Bretons?', *Anthropological Quarterly* 58 (1): 13–29.

Lambert, W., Hodgson, R., Gardner, R. *et al* (1960). 'Evaluational Reactions to Spoken Languages', *Journal of Abnormal and Social Psychology* 60: 44–51.

Le Coadic, R. (1994). 'Principaux résultats d'un sondage réalisé auprès des élèves du Lycée de l'Elorn à Landerneau', *Ar Falz*, March 1994: 20–30.

Paltridge, J. and Giles, H. (1984). 'Attitudes towards Speakers of Regional Accents of French: Effects of Regionality, Age and Sex of Listeners', *Linguistische Berichte*, 90: 71–85.

Press, J. Ian. (1994). 'Breton Speakers in Brittany, France and Europe – Constraints on the Search for an Identity'. In Parry M. *et al* (eds.), *The Changing Voices of Europe: Social and Political Changes and their Linguistic Repercussions Past, Present and Future*, Cardiff: University of Wales Press: 213–227.

Trudgill, P. (1983). 'Language, Contact, Language Shift and Identity: why Arvanites are not Albanians'. In Trudgill P. (ed.), *in Dialect: Social and Geographical Perspectives*, Oxford: Basil Blackwell: 127–140.

Vassberg, L. (1993). *Alsatian Acts of Identity*, Clevedon: Multilingual Matters.

Wardhaugh, R. (1987). *Languages in Competition*, Oxford: Basil Blackwell.

Appendix 1

LA LANGUE BRETONNE ET SON UTILISATION:

Ce questionnaire fait partie d'une enquête sur la langue bretonne, et son rôle dans la vie quotidienne. Je vous serais reconnaissante si vous pouviez le remplir en suivant l'ordre de présentation des questions, et en y répondant aussi franchement que possible.

Vous pourrez si vous le souhaitez, justifier ou expliquer vos réponses, qui seront traitées en toute confidentialité. Merci d'avance, Rachel Hoare.

(1) Comprenez-vous le breton?

☐   ☐   ☐   ☐   ☐

Parfaitement   Bien   Moyennement   Un peu   Pas du tout

(a) Si vous comprenez le breton, veuillez indiquer votre niveau de compréhension en choisissant l'une des réponses suivantes:

Je comprends une conversation parfaitement.   ☐
Je comprends la majeure partie d'une conversation.   ☐
Je comprends des bouts d'une conversation.   ☐

(b) Si non, aimeriez-vous comprendre le breton?

Cela m'intéresserait beaucoup.   ☐
Cela m'intéresserait assez.   ☐
Cela ne m'intéresserait guère.   ☐
Cela ne m'intéresserait pas du tout.   ☐

(2) Parlez-vous breton?

☐   ☐   ☐   ☐   ☐

Tous les jours   Plusieurs fois   Une fois par   Moins d'une fois   Jamais
                 par semaine   semaine au plus   par semaine

(a) Si vous parlez breton, veuillez indiquer votre niveau en choisissant l'une des réponses suivantes:

Je parle tout à fait couramment.   ☐

Je me débrouille ☐
Je connais quelques mots ou phrases. ☐

(b) Si vous ne parlez pas breton, aimeriez-vous le faire?

Cela m'intéresserait beaucoup. ☐
Cela m'intéresserait assez. ☐
Cela ne m'intéresserait guère. ☐
Cela ne m'intéresserait pas du tout. ☐

(3) Lisez-vous le breton?

☐ ☐ ☐ ☐ ☐
Tous les jours Plusieurs fois Une fois par Moins d'une fois Jamais
par semaine semaine au plus par semaine

(a) Si oui, veuillez indiquer ci-dessous ce que vous lisez en langue bretonne:

Des livres bretons. ☐
Des articles bretons dans les journaux ou revues français. ☐
Des articles bretons dans les journaux ou revues bretons. ☐
Des lettres/messages écrits par d'autres bretonnants. ☐
Autres (à préciser). ☐

(b) Si non, aimeriez-vous lire le breton?

Cela m'intéresserait beaucoup. ☐
Cela m'intéresserait assez. ☐
Cela ne m'intéresserait guère. ☐
Cela ne m'intéresserait pas du tout. ☐

(4) Vous arrive-t-il d'écrire en breton?

☐ ☐ ☐ ☐ ☐
Tous les jours Plusieurs fois Une fois par Moins d'une fois Jamais
par semaine semaine au plus par semaine

(a)   Si oui, veuillez indiquer ce que vous écrivez:
Des lettres.   ☐
Des messages.   ☐
Un journal intime.   ☐
Des travaux écrits à l'école.   ☐
Autres (à préciser)   ☐

(b)   Si non, aimeriez-vous écrire en breton?

Cela m'intéresserait beaucoup.   ☐
Cela m'intéresserait assez.   ☐
Cela ne m'intéresserait guère.   ☐
Cela ne m'intéresserait pas du tout.   ☐

(5)   Dans quelle mesure vous sentez-vous breton(ne)?

Je me sens complètement breton(ne) et pas du tout français(e).   ☐
Je me sens plus breton(ne) que français(e).   ☐
Je me sens autant français(se) que breton(ne)   ☐
Je me sens plus français(e) que breton(ne).   ☐
Je me sens complètement français(e) et pas du tout breton(ne).   ☐

VEUILLEZ REPONDRE AUX AFFIRMATIONS SUIVANTES, EN UTILISANT L'UNE DES

REPONSES PROPOSEES:

(a)   Tout à fait d'accord.   (b) Plutôt d'accord   (c) Indifférent

(d)   Plutôt pas d'accord.   (e) Pas du tout d'accord.

(6)   Pour être un(e) vrai Breton(ne) il est nécessaire de
      parler breton.   a   b   c   d   e

(7)   On est toujours un(e) vrai Breton(ne) si on parle
      français avec un accent breton sans pour autant parler
      breton.   ☐   ☐   ☐   ☐   ☐

(8) On est toujours un(e) vrai Breton(ne) si on utilise
     quelques mots ou quelques expressions bretonnes,
     sans pour autant parler la langue.   ☐ ☐ ☐ ☐ ☐

(9) Le breton est une langue réservée aux personnes âgées. ☐ ☐ ☐ ☐ ☐

(10) Il est important que les enfants apprennent à parler
     français et breton.   ☐ ☐ ☐ ☐ ☐

(11) L'enseignement du breton devrait être obligatoire
     dans tous les établissements scolaires de Bretagne. ☐ ☐ ☐ ☐ ☐

(12) Il est plus utile d'apprendre l'anglais ou l'allemand
     que le breton.   ☐ ☐ ☐ ☐ ☐

(13) Il est important de conserver la langue bretonne.   ☐ ☐ ☐ ☐ ☐

(14) Vous arrive-t-il d'utiliser des expressions ou des
     mots bretons lorsque vous parlez français?   ☐ ☐ ☐ ☐ ☐

     Si oui, veuillez en donner quelques exemples:

INFORMATIONS GENERALES:

Sexe: M ☐   F ☐

Année de naissance:

Lieu de naissance:

Lieu de résidence: Depuis:

Attitude to Alsatian as an Expression of Alsatianness

Judith Broadbridge, Staffordshire University

1. Introduction

Language plays an important role in the maintenance of group identity. Drawing on research by Frederick Barth, Joshua A. Fishman and J.A. Ross, John Edwards defines ethnic identity as being:

> allegiance to a group [...] with which one has ancestral links. There is no necessity for continuation, over generations, of the same socialization or cultural patterns, but some sense of group boundary must persist. This can be sustained by shared objective characteristics (language, religion, etc.), or by more subjective contributions to a sense of 'groupness' or be some combination of both. (1985: 10; 1994: 128)

Language, either by its continued use or because of its symbolic value, can be instrumental in reinforcing boundaries between different groups. It also forms part of the legacy of behaviours which are passed down from one generation to another and serve to define a particular ethnicity. Attitudes to language develop in relation to the esteem with which its speakers are held; if they are rated highly then the variety they use will attract a positive reaction and the converse is also true. The present paper seeks to ascertain the prestige attracted by Alsatian and thus to judge the status evaluation of this language variety and, as a result, those that use it. Reactions to Alsatian, whether on the part of its speakers or non-speakers, are a reflection of its assumed merits as a means of communication and as an observable part of Alsatian identity.

> they [attitudes] are linked to views of identity and the desire – or lack of desire – for group membership and solidarity (Vassberg, 1993: 146)

The analysis which forms the focus of this paper is based on research carried out within the linguistic context of Southern Alsace, an area in which the two language varieties French and Alsatian coexist with, in general terms, French being favoured to the detriment of Alsatian.

Before considering the project of the present author it is pertinent to examine previous studies into the same area. Interest in Alsace is of long-standing and developed particularly in the early 1980s and has been maintained to this day. Obviously different aspects of the sociolinguistic situation are treated by the different researchers. It is thus proposed to detail indicative works produced in the last twenty years which focus in particular on attitude, whether reference is made to the Bas-Rhin or to the Haut-Rhin.

1.1 General Presentations

1.1.1 Frédéric Hartweg (1981 and 1988)

Hartweg's paper of 1981 'Sprachkontakt and Sprachkonflikt im Elsaß', forms a summary of a range of studies on the use of Alsatian one of which he carried out himself (no date given) amongst pupils aged 15 and 16. It compares the border commune of Seltz with Rosheim, a suburb of Strasbourg and also central Strasbourg all lying within the Bas-Rhin. In terms of attitude, 4/5 of the Seltz youngsters express the intention of passing on both Alsatian and French to their children. Amongst the young people of Rosheim and of the suburb of Strasbourg this fraction drops to 2/5 and for central Strasbourg to 1/3: 'Hier scheint die Intention die effektiven Fähigkeiten zu übersteigen' (Here intentions seem to exceed actual ability) (Hartweg, 1981: 105). Drawing on statistics discussed by Nicole Seligmann in *Chiffres pour l'Alsace* number 4 of 1979, Hartweg comments, 90% of heads of families feel German to be fairly or very useful and 80% believe it should be taught in primary schools. 73% feel Alsatian should be introduced at this level.

Hartweg refers to a move towards regionalism which has had a positive effect on attitude to Alsatian. However:

Ob diese 'Tendenzwelle' auch auf den Sprachgebrauch überschlägt, ist bei den angeführten Zahlen (besonders was die Jugendlichen angeht) – recht fraglich, wenn auch nicht auszuschließen. (Hartweg, 1981: 110)

(Whether this 'change in direction' has repercussions on use of language is, for the quoted statistics (especially as far as young people are concerned) very questionable, if not entirely to be ruled out.)

Hartweg's later contribution, which appears in Vermès' *Vingt-cinq communautés linguistiques de la France*, forms a largely retrospective description of the linguistic situation in Alsace. As far as language attitudes are concerned, Hartweg refers to his study of 1978/9 amongst pupils of 15 and 16. This would appear to be the same one as discussed in his earlier article. Here he adds that 54% of the Alsatian schoolchildren questioned believe learning German is like learning a foreign language, emphasizing that, in their view, Alsatian and German are not associated. 41% of them feel the local idiom is a handicap to learning French while 43% feel it is possible to feel Alsatian without being able to converse in the regional variety. Although the attitudes revealed here are of a somewhat negative nature, 88% express the opinion that it is worth transmitting Alsatian to the next generation.

1.1.2 Dennis Ager (1990)

Published as part of his *Sociolinguistics and Contemporary French*, Dennis Ager's report forms an overview of the linguistic choices faced in Alsace. In relation to attitudes to language, Ager affirms that 'French is now accepted as the prestige language within the area.' (Ager, 1990: 58)

1.2 Focused Presentations

1.2.1 Wolfgang Ladin (1979 and 1982)

Wolfgang Ladin's study, presented in 'Statistiken, die nicht lügen' (1979) and *Der elsässische Dialekt: museumsreif?* (1982), takes the form of a questionnaire survey carried out between 1978 and 1979 amongst Alsatian-speaking pupils in the last year at collège i.e. predominantly 14–15-year-olds. In terms of attitude to Alsatian, 88% of respondents think the local variety is part of their cultural heritage and want to pass it on to their children. Nevertheless, 43% are of the opinion that it is possible to feel Alsatian without being able to speak the regional idiom. On a positive note, 47% believe Alsatian can be used to express anything and 68% are of the view that the regional variety will be useful to them in their career. On a negative note, 41% think speaking Alsatian is detrimental to the successful acquisition of French. 54% feel the transfer from Alsatian to German is like a transfer into a foreign language, a result which emphasizes the dissolving of links between the two idioms. Note that these figures are echoed by those discussed by Hartweg in his paper of 1988 (see section 1.1.1).

1.2.2 Penelope Gardner-Chloros (1991)

Code-switching in Alsace has long been recognized as a daily reality, but Gardner-Chloros was the first to examine the phenomenon in detail in her book *Language Selection and Switching in Strasbourg*. In both geographic and topic terms this work little ressembles the present research topic. Nevertheless, it does include introductory comments on attitude. Gardner-Chloros notes the association between Alsatian and Alsace's separate identity. The local idiom is said to be the focus of nostalgia and homesickness for those Alsatians no longer on native soil. The regional variety is termed a 'birthright' and an 'inheritance' (Gardner-Chloros, 1991: 26). Even those who do not support its inclusion in school activities nevertheless admit Alsatian forms a part of Alsatian identity. Its importance is particularly emphasized by the older generations. The local variety has distinguished Alsace both from, in the past, Germany and, now, France. However, the Alsatians' very bilingualism does have the effect of making them more Germanic and this is not always deemed to be an advantage.

1.2.3 Liliane Vassberg (1993)

Liliane Vassberg's book of 1993, *Alsatian Acts of Identity*, is of particular relevance to the study under discussion here because research was carried out in the Mulhouse area, that is, in Southern Alsace. Her data is based on a questionnaire survey carried out, on the one hand, in 19 classes of students, where completion of questions was supervised and, on the other, in various places of work, where she was not present during completion. A final phase of her work treats attitude to Alsatian. Amongst Alsatian speakers, both young and old agree that the local idiom is of lasting worth. They also feel the regional variety is in decline and that the responsibility of the passing on of Alsatian to the next generation lies with parents. Vassberg demonstrates that the use of the local variety is not perceived as being equated with lower levels of education. French is considered the most useful language variety by all ages. It is possible, too, to feel Alsatian without being able to master the regional idiom. Alsatian in schools is viewed more favourably by students than adults and the younger respondents also saw a closer correlation between learning German at school and ability to speak Alsatian.

The attitudes of non-Alsatian speakers have been ascertained as a result of essays produced by students. Of the 103 responses, 76 include something positive about Alsatian. In particular, it is valued as part of Alsace's cultural heritage. It is viewed as the passport to wider communication and professional opportunities. Nevertheless, the fact that some could and some could not speak the regional variety is seen as potentially divisive. Furthermore, mastery of Alsatian is considered detrimental to speaking good French. Negative essays deny the regional idiom is of any use and emphasize the feelings of exclusion experienced by non-Alsatian speakers when the local variety is being employed.

2. Methodology

The results relating to attitude discussed below form part of a questionnaire interview survey carried out by telephone from 1994 to 1995 and treating the urban commune of Zillisheim, a village which lies just to the south of Mulhouse in the *département* of the Haut Rhin. From the end of the nineteenth century it has been influenced by the industrialisation of the Mulhouse area, resulting in a decline in agricultural activity. In appearance Zillisheim is still a village. However, its close proximity to the neighbouring village of Flaxlanden means that, in census terms it forms part of a *unité urbaine*. This classification is based on the notion of *agglomération de population* defined by INSEE as a group of houses separated from each other by a maximum of 200 metres and in which at least 50 people live:

> Les agglomérations de ce type, peuplées d'au moins 2000 habitants, peuvent donner le caractère urbain aux communes sur lesquelles elles s'étendent'. (INSEE(a), 1990: 161)

In the 1990 census, the total population of the Zillisheim *unité urbaine* was 3024 (INSEE(a) 1990: 126) with the village itself recording 1919 (INSEE(b) 1990: 104) inhabitants.

2.1 The Population Sample

The group under examination comprises 64 people in all and represents a 4% quota sample of the population in question, namely those aged 15 and above. Obviously the size of this sample would not allow for comparative analysis on the basis of variables such as age or socio-professional category as sub-groups would be too small to be statistically viable. However, as the intention here is to juxtapose the attitudes of Alsatian- and non-Alsatian-speaking interviewees – a division into two parts only – the sample was deemed appropriate. If Alsatian speakers are taken to be those who consider they speak the regional variety easily or moderately well, then the sample in question includes 53% Alsatian speakers. In terms of gender 54.8% of the women speak Alsatian as compared to 52.9% of the men. However, 82.9% of the Alsatian speakers are aged 40 and above with the remaining 17.1% falling into the 20 to 39 age group. No-one between the ages of 15 to 19 claimed to speak Alsatian with any degree of fluency.

2.2 Scale Items Relating to Attitude to Alsatian

Attitudes are essentially an internal state which predisposes favourable or unfavourable responses to a given situation (Edwards, 1994: 97). As such they cannot be observed but only inferred from behaviour or detailed by those that hold them. With reference to this last point, it can be noted that Margaret Stacey believes that 'open-ended questions are often necessary, particularly in matters to do with beliefs and feeling' (1969: 80). In this instance, however, rather than elicit self-report of attitude, it was decided to make use of scale items with informants being asked to indicate their agreement or disagreement with various statements. In this way direct questioning was avoided; interviewees were simply required to react to a series of positively- and negatively-worded affirmations. Ordering was random so that comments pertaining to the same area were not juxtaposed. Responses to each remark could thus be considered separately but fourteen of them formed a summated rating scale with each category of agreement being accorded points so that the interlocutors' attitudes could be judged by their overall score (Figure 1). If statement 5 is examined it can be seen that agreement in this case attracts a score of 1 as it confines Alsatian to the domestic setting and thus labels it a low prestige variety irrelevant to the world of schooling. This can be seen in opposition to agreement with statement 12 which scores 5 as it accords Alsatian higher, educational prestige. The highest possible score overall is 70 and the lowest 14. Given that 'it is advisable to have a roughly equal number of positively and negatively worded items in the scale' (Moser and Kalton, 1979: 362) seven of the fourteen remarks were unfavourable and seven favourable. It should be stressed that the summated rating scale can only be analysed in terms of the *general* tendencies which are revealed.

3. Results

3.1 General Attitude Towards Alsatian (The Summated-Rating Scale)

Scores were grouped with 14 to 26 being considered negative, 27 to 39 more negative than positive, 40 to 44 neutral, 45 to 57 more positive than negative and 58 to 70 positive.

It should be borne in mind that respondents were reacting to individual statements and were unaware that a total score was being calculated. No-one from either the Alsatian or the non-Alsatian-speaker group gained a total sufficient to demonstrate an unequivocally positive attitude to the regional variety. Nevertheless, nearly half of the Alsatian speakers and nigh on two thirds of the non-Alsatian speakers obtained a score on the negative side of neutral. That the percentage is so high amongst Alsatian speakers is of particular note and, at first view, may seem anomalous. However, it is to be remembered that knowledge of Alsatian correlates with increased age. Thus those who speak the regional variety are precisely those who have lived through World War II and the subsequent anti-Alsatian campaign the effects of which are only just being neutralized. As is much stated:

> Nazism did more for the French cause in Alsace than all the French patriots in Paris in the years up to 1939 (Stephens, 1978: 351).

Figure 1: Summated-Rating Scale

	Agree	Undecided	Disagree
1. L'alsacien est un dialecte.	1	3	5
2. L'apprentissage de l'alsacien doit passer par celui de l'allemand.	1	3	5
3. C'est au gouvernement de s'occuper de l'alsacien.	5	3	1
4. J'aime parler et/ou entendre parler l'alsacien.	5	3	1
5. C'est aux parents qu'il revient d'apprendre l'alsacien à leur(s) enfant(s).	1	3	5
6. En général, la connaissance du français est plus utile que celle de l'alsacien.	1	3	5
7. L'alsacien est une langue à part entière.	5	3	1
8. L'alsacien (le parler) n'a pas d'avenir.	1	3	5
9. C'est à la région de s'occuper de l'alsacien.	1	3	5
10. De moins en moins de personnes parlent l'alsacien.	1	3	5
11. La connaissance de l'alsacien aide à trouver un emploi.	5	3	1
12. C'est aux écoles qu'il revient d'enseigner l'alsacien.	5	3	1
13. On n'est pas un vrai Alsacien si on ne parle pas l'alsacien.	5	3	1
14. Les enfants alsaciens devraient apprendre l'alsacien.	5	3	1

Figure 2:

Summated-Rating Scale

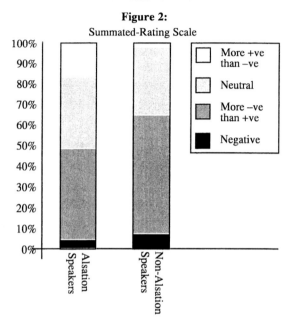

Although a highly simplistic summary of the linguistic history of Alsace, the annexation of the region during the Second World War did create the ideal terrain for its Frenchification. All too easily, especially in the media, Alsatians were identified with Nazis and, as a result, 'à cause de l'élément allemand de leur identité, ils craignaient d'être assimilés aux Allemands' (Philipps, 1978: 110) After the war a concerted effort was made to eradicate both German and Alsatian from Alsace. The local idiom was banned from the school environment and any pupils caught disobeying this non-Alsatian rule were punished and ridiculed. The Deixonne Law of 1951 which recognized the right of regional idioms to exist, excluded Alsatian from the list of varieties treated. Only in 1961 were provisions extended to include Alsatian. Litltle wonder, then, that as far as the non-Alsatian speakers questioned here are concerned, a negative response to Alsatian has clearly been passed on from parents to children, if not in word in deed, since few have deemed it of merit to transmit the regional idiom to their offspring. In addition there is the understandable aversion to the variety in which communication is denied to the non-Alsatian speakers. The neutral percentages, which are almost on a par for both groups questioned, can be viewed optimistically as an indication that the increased awareness of the value of Alsatian is beginning to have a positive effect on attitude to that language variety.

3.2 The Linguistic Status of Alsatian

This section examines the perceived status of Alsatian in terms of dialect or language and its relationship with German and French (Figure 3).

Figure 3: The Linguistic Status of Alsatian

	Agree		Undecided		Disagree	
	A*	NA*	A	NA	A	NA
L'alsacien est un dialecte	91.4	100	0	0	8.6	0
L'alsacien est une langue à part entière	22.9	36.7	11.4	13.3	65.7	50
L'apprentissage de l'alsacien doit passer par celui de l'allemand	14.3	23.3	2.9	10	82.9†	66.7
En général, le français est plus utile que l'alsacien	88.6	86.7	11.4	6.7	0	6.7†

* A=Alsatian-speakers; NA=non-Alsatian-speakers
† Greater than 100 due to rounding up

It is of little significance that virtually all respondents consider that Alsatian is a dialect given that, in the everyday French of Alsace, it is always referred to as *le dialecte*: Lothar Wolf sees this as being Alsatian or German interference since *dialecte*:

> appartient en Alsace [...] au langage courant pendant qu'ailleurs il ne fait partie que du vocabulaire savant. (Wolf, 1991: 224)

Thus it would seem that the term *dialecte* is not used as a result of Alsatian being perceived as inferior. However, it is nevertheless a loaded word. As Jürgen Ott and Marthe Philipp (1993: 3) put it: 'Allerdings hält sich eine Reihe von verbreiteten Vorurteilen'. (Nevertheless a series of widely held prejudices continue to exist.) Such prejudices include the belief that dialects are not suited to complex, abstract expression. They are defined as more emotional than rational. They are considered detrimental to educational and professional success. Although Andrée Tabouret-Keller herself makes use of the word *dialecte*, she expresses her worries with regard to common usage in Alsace of *langue* as opposed to *dialecte*. If French is designated a *langue* this underlines its status as the variety shared by an important community in comparison to the *dialecte*, Alsatian, which is merely the sum of various regional varieties. The lexical items *langue* and *dialecte* serve as:

> indicateurs d'un rapport de force: en face du français comme langue, l'alsacien n'est qu'un dialecte (1985: 11)

It is clear that problems of terminology confuse the issue as far as describing Alsatian as a dialect is concerned. However, it is of interest to note that over a fifth of the Alsatian speakers and nearly two fifths of the non-Alsatian speakers accord the regional idiom language status. (It should be pointed out that these statistics are of a totally different order than those for disagreement with the idea that Alsatian is a dialect.) The result for the non-Alsatian speaking respondents is no doubt affected by the lack of mutual intelligibility between monolingual French speakers and their Alsatian speaking compatriots when the latter employ the regional variety. Nevertheless, a positive appreciation of Alsatian is indicated, raising it to independent linguistic status.

When those who deemed Alsatian to be a dialect were asked to state the language on which it is based, 50% of the Alsatian speaking respondents and 66.7% of the non-Alsatian speaking deemed *allemand* to be the variety in question (Figure 4). The exact word *allemand* is emphasized here. Despite the relatively high percentages, a certain reluctance to link *alsacien* and *allemand* can be noted and this even amongst the non-Alsatian – i.e. younger – speakers less affected by World War II and its aftermath. At pilot stage interviewees were asked to comment on the statement '*L'alsacien est un dialecte allemand*'. The word '*oui*' would almost be expressed as the researcher said '*dialecte*' only to be hastily withdrawn with the remark '*Ah non, pas allemand*'. Interestingly the category 'other' includes the terms '*germanique*', '*alémanique*', '*un mélange français/allemand, suisse, bas-allemand*'. It is the idea of pure *allemand* which is not totally accepted and indicates a feeling of separation between Alsatians and their German neighbours on both a linguistic and, by extension, an identity level.

Liliane Vassberg found that a majority of adults questioned viewed Alsatian as one among other dialects of German. She comments, however, that:

> there have been times – even recently – when affirming that the Alsatian dialect was a dialect of German was difficult, even impossible – something akin to treason. (Vassberg, 1993: 154)

Figure 4:

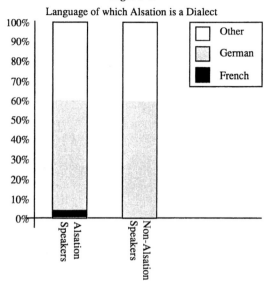

Language of which Alsation is a Dialect

The interviewees in the present survey would appear to still fit into this category. In a similar vein, the notion that Alsatian should be learnt through German was soundly rejected by the Alsatian speakers (82.9%) although 23.3% of the non-Alsatian speakers thought this was a good idea, possibly seeing this as the only route open to them and future generations. The same reasoning can no doubt be applied to the fact that the students in Vassberg's survey agreed that German was an advantage in the acquisition of Alsatian (see section 1.2.3). Most Zillisheim interlocutors believed Alsatian should be seen as an aid to learning German, not the other way round. However, further comments relating to this point again emphasized the difference between German and Alsatian: *'ça n'a rien à voir'*, *'l'un ne va pas avec l'autre'*. This supports the findings of Hartweg (see section 1.1.1) and of Ladin (see section 1.2.1). In Vassberg's research the adults were less unequivocal. However 41.5% of them did disagree with the notion that the learning of High German was useful for speaking better Alsatian (Vassberg, 1993: 152).

In terms of the usefulness of French and Alsatian, nearly all respondents bowed to the superiority of French as would be expected from Ager's comments (see section 1.1.2). Only a few non-speakers did not concur, obviously expressing their own feelings of being at a disadvantage because they had not mastered the local idiom (see

Vassberg, section 1.2.3). This is an indication of the extent to which use of French has spread to the detriment of Alsatian and, while the process itself must, in some way, be a result of a preference for French, the response, in this instance, can be viewed as much as a simple reflection of reality as of attitude to the two varieties. Comments added underlined that because French was of greater use, this did not mean Alsatian was of no use. French was described as *'la langue officielle'*, *'plus utile pour les études'* as compared to Alsatian which *'facilite les contacts dans notre région'* and is *'une langue régionale'*, *'notre patrimoine'* and is not *'une langue qui peut voyager'*. Nevertheless, *'il faut les deux'*.

3.3 Political Status

The two statements shown in figure 5 were intended to elicit responses revealing the political status of Alsatian as viewed by inhabitants of Alsace. Given the remark expressed in the previous section, according Alsatian the label 'regional language', the high proportion of those who agreed Alsatian should be the remit of the region is to be expected (85.7% for the Alsatian speakers and 86.7% for the non-Alsatian speakers). It should, however, be noted, that some of those who believed the region to be implicated expressed a wish for the government to provide support.

Furthermore, over a third of the Alsatian speakers and a fifth of the non-Alsatian speakers felt the government did have a direct role to play in actions concerning Alsatian, thus giving this variety the status of a national concern.

Indeed, a bitter comment was made, to the effect that *'Le gouvernement devrait réparer les dégâts qu'il a fait à partir de 45'* and *'revaloriser l'alsacien'* thereby placing not only Alsatian's past but also its future at country rather than regional level.

Figure 5: Political Status

	Agree		Undecided		Disagree	
	A[*]	NA[*]	A	NA	A	NA
C'est à la région de s'occuper de l'alsacien	85.7	86.7	5.7	0	8.6	13.3
C'est au gouvernement de s'occuper de l'alsacien	34.3	20	11.4	13.3	54.3	66.7

[*] A=Alsatian-speakers; NA=non-Alsatian-speakers

3.4 The Future of Alsatian

Is the Alsatian variety to survive (Figure 6)? Present trends would indicate that this is unlikely and analysis of the questionnaire under examination would appear to support this view. However, despite the fact that the overwhelming majority believed fewer and fewer people speak Alsatian, as has been found in previous studies too, 45.7% of Alsatian speakers were of the opinion that Alsatian has a future, albeit *'fortement compromis'* and only *'sur le plan régional'*.

Figure 6: The Future of Alsatian

	Agree		Undecided		Disagree	
	A*	NA*	A	NA	A	NA
De moins en moins de personnes parlent l'alsacien	88.6	96.7	5.7	0	5.3	3.3
L'alsacien, le parler, n'a pas d'avenir	42.9	26.7	11.4	13.3	45.7	60

* A=Alsatian-speakers; NA=non-Alsatian-speakers

The informant who said *'J'aimerais que ça se garde, mais je pense que ça va disparaître'* was probably more realistic. Yet the apparently illogical belief in Alsatian's future demonstrates its importance to the Alsatian psyche. It has to be preserved *'si on tient à préserver une manière de vivre'*.

3.5 Competence in Alsatian as an Expression of Alsatianness

It is the intention of this section to consider the link between competence in the regional idiom and regional identity (Figure 7). In general terms, language was not considered of great importance. Even amongst the Alsatian-speaking interviewees only just over two fifths agreed with the premise that a true Alsatian is one who speaks Alsatian. Less than a third of the non-Alsatian speaking respondents felt this to be the case. These findings echo those of previous researchers. Nevertheless, 77.1% of the Alsatian speakers considered that being Alsatian is important compared to 30% of the non-Alsatian speakers. Those who agreed with this point of view expressed themselves in the terms: *'Je suis née ici'*, *'Je me sens chez moi'* and *'On aime bien son pays'*, while one interviewee who disagreed explained: *'surtout à cause des peu intelligents qui pensent que nous ne sommes pas de vrais Français'*. Nearly two fifths of those who speak Alsatian consider themselves to be Alsatian first and French second while a mere 13.3% of those who do not speak the regional variety are of this opinion. In Vassberg's study percentages were somewhat higher: 'most [Alsatian-speaking] respondents felt an attachment or loyalty to the region first rather than the nation' this could be related to the rural as well as urban mix of interviewees. Nevertheless, that a figure of 37.1% should be obtained in the urban village of Zillisheim, is still significant. Immediately after the Second World War French people outside Alsace often viewed Alsatians as tantamount to Germans, like citizen Barrère before them (Hartweg, 1988: 34; Petit, 1993: 7) considering the Alemanic and Franconian spoken in Alsace to be the idioms of the enemy, and those that employed them to be suspect. Even today, one would therefore expect a certain reticence when it comes to claiming to be Alsatian first and foremost. It also has to be pointed out that many respondents who did not consider themselves to be Alsatian first and French second stressed that they felt they were *'Les deux à la fois'*.

The results obtained for this series of statements reveal an overt sense that the Alsatian variety is of little importance when Alsatianness is to be judged. However, whatever the conscious view, it would appear that speaking Alsatian does help to form a greater bond with the region even over that with France as a whole.

Figure 7: Competence in Alsatian as an Expression of Alsatianness

	Agree		Undecided		Disagree	
	A*	NA*	A	NA	A	NA
On n'est pas un vrai Alsacien si on ne parle pas l'alsacien	42.9	30	5.7	6.7	51.4	63.3
L'idée d'être alsacien(ne) est très importante pour moi	77.1	30	5.7	36.7	17.1	33.3
Je me sens d'abord alsacien(ne), ensuite français(e)	37.1	13.3	14.3	30	48.6	56.7

* A=Alsatian-speakers; NA=non-Alsatian-speakers

4. Conclusion

Those questioned rejected links between Alsatian and German, thereby stressing Alsatian's and therefore Alsace's individuality. If French was felt to be of greater use than Alsatian, with the regional idiom being employed less and less, a certain optimism subsists as regards the future of Alsatian. This could be an expression of desire rather than a real belief in Alsatian's revival. Nevertheless, even if the value of Alsatian is likely to become symbolic, it reveals the importance of this idiom to those who live in Alsace. It is essentially of regional concern. Indeed, it is felt that help in its preservation cannot be sought at national level. The majority feel the regional variety and identity are not inextricably linked although a high proportion of those who speak Alsatian attach a great importance to the idea of being Alsatian. However, a sense that being Alsatian is a unique form of being French pervades responses. It is to be remembered that it is not only those who converse in Alsatian on a daily basis that mark their membership of a different group from other French nationals. The same can also be said of those who employ the odd Alsatian word or the French expressions peculiar to Alsace. The feeling of Alsatianness held by many can be aptly and concisely summed up in the words of one informant who described himself as *'une de ces cigognes tricolores'*.

References

Ager, D. (1990). *Sociolinguistics and Contemporary French,* Cambridge: Cambridge University Press.

Edwards, J. (1985). *Language, Society and Identity,* Oxford: Basil Blackwell.

Edwards, J. (1994). *Multilingualism,* London: Routledge.

Gardner-Chloros, P. (1991). *Language Selection and Switching in Strasbourg,* Oxford Studies in Language Contact, Clevedon Press, Oxford.

Hartweg, F. G. (1981). Sprachkontakt und Sprachkonflikt im Elsaß. In K. Heller & W. Meid (eds) (1981) *Sprachkontakt als Ursache von Veränderung der Sprach- und Bewußtseinstrukturr. Eine Sammlung von Studien der Sprachlichen Interferenz . Innsbrucker Beiträge zur Sprachwissenschaft 34,* Innsbruck: Institut der Sprachwissenschaft der Universität Innsbruck.

Hartweg, F. G. (1988). L'alsacien est un dialecte allemand tabou. In Vermès, G. (ed.) (1988) *25 communautés linguistiques de la France, T.1: Langues régionales et langues non territorialisées,* Paris: L'Harmattan.

INSEE (1990a). *Recensement général de la population de 1990. Logements-Population-Emploi-Evolutions 1975–1982–1990 (68 Haut-Rhin)*, Institut national de la statistique et des études économiques.

INSEE (1990b). *Recensement général de la population de 1990. Population-Activités-Ménages. Tableaux détaillés issus du sondage au 1/4 (68 Haut-Rhin)*, Institut national de la statistique et des études économiques.

Ladin, W. (1979). Statistiken, die nicht lügen, *Land un Sproch*: Les cahiers du bilinguisme n° 4.

Ladin, W. (1982). *Der elsässiche Dialekt: museumreif? (Analyse einer Umfrage)*, Strasbourg: Salde.

Moser, C.A. and Kalton, G. (1979). *Survey Methods in Social Investigation*, London: Heinemann Educational Books.

Petit, J. (1993). *L'Alsace à la reconquête de son bilinguisme. Nouveaux Cahiers d'Allemand*, Strasbourg: Salde.

Philipps, E. (1978). *L'Alsace face à son destin. La crise d'identité*, Strasbourg: Société d'édition de la Basse Alsace.

Salmon, G.-L. (ed.) (1985). *Le français en Alsace. Bulletin de la Faculté des Lettres de Mulhouse, Fascicule XIV. Actes du colloque de Mulhouse, 17–19 novembre 1983*, Paris: Champion-Slatkine.

Stacey, M. (1969). *Methods in Social Research*, Oxford: Pergamon Press.

Stephens, M. (1976). *Linguistic Minorities in Western Europe*, Dyfed: Gomer Press.

Tabouret-Keller, A. (1988). 'Classification des langues et hiérarchisation des langues en Alsace'. In G.-L. Salmon (ed.) *Le français en Alsace. Bulletin de la Faculté des Lettres de Mulhouse, Fascicule XIV. Actes du colloque de Mulhouse, 17–19 novembre 1983*. Paris: Champion-Slatkine.

Vassberg, L. M. (1993). *Alsatian Acts of Identity. Language Use and Language Attitudes in Alsace*, Clevedon: Multilingual Matters.

De l'identité régionale à l'identité linguistique: la trajectoire des régions Languedoc-Roussillon et Midi-Pyrénées

Christian Lagarde, Université de Perpignan

L'unité régionale est en France de création assez récente. Face à la tradition étatique républicaine, qui tournait le dos aux langues et cultures régionales, la nouvelle instance s'en est parfois emparée, comme en Languedoc-Roussillon et Midi-Pyrénées, pour asseoir son identité. Ainsi, dans *Le Magazine Midi-Pyrénées* (No. 48, septembre 1997: 9) le Président Censi définit la région comme 'notre terre occitane'. Rude tâche, à mener à contre-courant d'une acculturation stato-nationale parfaitement maîtrisée, par des hommes politiques et des experts déterminés et judicieux.

1. L'émergence du cadre régional en France

1.1 Pré-histoire de la région

Les régions françaises, au sens administratif du terme, telles que nous les connaissons aujourd'hui, sont de création récente. Mais, avant d'en définir les contours géographiques et juridiques, commençons par évoquer leur pré-histoire. Non pas selon un principe d'ordre chronologique, mais tout simplement parce que l'émergence de leur identité actuelle est fortement tributaire de ce passé.

Sans remonter à l'époque romaine et à l'organisation du territoire en 'pays' (*pagi*), il convient de mettre en relief les structures provinciales de l'Ancien Régime qui composent jusqu'en 1789 le Royaume de France, et dont certaines ont survécu dans leur tracé jusqu'à nos jours. Des siècles d'existence ont contribué à les doter d'une véritable personnalité.

Une langue (ou modalité linguistique) singulière, une organisation juridique, monétaire et politique distincte constituent à la fois des liens d'union à l'intérieur des démarcations, et des éléments de rupture avec les territoires circonvoisins. Ainsi, le Languedoc, dont la dénomination même pose la singularité linguistique, bâti sur le territoire du comté de Toulouse: il se distingue de Guyenne et Gascogne à l'Ouest, de la Provence dont le Rhône le sépare à l'Est, du Roussillon qui, au Sud, le côtoie dans l'ensemble français depuis le Traité des Pyrénées de 1659.

La Révolution française jette bas tout cet édifice complexe mais entré dans les moeurs pour lui substituer l'organisation départementale en vigueur. Le but avoué du mouvement révolutionnaire étant de «faire du passé table rase», entre autres des «ci-devant» provinces, mais également des langues autres que la langue nationale, (cf. de Certeau et al., 1975), les départements sont constitués par démembrement des unités d'Ancien Régime qui perdent jusqu'à leur nom au profit de dénominations orographiques. Sont ignorées les spécificités et les oppositions historiques et linguistiques et jusqu'aux zones d'influence économique. (Sur l'arbitraire des entités territoriales, cf. Lafont, 1963; Le Bras et Todd, 1981).

Néanmoins, l'évolution de l'idéologie révolutionnaire, du fédéralisme girondin (qui envisage par exemple l'alternance des chefs-lieux) vers le jacobinisme centralisateur, dans lequel les différentes circonscriptions s'emboîtent pour dépendre de la capitale de l'Etat, a fini par s'imposer en deux siècles d'existence, suscitant chauvinismes et rivalités. L'obligation première est devenue accoutumance, et l'abstraction républicaine un signe pertinent d'identification.

1.2 La région, une entité récente

1. 2.1 Le territoire régional

La région française naît des nécessités de l'aménagement du territoire. Le département se révèle une trop petite unité d'intervention, aussi apparaît-il convenable d'en regrouper un certain nombre pour atteindre une taille opérationnelle. La mise en oeuvre se déroule depuis la capitale, sous l'égide de la D.A.TA.R. (Délégation à l'Aménagemenent du Territoire et à l'Action Régionale).

Une telle mutation imposée par le haut aboutit à des configurations d'ampleur (de 2 jusqu'à 8 départements) et de cohérence très variable. On retrouve parfois sous cette addition territoriale des structures provinciales (Limousin, Auvergne), ou s'en approchant (Haute et Basse Normandie, Bretagne amputée du Pays nantais), ou bien encore des entités consacrées par les péripéties de l'histoire (Alsace et Lorraine).

Cependant, d'autres regroupements se révèlent beaucoup plus arbitraires (Lafont, 1963 et 1991): si le Languedoc-Roussillon possède une cohérence globale en tant que portion occidentale de l'arc méditerranéen français, la Lozère échappe à cette logique, et les Pyrénées-Orientales se distinguent par leur catalanité au sein de cet ensemble (Hammel, 1997: 22–25).

Plus discutable encore apparaît l'agglomération départementale éloignée des zones côtières, comme Midi-Pyrénées: autour de Toulouse gravitent en effet des départements pyrénéens, d'autres aquitains (mais non inclus en région Aquitaine), d'autres, issus de l'Albigeois, du Rouergue et du Quercy, de plus en plus identifiables au milieu du Massif Central. Les aberrations héritées du découpage révolutionnaire se trouvent aggravées par le phénomène de concentration que constitue la création des régions. Et que dire des marges départementales, déjà passablement délaissées et dépeuplées, lorsqu'elles deviennent limites régionales?...

L'espace régional, en principe organisé autour d'une métropole régionale (qui souvent aspire à elle la plupart de ses potentialités), a besoin d'être appréhendé par ses habitants. Sa représentation mentale à travers des critères de congruence, de légitimation, sont flous. Cependant, il paraît en advenir comme des départements: son existence même viendrait, le temps aidant, à en imposer peu à peu la configuration. *Le Magazine Midi-Pyrénées,* distribué gracieusement à la demande, dans et hors région, se fixe non seulement pour tâche de promouvoir la politique de l'exécutif régional en place, mais également de faire progresser la conscience régionale de ses lecteurs, parfois sondés à ce sujet. On voit bien à la fois le lien et l'amalgame qui est ainsi opéré en vue de la légitimation du pouvoir et de la région qu'il incarne. L'organisation administrative, externe et donc subie, les contraintes qui en découlent pour le citoyen, y contribuent d'autant mieux que l'ensemble créé se structure en pouvoir politique tout droit issu de sa population. La donnée géographique, alors sous-tendue par ces critères organisationnels, peut à ce titre seul trouver sa légitimité.

1.2.2 Le pouvoir régional

La création des régions françaises a été tardive et la dotation en compétences qui leur a été concédée, lente et parcimonieuse: la progressive émergence d'un pouvoir régional ne pouvait en effet que se réaliser aux dépens des prérogatives d'un Etat fort de près de deux siècles d'un centralisme sourcilleux. La loi du 5 juillet 1972 instaure des Etablissements Publics Régionaux (E.P.R.) très dépendants de leur créateur, et ce n'est que dix ans plus tard, par la loi de Décentralisation du 2 mars 1982 que les régions deviennent des collectivités locales à part entière. Il faut cependant attendre le

28 mars 1986 pour que soit élue au suffrage universel direct l'Assemblée régionale qui désigne en son sein le Président de Région (Hammel, 1997: 77–79; Uhrich, 1987).

Le transfert de compétences de l'Administration de l'Etat vers la Région fait également l'objet d'une procédure échelonnée dans le temps, qui affecte des domaines bien délimités: l'enseignement et la formation, le développement économique, l'aménagement du territoire (au sens large), les sports et la culture. Dans ces matières, et dans le cadre de la Constitution française et de la Loi de Décentralisation, chaque Région est en mesure de définir une politique propre, financée par les dotations de l'Etat et une fiscalité directe et indirecte spécifique. L'Etat conserve les prérogatives régaliennes, mais délègue souvent à la Région des secteurs onéreux, difficilement gérables avec des moyens assez limités. De plus, le Conseil Régional doit trouver à s'insérer entre les structures étatiques et départementales pré-existantes, dont il ampute le champ d'intervention. Il s'ensuit donc parfois des rivalités entre Conseil Régional et Conseil Général alimentées par une divergence d'appartenance politique, peu propices à la concertation et aux synergies, et entraînant des déperditions de moyens financiers et humains fort regrettables. Les deux villes chefs-lieux de département et de région, Toulouse et Montpellier, voient se jouer l'affrontement entre majorité départementale socialiste et majorité régionale centro-libérale, dont le signe extérieur patent est l'ensemble architectural abritant chacune des assemblées.

Cet état de concurrence entre les pouvoirs et la personnalisation de ces derniers à travers leurs respectifs Présidents élus contraignent les Conseils à lier leur légitimation à une identification sans équivoque. La Région, du fait de son avènement récent, est en la matière la collectivité qui a le plus d'efforts à consentir. Le ciment potentiel, d'ordre culturel, a été d'autant mieux mis à contribution qu'il relève de ses attributions; il est donc logique que les régions Languedoc-Roussillon et Midi-Pyrénées y aient eu recours.

2. Construire une identité culturelle régionale

2.1 Deux configurations régionales: Languedoc-Roussillon et Midi-Pyrénées

Les deux régions considérées, quoique contiguës et comparables en superficie et population, diffèrent à la fois par le nombre de départements qu'elles regroupent (5 pour L.-R., 8 pour M.-P.) et par leurs caractéristiques culturelles et linguistiques. En effet, si Midi-Pyrénées est une collectivité entièrement implantée en territoire, traditionnellement, de langue occitane, Languedoc-Roussillon se singularise par une bi-polarité déséquilibrée entre territoires cependant mieux identifiables au regard de l'histoire, le Languedoc occitan et le Roussillon catalan.

L'unité culturelle et linguistique de Midi-Pyrénées, susceptible de favoriser la cohésion régionale, est néanmoins parcourue par des clivages dialectaux et ethnologiques qui brouillent la perception globale, tandis que la dénomination de la région souffre d'une détermination géographique (qualifier de ìMidiî présuppose un ìNordî) où toute référence culturelle et linguistique est absente. Quant au Languedoc-Roussillon, il constitue un attelage regardé sur place comme antagonique, dans lequel l'aire catalane, privée de la capitalité, est réduite à la portion congrue. En revanche, la vitalité de sa conscience culturelle et linguistique y est de tout temps demeurée plus grande qu'ailleurs.

Similitudes et divergences entre les deux collectivités sont aisément repérables à travers leurs logotypes, signes identitaires promus par leurs pouvoirs respectifs. Ainsi, les deux régions partagent aujourd'hui la croix à branches égales et à douze boules du Languedoc, dite ìcroix occitaneî. L'emblème de Midi-Pyrénées a cependant fait l'objet d'une évolution remarquable, puisque la croix, autrefois stylisée, déformée, et présentée rouge sur fond bleu, a retrouvé son aspect originel (or sur fond rouge) à la faveur du changement de majorité politique à la tête de son Conseil Régional. Alors que la région basculait également de la gauche socialiste à la droite modérée, l'emblème du Languedoc-Roussillon, qui adjoint équitablement à la croix l'écu catalan ìaux quatre barresî, n'a pas connu le même sort. (Il convient de distinguer le logotype, qui inscrit prioritairement la portion d'arc méditerranéen sur fond d'hexagone, du drapeau qui reprend les seuls écus stylisés sur fond rouge.)

La création et l'évolution de ces logotypes témoignent donc de la volonté politique dont ils sont issus: le lien, un temps rejeté par les socialistes toulousains, avec le passé anté-révolutionnaire se révèle être *le signe* nécessaire et suffisant de l'identité régionale.

2.2 Définir et imposer une voie: l'identification régionale par la culture

Mais le signe n'est pas tout, et les pouvoirs régionaux de Languedoc-Roussillon et de Midi-Pyrénées ne s'en sont pas tenus à ces icônes, à seule portée symbolique. La présidentialisation du pouvoir régional a conduit, en matière d'identité culturelle, à une prise de décision tout autant dictée par la nécessité bien perçue d'une identification structurelle que par l'élargissement de la vision politique à un nouveau cadre décisionnel, porteur d'avenir, celui de la Communauté, puis de l'Union Européenne.

L'Europe s'est construite entre les Etats, mais elle tend de plus en plus à fonctionner sur la base d'échanges et de partenariats inter-régionaux et trans-nationaux, stimulés par les divers fonds redistributifs existants. L'emboîtement élargi et renouvelé des structures, de même que le caractère récent et novateur des échelons européen et régional (par rapport aux Etats et aux départements) ont sans nul doute insufflé un dynamisme aux régions, ailleurs souvent davantage dotées d'autonomie. Les *länder* fédéraux d'Allemagne, et davantage encore les communautés autonomes espagnoles, sont porteurs d'une exemplarité émancipatrice. A ce titre, la confrontation de nos deux régions avec la Catalogne espagnole, leader autonomiste dans son pays, dans le cadre de l'Eurorégion, n'a pas été sans effet sur l'évolution des réflexions présidentielles. L'Eurorégion, qui son siège à Perpignan, est une structure qui s'est révélée bien plus symbolique que véritablement opérationnelle.

C'est en effet aux Présidents en exercice, Jacques Blanc (L.-R.), qui malgré une première alliance avec un Front National hostile à toute idée régionale poursuit et réaffirme les choix identitaires de son prédécesseur, et Marc Censi (M.-P.), qui au contraire s'inscrit en rupture déterminée avec une ligne socialiste volontiers jacobine, que l'on doit, dans l'esprit comme dans les faits, l'identification régionale par la (les) culture(s) propre(s). (cf. pour Languedoc-Roussillon, Hammel, 1997: 91–93; pour Midi-Pyrénées, Surre-Garcia, 1996: 125–127.) Leur action est du reste davantage marquée par un pragmatisme, qui se manifeste en termes de lignes budgétaires *ad hoc* et d'affectations de moyens concrets, que par des déclarations d'intention fracassantes, sans pour autant que les choix soient jamais occultés.

Cependant, orienter la région par l'identification culturelle n'est pas chose facile. Tout d'abord parce qu'il convient de décider de l'extension sémantique à accorder au terme même de *culture*: la *culture régionale* est-elle la *culture en région*, autrement dit la production et la diffusion culturelles dans ce cadre territorial, ou bien est-ce plutôt la culture *spécifique à la région*, issue de la (des) langue(s) régionale(s), c'est-à-dire des *cultures minorisées* au sein de l'Etat français? D'autre part, s'agit-il de considérer une telle culture en tant que *patrimoine*, au sens de l'héritage (à conserver) d'un passé de la région, ou bien la conception doit-elle s'étendre plus largement, le patrimoine n'étant que la partie enfouie, en continuité avec la *culture vivante* actuelle et projetée sur l'avenir? Il y a là, on le sent bien, des stratégies différentes, divergentes même, qui doivent faire l'objet de choix clairs de la part de l'exécutif régional.

La volonté présidentielle dans les deux communautés s'est portée – discrètement mais sereinement – vers le renforcement du second pôle de chacune de ces deux alternatives, sans pour autant que le premier ne se trouve négligé: l'élément individualisant ne saurait se diluer dans la seule démarcation géographique, de même qu'une région ne saurait aller de l'avant sans soutenir l'innovation. Or les cultures régionales souffrent d'une image dévalorisante de la part des principaux acteurs de la vie de la région, tout en représentant pour une frange militante les valeurs suprêmes méritant d'être défendues pied à pied.

L'Etat français et ses agents de décision perpétuent par leur silence et leurs réticences feutrées la politique d'éradication par étouffement des cultures minoritaires, marginalisées. La meilleure preuve en est le vide juridique au sujet des langues régionales, (cf. Martin, 1996: 71–84; Hammel, 1997: 33–43. Pour une approche d'ensemble, cf. Giordan, 1992.) Le personnel politique régional, formé à une telle école, est bien disposé à prendre sa part du pouvoir décentralisé, mais peu préparé à se ranger sous l'étendard des cultures locales. Quant à l'opinion publique, déculturée puis acculturée à la française, entre accès de nostalgie et prurit de modernité, elle subit passive et entérine par là même la mort de sa (ses) culture(s) originelle(s).

Face à cette «conspiration du silence», les militants, félibréens puis occitanistes et catalanistes, ont tenu et tiennent des discours discordants et présenté des comportements allant du culte mollissant d'un passé à «maintenir» à une revendication autonomiste voire séparatiste déterminée. Cependant, une de leurs contradictions majeures, due à la culture étatique républicaine, qui a profondément inhibé en France l'initiative privée, est d'attendre tout de l'Etat, tout en lui déniant compétence et légitimité à le faire. (Sur les relations population-militants, cf. Marley, 1996: 62–67; sur les relations secteur militant-Région, cf. Hammel, 1997: 102–112.)

Le choix d'une identification de la Région par ses cultures propres s'avère donc particulièrement délicat, entre les deux pôles antagonistes d'une majorité sociale minimaliste et d'une minorité maximaliste. L'option d'une voie médiane requérait par conséquent un certain courage et le goût de convaincre tous azimuts.

3. Les langues minorisées dans le processus d'identification régionale

3.1 La création des Missions aux langues et cultures régionales

L'affirmation d'une volonté politique de la part des Présidents des deux régions repose sur des convictions personnelles: ce sont elles qui ont motivé la nomination puis la pérennisation à ce poste d'un 'chargé de mission aux langues et cultures régionales' dans chacune des circonscriptions. Mais l'on peut observer qu'en retour, l'action de ces collaborateurs a permis à la ligne présidentielle d'être traduite dans l'initiative et la gestion factuelle au quotidien et entraîné le raffermissement de ces convictions.

La délicate mission impartie suppose des compétences individuelles multiples dont la ténacité et la diplomatie ne sont pas les moindres. Il s'agit en effet de valoriser un secteur considéré comme secondaire, voire superflu par une large majorité des acteurs politiques et sociaux et de la population, et de jouer un rôle d'interface entre minimalistes réticents et militants parfois jusqu'auboutistes. Une bonne connaissance des particularismes culturels régionaux et des différents milieux impliqués devait s'allier à une réflexion personnelle approfondie et à une capacité d'initiative affirmée. Il semble aujourd'hui qu'à travers des parcours divers, les deux chargés de mission, recrutés dans la mouvance militante occitaniste, ont su relever le défi d'une fonction à construire.

Tout commence en 1985, lorsque Etienne Hammel est engagé à Montpellier. Son savoir-faire aujourd'hui pleinement reconnu lui a permis de traverser à ce poste les avatars de l'histoire balbutiante de la région Languedoc-Roussillon, tant dans l'évolution de ses structures juridiques que dans les aléas des changements politiques correspondant aux mandats successifs. Ses douze années d'exercice sont marquées du sceau d'un pragmatisme réfléchi, assurant la crédibilité de la mission en tant que partenaire indispensable et promoteur fiable et inventif. Les relations avec le catalanisme roussillonnais volontiers anti-languedocien ont, de plus, constitué un obstacle non négligeable, aujourd'hui surmonté.

La création d'un poste homologue à Toulouse est plus tardive (1989) et inspirée de l'expérience montpelliéraine. Le changement de politique à l'égard des langues et cultures régionales consécutif à l'arrivée à la présidence de région de Marc Censi a cependant donné les coudées bien moins franches à Alem Surre-Garcia, mais ce dernier a su trouver une voie originale, qui tente de compenser des moyens plus chichement consentis par une forte médiatisation. Pour un bilan dressé par ces deux acteurs et responsables, cf. Hammel, 1997 (de manière implicite); Surre-Garcia, 1996: 125–132 (sous forme de catalogue).

3.2 De la culture à la langue

Le mérite des choix présidentiels et de leur mise en oeuvre par les chargés de mission est d'avoir lié dès l'abord les termes de *cultures régionales* et de *langues régionales.* Cette association apparemment anodine ne va certainement pas de soi, même dans des régions qui possèdent effectivement des langues propres distinctes de la langue nationale. En effet, au moment où la Région apparaît sur la scène politique, l'oeuvre de déculturation entreprise depuis la Révolution est largement couronnée de succès, puisque, si la culture régionale subsiste, essentiellement à travers les traditions dites populaires, il n'en va pas de même des pratiques linguistiques.

Le processus de substitution linguistique, enclenché dès le XIII° siècle en Languedoc et dans l'Occitanie du Sud, dès 1659 en Roussillon, conforté respectivement par les Edits de 1539 et 1700 faisant du français la langue unique des écrits officiels, réactivé par le jacobinisme et intensifié par l'instauration de l'école publique, est en effet arrivé à son terme vers la fin des années 50, après différentes phases de diglossie. La réactivation des usages sociaux de l'occitan et du catalan paraît aujourd'hui plutôt compromise, même si l'exemple de la Catalogne du Sud a redonné à la dernière langue citée quelques bouffées d'oxygène.

Dans de telles conditions, faire des langues régionales un élément non seulement pertinent mais *fondamental* de l'identité régionale semble aux uns une aberration, à d'autres, moins nombreux, relever d'un pari audacieux sur l'avenir. La politique régionale en la matière, parce qu'elle n'apparaît en réalité viable qu'à une infime minorité, s'inscrit donc délibérément dans le *volontarisme*.

Or, sur quoi repose-t-il au juste? Entre maximalistes et minimalistes qui s'opposent, l'évaluation subjective est de rigueur. C'est pour cette raison que des enquêtes d'opinion, fournissant pour la première fois des données quantitatives sur les pratiques des langues régionales et les attitudes qu'elles suscitent, ont été commanditées en 1991 en Languedoc et 1993 en Roussillon à l'initiative de la Région. (Enquêtes *Média Pluriel Méditerranée*, dont les données sont divulguées et analysées, pour la partie languedocienne de L.-R., dans Hammel, Gardy, 1994, et partiellement reprises, pour la partie catalane, dans Marley, 1996. Les enquêtes personnelles de Dawn Marley à Perpignan (1988 et 1993) corroborent la précédente et permettent de percevoir une évolution significative, malgré l'intervalle assez bref entre les deux sondages.) Si elles révèlent la réalité de la substitution linguistique mentionnée, elles n'en démontrent pas moins un attachement aux langues régionales à contre-courant du sentiment majoritaire apparent: l'*identité linguistique* possède donc à tout le moins une base *symbolique*.

De tels sondages viennent à point nommé apporter la preuve que l'*identité régionale* ne peut en effet se réduire à une *identité culturelle* dont l'*identité linguistique* serait évacuée. Si la mise en valeur du *patrimoine*, si la mise en exergue d'un certain *mode de vie* régional est aujourd'hui de plus en plus partagée, il apparaît donc malgré tout difficilement imaginable d'écarter du champ culturel, tant dans le passé qu'aujourd'hui, les *modes d'expression* de cette identité, en d'autres termes, de disjoindre les moyens *linguistiques* et *non-linguistiques* qui l'ont façonnée.

3.3 Les Missions, moteurs et interfaces

Les enquêtes sociologiques commanditées viennent en quelque sorte justifier les choix politiques régionaux antérieurs et la raison d'être des Missions. (Sur l'articulation des Missions et des Conseils Régionaux, cf. Mathevet *et al.*, 1996.) Ces dernières jouent un rôle d'interface non négligeable entre pouvoirs publics (plutôt réticents) et mouvements associatifs (volontiers revendicatifs), comme en témoigne le domaine de l'enseignement de l'occitan et du catalan. Les besoins inventoriés par les associations militantes trouvent une meilleure crédibilité à être présentés, sous l'égide du Conseil régional, au Rectorat d'Académie, échelon lui aussi régional du Ministère de l'Education Nationale, puisque les demandes peuvent ainsi être à la fois regroupées et «filtrées» par la Mission qui, en quelque sorte, se porte garante des interlocuteurs et de leurs revendications (Hammel, 1997:112–119; Sanmartin, 1996).

Il en est ainsi de la convention signée entre le Conseil Régional Midi-Pyrénées et le Rectorat de l'Académie de Toulouse, gage de pérennité dans l'optique de la perpétuation des langues régionales, qui n'a pas été sans incidence sur la décision ministérielle de création d'un C.A.P.E.S. d'occitan, après celui de catalan. Il en va de même pour que les écoles bilingues à statut privé ou semi-privé (*Calandretas* occitanes, *Bressola* et *Arrels* en Roussillon) puissent obtenir plus volontiers les moyens de subsister (cf. Mercadier, 1996: 171–186; Behling, 1994).

Ainsi qu'il est apparu dans le domaine fondamental de l'enseignement, les Missions se trouvent en situation de favoriser les initiatives et d'être à l'origine de certaines autres. L'action culturelle associative plus ou moins ponctuelle, liée à l'identité linguistique et culturelle (festivals, expositions, éditions dans le domaine du chant, de la danse, des arts plastiques, du cinéma, de la littérature ...) trouve dans le Conseil régional une source de financement souvent indispensable. Par différents biais peut s'instaurer un véritable partenariat permettant à telle manifestation, à telle maison d'édition, une collaboration avec la Région qui l'inscrit dans la durée.

Ce qui est avant tout visé en cela par la Mission n'est autre que le critère de responsabilité de l'interlocuteur, tant en matière de qualité que de financement: l'aide est sélective et liée au projet, plutôt qu'à une 'labelisation'. L'objectif est en effet de tendre vers l'auto-financement, d'éradiquer toute 'rente de situation' héritée du Tout-Etat et de l'Etat-providence, comme stimulant à la fois à l'innovation et à la mesure.

La Région se pose elle-même en maître d'oeuvre de manifestations de grande envergure, dont Midi-Pyrénées s'est fait une spécialité. 'Flor envèrsa', qui a confronté les cultures japonaise et occitane, 'Granadas', relation d'histoire scientifique entre Occitanie, Espagne et Maghreb, 'Du maÔs au milhàs' qui a associé Occitans et Amérindiens autour d'une céréale, ont prétendu signifier la parité objective des cultures, quelle qu'en soit la valorisation (primitivité ou modernité), et par conséquent susciter de manière spectaculaire une réévaluation du patrimoine régional.

3.4 Les vertus d'un possible retournement d'image

Nul doute que l'institution régionale n'entend pas se poser explicitement en tant que *réparateur* d'un dommage linguistique et culturel perpétré par l'Etat: la Région française est loin d'avoir les moyens, et du reste la réelle volonté, de s'*autonomiser* par rapport à lui dans une mesure comparable à ce qui est et se joue actuellement en territoire espagnol voisin. Le chemin *reconstructeur* paraît aussi bien long étant donné à la fois le degré de vitalité des langues et cultures régionales et le niveau d'*irrédentisme* (linguistique et culturel) observable de part et d'autre des Pyrénées.

Néanmoins, les signes d'un *frémissement* de l'opinion publique régionale apparus à travers les diverses enquêtes montrent toute l'importance de l'impact symbolique de la réussite de la Catalogne du Sud dans son processus de restauration identitaire. En effet, si jusqu'à tout récemment les langues et cultures régionales étaient irrémédiablement connotées comme *archaïques* voire *obsolètes*, la Catalogne espagnole apporte la preuve flagrante qu'elles ne sauraient l'être *en soi*: non seulement la langue et la culture catalanes y sont *vivantes*, c'est-à-dire largement socialisées, mais elles sont véhiculées par les médias et utilisées par les individus les plus *modernes* et *novateurs*, ceux-là mêmes qui témoignent de la *réussite économique* d'une région. (Sur l'effet d'entraînement Catalogne du Sud-Catalogne du Nord au demeurant extensible, au-delà, vers l'ensemble occitan cf. Marley, 1996: 90–106.)

Ce dernier argument est d'autant plus valorisé aussi, que les deux régions françaises, au tissu économique traditionnel et fragile, sont atteintes de plein fouet par *la crise* économique. L'évolution est nette entre les deux enquêtes effectuées par Dawn Marley à Perpignan, et l'enquête Média-Pluriel, postérieure, la prend également en compte, d'autant que la révision des jugements s'allie à la considération strictement utilitaire: l'apprentissage, la connaissance du catalan peut être désormais considérée comme une *clé pour l'emploi*. La représentation autrefois caricaturalement négative de l'Espagne a tourné en peu de temps à l'idéalisation excessive, entretenue en Roussillon par l'opulence affichée (automobiles, vêtements, matériel de loisirs) de Catalans du Sud en goguette ou villégiature.

Les médias présents dans le cadre régional (voire incités à cela par l'institution régionale) ont passablement contribué également à ce retournement d'image. La presse écrite (*La Dépêche du Midi*, *Le Midi Libre* et tout spécialement *L'Indépendant*) propose des informations transfrontalières, Radio France Roussillon fait une place de plus en plus large à des programmes soit en catalan, soit présentés en version bilingue, soit se faisant l'écho des actualités sud-catalanes. France 3 Sud, dont le siège est à Toulouse, et qui couvre les deux régions (M.-P. et L.-R.), après avoir signé un accord de partenariat avec elles, affirme de mieux en mieux sa vocation identitaire et son intérêt pour les sujets transpyrénéens. Hormis le magazine bilingue *Viure al paÔs*, la chronique d'informations *La Gazeta* s'intéresse tant aux pays occitans que catalans, tandis qu'un magazine international *Pyrénées-Pirineo* trilingue (français-castillan-catalan ñ mais sans occitan) consacre ses reportages aux deux versants de la chaîne. Sur le domaine de l'audio visuel, et pour un cadre plus vaste englobant les deux régions, cf. les 5 contributions qui forment la 2° partie: 'Resocialiser les langues minorisées: l'exemplarité des médias audio-visuels' in Viaut, 1996: 189–302.

De la sorte, l'espace de référence, traditionnellement stato-national, est envisagé selon une quadruple modalité alternative: régionale (Montpellier et Toulouse ont par exemple des journaux télévisés propres), inter-régionale (L.-R. et M.-P.), inter-culturelle (espace occitan-espace catalan), transnationale (dans le cadre catalan et à l'échelon pyrénéen). Un tel jeu d'associations est propre à amener le public régional à des *représentations géoculturelles et géolinguistiques* nouvelles et à favoriser la pertinence du cadre régional comme unité stratégique d'un emboîtement multiple allant jusqu'à l'échelon européen.

Enfin, un autre élément d'une extrême importance est à souligner: l'émergence d'un *intergroupe parlementaire* 'Langues et cultures régionales' au sein de l'Assemblée régionale montpelliéraine, depuis 1992 (Hammel, 1997: 96–97). Il apporte la preuve tangible des effets favorables de la conjonction de la confrontation externe, imputable à la diversification des cadres de référence précédemment évoquée, et de l'action interne des Missions en relais du secteur militant. L'argument économique s'est sans doute révélé déterminant dans l'infléchissement constaté qui transcende à la fois les clivages politiciens et le compartimentage des domaines d'action: une fois n'est pas coutume, le linguistique, le culturel, l'économique et le politique en viennent à fonder ainsi un cercle vertueux; la Région peut ainsi envisager de se voir assise dans toutes ses spécificités.

La région, sanctuaire potentiel des langues et cultures propres, peut donc constituer une base identitaire nécessaire à l'individu ñ davantage encore lors d'une phase de perte de modèles et de repères idéologiques engendrée par la crise de valeurs de cette fin de siècle. La réussite de la région (et de ses instances) passe par un tel processus d'identification (Hammel, 1997: 131–162). Ce cadre de proximité, qui est actuellement en France en voie d'atteindre une phase de maturation, présente l'intérêt d'être ouvert dans l'espace et le temps.

Arc-bouté sur des racines (culturelles et linguistiques, qui l'individualisent), il est un échelon d'intervention d'avenir au plan européen (développement, coopération, échanges); basé sur une communauté de vie (un climat, des paysages, une histoire), il peut rechercher contacts et alliances par affinité ou complémentarité. Dans un contexte général de mondialisation des échanges, il appartient aux pouvoirs régionaux ñ ainsi que semblent le démontrer Languedoc-Roussillon et Midi-Pyrénées ñ d'insérer leur circonscription dans une identité propre, basée sur la spécificité culturelle et ne se méprenant pas sur l'importance de l'identification linguistique. Pour faire face à l'*altérité* du monde, il importe en effet d'assumer pleinement sa propre *identité* et de reconnaître en partenaire celle de *l'autre*.

Références

Behling, G. (1994). *La Calandreta, l'école occitane entre tradition et modernité*, Mémoire de Maîtrise d'ethnologie-sociologie, Montpellier, Université Paul-Valéry, (reprise dans *Lengas, revue de sociolinguistique*, 41, Montpellier, U.P.V., 1997); Inspection Académique des Pyrénées-Orientales, *Enquête sur le bilinguisme français-catalan*, Perpignan, 1995.

Daguzan, J.-F. (1991). ìFait national et fait régional. Essai comparatif entre la France et l'Espagneî in Bidart, P. (éd.), *Régions, Nations, Etats*, Toulouse: Publisud: 39–60.

De Certeau, M., Julia, D., Revel, J. (1975). *Une politique de la langue: la Révoltion française et les patois*, Paris: Gallimard.

Giordan, H. (éd.), (1992). *Les minorités en Europe: droits linguistiques et Droits de l'Homme*, Paris: Kimé.

Hammel, E., Gardy, P. (1994). *L'occitan en Roussillon –1991*, Perpignan: El Trabucaire.

Hammel, E. (1997). *Aide-mémoire. Une politique des langues régionales en Languedoc-Roussillon*, Perpignan: El Trabucaire.

Lafont, R. (1963). *La révolution régionaliste*, Paris: Gallimard.

Lafont, R. (1991). *Nosaltres, el poble europeu*, Barcelona: Edicions 62.

Latournerie, D.(1984–1985). ìLe droit de la langue françaiseî, *Etudes et Documents du Conseil d'Etat*: 89.

Le Bras, H., et Todd, E. (1981). *L'invention de la France*, Paris: Gallimard.

Marley, D. (1996). *Parler catalan à Perpignan*, Paris: L'Harmattan.

Martin, M. (1996). ìLe statut juridique des langues régionales en Franceî. In Viaut, 1996: 71–84.

Mathevet *et al.* (1996). *La Mission « Cultures régionales » au sein du Conseil Régional Languedoc-Roussillon*, étude appliquée de formation initiale d'application des cadres territoriaux, ENACT: Montpellier.

Mercadier, G. (1996). 'Quel partenariat institutionnel pour soutenir l'enseignement de l'occitan? L'exemple de l'Académie de Toulouse'. In Viaut, 1996: 171–186.

Sanmartin, P. (1996). *Le cadre juridique d'intervention de la Région Languedoc-Roussillon en direction du catalan et de l'occitan*, Mémoire de DESS, AES, Université de Montpellier I.

Surre-Garcia, A. (1996). 'Bilan d'une politique culturelle du Conseil Régional de Midi-Pyrénées en matière de langue et de culture occitanes'. In Viaut, 1996: 125–132.

Uhrich, R. (1987). *La France plurielle: les régions en mutation*, Paris: Economica.

Viaut, A. (éd.), (1996). *Langues d'Aquitaine. Dynamiques institutionnelles et patrimoine linguistique*, Bordeaux: Maison des Sciences de l'Homme d'Aquitaine.

L'identité linguistique des migrants africains en France

Fabienne Leconte, Université de Rouen

L'identité linguistique des populations originaires d'Afrique sub-saharienne en France est bien souvent occultée par le fait que la majorité de ces personnes viennent de pays dont la langue officielle est le français. Ainsi, les services statistiques de l'État français comptabilisent les Africains vivant sur le territoire en deux rubriques: 'Afrique francophone' et 'Afrique non francophone' selon la langue officielle du pays d'origine sans tenir compte du fait que le français est souvent parlé et compris par moins de 10 % de la population des pays africains 'francophones'. Le passé colonial de la France en Afrique masque la diversité des langues africaines parlées sur le territoire français et partant l'identité linguistique des individus qui les parlent.

Or les individus construisent leur identité à travers et par les systèmes linguistiques dans lesquels ils sont socialisés. Les langues sont une composante essentielle de l'identité symbolique en ce qu'elles appartiennent à l'histoire personnelle des sujets et qu'elles sont un élément central de l'identité culturelle. Au demeurant, les choix opérés par les parents originaires d'Afrique noire concernant les langues parlées devant ou avec les enfants sont révélateurs des stratégies identitaires des adultes, un certain nombre de valeurs et de traits culturels ne pouvant être transmis en dehors de la langue dans laquelle ils s'actualisent. Les attitudes des adultes vis-à-vis des langues en présence déterminent les comportements langagiers des familles. Cependant, les récentes recherches sur la situation sociolinguistique des jeunes issus de l'immigration ont montré qu'il pouvait y avoir disjonction entre pratiques et attitudes langagières. Les stratégies linguistiques des parents peuvent être remises en cause par les enfants qui doivent construire leur identité en étant confrontés à des univers symboliques très différents. Leur identité linguistique et culturelle est forcément différente de celle de leurs parents du fait des différences de vécu et de socialisation.

1. Les langues parlées en famille

Les pratiques et attitudes langagières de la deuxième génération africaine étant restées peu connues jusqu'alors, j'ai effectué une enquête par questionnaire écrit auprès d'enfants de 9 à 15 ans, dans un premier temps, qui a touché 1/4 de la population mère du département de Seine-Maritime (346 enfants). Outre les renseignements sociobiographiques, les questionnaires portaient sur les codes employés en et hors de la cellule familiale en fonction des situations de communication ainsi que sur les attitudes des enfants vis-à-vis de leurs langues premières et du français. La liste complète des questions posées aux enfants et adolescents se trouve en annexe de ce chapitre. Si cette méthode a permis de recenser les principales langues parlées dans la région et de déterminer les critères qui influençaient la transmission des langues africaines en France, elle ne donne accès qu'à des comportements déclarés. C'est la raison pour laquelle j'ai croisé les approches en effectuant des entretiens auprès d'une dizaine d'enfants, de quatre parents et de responsables d'associations et en effectuant des observations au quotidien dans le cadre professionnel. Du reste, les comparaisons entre les questionnaires des enfants d'une même fratrie d'une part, les réponses et les observations faites dans les familles et dans le cadre de mon travail d'institutrice durant une dizaine d'années d'autre part, ont montré que l'enfant est un bon observateur des pratiques langagières de son entourage.

Au terme de l'enquête, une trentaine de langues africaines familiales (désormais LAF) ont été recensées. J'entends par ce terme les langues africaines parlées en famille et définies par les enfants comme une des langues dans laquelle ils ont appris à parler. (Le terme de langue maternelle ne convient pas à l'Afrique, quant à langue première il est ambigâ car on peut apprendre plusieurs langues en même temps.) L'impression d'éparpillement linguistique et ethnique donnée par ces résultats ne doit pas masquer le fait que cinq langues dominent indiscutablement: le pulaar (101 questionnaires), le manjak (82), le lingala (50), le soninké (30) et le wolof (18), alors que les autres langues recensées ne sont parlées que dans quelques familles originaires d'une douzaine de pays d'Afrique différents. On constate la présence de communautés ethnolinguistiques importantes comme les pulaar, les Manjak et les Soninké originaires du Sénégal et des pays limitrophes: Guinée Bissau, Guinée Conakry, Mali et Mauritanie que j'appellerai désormais le groupe Sahel, et de familles beaucoup plus isolées linguistiquement puisque certaines langues, notamment d'Afrique centrale et du golfe de Guinée, sont peu représentées. L'étiquette Sahel permet, malgré son inexactitude géographique, de regrouper les migrants originaires du Sénégal et des pays qui lui sont frontaliers qui présentent des caractéristiques sociologiques communes. Le lingala présente un cas à part car il est langue véhiculaire au Congo-Brazzaville, dans le nord du Congo-Kinshasa et dans la région de Kinshasa.

Les deux langues, le français et la LAF, sont coprésentes dans 86 % des familles. Le plurilinguisme familial est donc la règle, le monolinguisme l'exception. Néanmoins, ces chiffres globaux masquent une très grande diversité dans les comportements langagiers selon les langues, le pays d'origine, le degré de scolarisation des parents et l'homogénéité linguistique de la famille. Or, dans le cas des migrants africains en France, les choix langagiers opérés par les familles interviennent dans un contexte sociolinguistique qui ne se résume pas à une opposition binaire entre la langue parlée dans le pays d'origine et celle du pays d'accueil car, le plurilinguisme étant généralisé en Afrique, les adultes parlaient presque tous plus d'une langue avant de venir en France.

En Afrique noire, un individu est conduit à apprendre cinq, six langues, voire plus au cours de son existence. Un enfant apprendra en premier lieu la langue de son père qui deviendra sa langue ethnique et celle de sa mère si elles sont différentes, puis les langues des coépouses éventuelles et des groupes voisins ou alliés. (La majorité des migrants africains présents en France appartenant à des cultures patrilinéaires où l'appartenance ethnique est celle du père. Néanmoins certaines cultures d'Afrique centrale notamment sont matrilinéaires. Dans ce cas, l'appartenance ethnique est celle de la mère.) Si les langues précédentes sont de simples vernaculaires, il apprendra ensuite la ou les langues véhiculaires du pays ou de la région. Enfin, s'il est scolarisé, il apprendra la langue européenne médium d'enseignement.

Cependant toutes les langues n'ont pas les mêmes connotations pour les locuteurs. En milieu rural, la hiérarchie affective recouvre souvent l'ordre d'acquisition des idiomes: on trouvera tout en haut de l'échelle des valeurs, la langue ethnique qui rattache l'individu à un groupe culturel déterminé; viendront ensuite la langue de la mère (du père dans les sociétés matrilinéaires), des autres personnes proches affectivement et des groupes alliés. Les langues apprises par nécessité: langues de commerce, véhiculaires ou de scolarisation, se trouveront en bas de cette échelle de valeur. Toutefois ce schéma, efficient en milieu rural, n'est plus adapté pour décrire les situations urbaines où les solidarités ethniques s'estompent au profit de la promotion individuelle. La langue d'intégration à la ville, le véhiculaire local, peut bénéficier de connotations positives de même que la langue européenne, qui est la langue de la réussite sociale et de la modernité.

Les attitudes des locuteurs vis-à-vis des différentes langues de leur répertoire influent sur le choix de la langue à transmettre en situation de migration puisque c'est presque toujours la langue ethnique du père qui est transmise aux enfants même lorsque la langue de la mère a une diffusion beaucoup plus importante et ceci bien que les adultes maîtrisent les langues véhiculaires de leurs pays et région d'origine.

Néanmoins, les enfants qui ont passé leurs premières années dans les grandes villes du Congo-Brazzaville ou du Congo-Kinshasa considèrent le véhiculaire de la région où ils ont grandi comme leur LAF au détriment des langues ethniques de leurs parents.

Le français occupe une place à part dans le répertoire verbal des adultes car il est non seulement la langue du pays d'accueil mais aussi souvent la langue officielle du pays d'origine et éventuellement la langue dans laquelle ils ont été scolarisés. De plus, le statut de langue officielle confère au français en Afrique noire francophone un prestige incontesté puisqu'il est à la fois la langue du pouvoir, de la scolarisation, des médias et de l'accès au travail salarié, notamment à la fonction publique avec tous les avantages en terme de sécurité d'emploi que cela est censé représenter. Le prestige dont il bénéficie est sans rapport avec le nombre de ses locuteurs.

L'analyse détaillée des raisons des différences de choix opérés par les adultes fait apparaître de multiples facteurs (voir Leconte, 1996 et 1997), dont je ne présenterais que quelques uns dans le cadre de cet article. Je m'attacherai surtout à mettre en relation les pratiques langagières en milieu familial avec le type de migration et les pratiques culturelles revendicatrices d'identité des adultes. Si l'on compare les comportements des familles selon l'origine géographique, on remarque que les migrants originaires du Sahel mettent en place des stratégies langagières presque opposées à celles des migrants originaires d'Afrique centrale et du golfe de Guinée; les uns privilégient la langue africaine, les autres le français. Les tableaux suivants rendent compte des réponses données par les enfants aux questions concernant les langues employées dans la communication parents-enfants.

Tableau N°1

EN QUELLE LANGUE(S) TES PARENTS TE PARLENT-ILS?				
EN %	MERE → ENFANT		PERE → ENFANT	
	Sahel	autres pays	Sahel	autres pays
LAF	68	14	54	7
les deux*	25	43	33	26
français	7	43	13	67

* Les réponses *les deux* englobent les langues alternées et mêlées, c'est-à-dire la réponse *mélange* et la réponse *LAF et français*.

Le code choisi par l'adulte est rarement remis en cause par les enfants car on ne constate pas de dissymétrie importante de la conversation dans les dyades parents-enfants. Lorsqu'elle existe, cette dissymétrie est partielle c'est-à-dire que le parent emploie la LAF seule alors que l'enfant emploie les deux langues alternées ou mêlées (situation attestée le plus souvent dans le groupe Sahel) ou le parent emploie les deux langues et l'enfant le français seul (situation attestée dans l'autre groupe). Le tableau suivant rend compte des langues déclarées par les enfants pour s'adresser à leurs parents.

Tableau N°2

EN QUELLE(S) LANGUE(S) PARLES-TU A TES PARENTS?				
EN %	ENFANT → MERE		ENFANT → PERE	
	Sahel	autres pays	Sahel	autres pays
LAF	57	9	48	7
les deux* .	25	16	32	12
français	18	75	20	81

La communication parents-enfants se fait majoritairement en LAF pour les Sahéliens alors que le français est privilégié par les membres de l'autre groupe. La durée du séjour n'intervient absolument pas dans les glottopolitiques familiales puisque la majorité des enfants du groupe Sahel, qui emploient très fréquemment la LAF avec leurs parents, sont nés en France, alors que c'est l'inverse dans l'autre groupe.

Les migrants originaires du Sahel sont originaires pour la plupart des régions périphériques du Sénégal, ont rarement été scolarisés et ont migré dans les années cinquante à soixante-dix pour travailler dans les industries de la région, essentiellement l'automobile et la chimie. La migration vers la France, qui fut d'abord celle d'hommes jeunes, relevait rarement de l'initiative individuelle mais était une réponse apportée par la communauté villageoise à la dégradation de la situation économique sur place et a permis la survie de villages qui auraient certainement été rayés de la carte sans les transferts d'argent effectués par les émigrés. Cette migration a d'abord été perçue comme temporaire par les intéressés car il était fréquent que les périodes en France alternent avec des périodes aussi longues au village et que la personne, après un séjour de quelques années en France, rentre définitivement au pays lors de son mariage et soit remplacée par un cadet. Ce n'est qu'à partir de l'arrêt officiel de l'immigration en 1974, rendant impossible la rotation, que la migration originaire du Sahel a pris un caractère définitif avec l'arrivée nombreuse des femmes et la naissance des enfants sur le sol français. Les réseaux villageois qui ont permis d'organiser la migration et l'installation des nouveaux venus se sont structurés en associations de ressortissants de tel ou tel village dont le but est de financer les infrastructures manquantes sur place (école, maternité, dispensaire) et de venir en aide à l'un des leurs momentanément en difficulté. Du reste, en dehors des pratiques associatives, les personnes appartenant au mêmes groupes ethniques entretiennent des relations particulièrement denses et privilégiées entre elles. Cette situation est encore renforcée par la concentration de personnes de même origine sur les lieux de travail et d'habitation.

Les migrants originaires du Sahel, particulièrement ceux appartenant aux trois ethnies les plus représentées, pulaar, soninké et manjak, maintiennent et développent des pratiques culturelles ethniquement spécifiques. La promotion de la langue fait partie intégrante de ces activités culturelles puisqu'il existe en France des associations de promotion des langues et des cultures pulaar et soninké dont un des buts est l'acquisition de la langue du groupe par les enfants. Or, dans leur région d'origine, ces langues sont doublement minorées puisqu'elles sont dominées à la fois par les langues officielles: le français au Sénégal, au Mali et en Guinée Conakry, l'arabe en Mauritanie et par les langues véhiculaires qui sont en expansion, le wolof au Sénégal et le bambara au Mali. L'expansion du wolof au Sénégal est parfois perçue par les locuteurs de langues vernaculaires minorées comme un danger pour leurs langues et leurs cultures. On assiste en France à la manifestation d'une identité qui s'affirme à la fois face à la culture française mais aussi à l'identité nationalo-étatique africaine symbolisée par les véhiculaires et à la culture arabo-musulmane. Dans ces conditions, la transmission de la langue et de la culture qui rattachent les individus à un groupe linguistique et culturel spécifique intéresse non seulement les parents mais l'ensemble de la communauté. Ne pas le faire ce serait s'exposer à la réprobation de la communauté en France et en Afrique. Du reste, les glottopolitiques familiales sont quelquefois très strictes puisque le père peut interdire le français à la maison, y compris dans la communication entre enfants devant les adultes.

A l'inverse, les glottopolitiques familiales mises en place par les ressortissants des autres régions consistent, dans la plupart des cas, à privilégier le français dans la communication parents-enfants au détriment des langues africaines et ce dès l'arrivée en France. Or les caractéristiques sociologiques de cette migration sont fort différentes. Les adultes, ayant fréquemment un niveau d'études élevé ont quitté les grandes villes d'Afrique Centrale et du golfe de Guinée dans les années quatre-vingts suite à la dégradation de la situation politique et économique dans leurs pays respectifs. Dans aucun cas la migration ne fut la délégation par une communauté d'une partie de ses membres pour assurer la survie du groupe mais a relevé de l'initiative individuelle des sujets qui sont venus tenter leur chance en France ou ont fui la misère et la répression. Il n'existe pas de communauté structurée des ressortissants de ces pays.

Toutefois, l'absence de structuration communautaire n'explique pas à elle seule le faible emploi des langues africaines dans la communication parents-enfants. Le lingala, par exemple, qui est la langue d'Afrique centrale la plus représentée dans l'agglomération rouennaise, continue à être parlé quotidiennement par les adultes congolais lorsqu'ils se rencontrent et par les enfants entre eux avec une fonction cryptique ou grégaire. L'emploi majoritaire du français avec les enfants relève donc d'un choix. Le français, langue de la modernité est privilégié par rapport aux langues africaines car selon un de mes informateurs *'le français est une langue de promotion sociale pour leurs enfants'*. L'identité linguistique que les adultes choisissent de privilégier est celle de l'appartenance à la communauté francophone, qui comprend, outre les personnes vivant sur le territoire français, l'élite intellectuelle africaine. Du reste, le lingala, comme d'autres véhiculaires du Congo-Brazzaville ou du Congo-Kinshasa, est un véhiculaire urbain qui n'est la langue d'aucun groupe ethnique. Véhiculant une identité urbaine mais ne rattachant pas les individus à un groupe ethnoculturel traditionnel, il ne peut symboliser la langue des ancêtres ou du terroir pour les adultes. De plus, le lingala était associé au pouvoir du maréchal Mobutu dans l'ex-ZaÔre alors que nombre de personnes originaires de ce pays ont dû s'exiler pour des raisons politiques. On comprend aisément que dans ces conditions cet idiome ne bénéficie pas d'attitudes positives.

La description binaire opposant deux types de glottopolitiques familiales consistant à privilégier le français ou allant jusqu'à l'interdire devant les adultes doit être comprise comme la description des deux pôles opposés d'un continuum. Plus fréquemment, les deux langues sont coprésentes dans la sphère familiale et l'on assiste à une double médiation linguistique et culturelle entre les générations où les enfants, le plus souvent dominants en français, jouent le rôle de médiateurs linguistiques vis-à-vis des institutions, traduisent les textes écrits qui parviennent à la maison et apprennent le français aux cadets alors que les parents transmettent leur langue première dans laquelle ils restent dominants. Le parler bilingue c'est-à-dire empruntant des éléments aux deux systèmes est alors employé dans de nombreuses situations de communication, notamment lorsque le thème s'y prête. Du reste le parler bilingue est majoritaire quand les deux générations sont coprésentes et ce quelles que soient les LAF. L'emploi du parler bilingue augmente lorsque les enfants grandissent et lorsque la durée du séjour des adultes s'accroît. Il devient alors le parler unificateur de la famille migrante dont l'identité linguistique s'est modifiée du fait du séjour en France.

2. L'identité linguistique des enfants

Les facteurs intervenant dans l'identité linguistique des adultes dépendent des situations sociolinguistiques africaines et de l'histoire langagière des individus. Or, l'identité linguistique des enfants majoritairement nés en France est nécessairement divergente de celle de leurs parents du fait des différences de vécu et de socialisation. Les enfants ont des sentiments linguistiques favorables vis-à-vis de leur LAF, quelles que soient les pratiques langagières en milieu familial et la maîtrise qu'ils en ont. Ils souhaitent améliorer leur compétence en LAF, y compris par le biais de cours et la transmettre à leurs futurs enfants. C'est un véritable bilinguisme français-LAF qu'ils souhaitent pour eux même et la génération future. Du reste, le désir de transmission est un bon révélateur de la manière dont les enfants vivent leur bilinguisme et leur appartenance biculturelle. On remarque une disjonction entre pratiques et attitudes pour les enfants et les adolescents qui ne pratiquent que peu ou plus la LAF à la maison. Le tableau suivant montre que les écarts constatés dans les pratiques langagières déclarées selon les régions d'origine s'estompent pour les attitudes.

Tableau N°3

Souhaites-tu transmettre ta langue à tes enfants?				
	oui	non	ne sait pas	non réponse
Sahel	87 %	10 %	3 %	0
Autres	67 %	32 %		1 %

La réponse la plus fréquemment donnée pour justifier le souhait fut: '*c'est ma langue*'. La langue africaine familiale est la langue d'appartenance pour les enfants qui est, selon la définition de L. Dabène '*La langue envers laquelle le sujet fait acte d'allégeance et qu'il considère comme définissant son appartenance communautaire*' (1994: 24). Le possessif est en outre presque toujours employé pour déterminer le mot langue que ce soit sous la forme *ma, notre, ou leur*, le possesseur étant alors les enfants à naître.

Par ailleurs, l'analyse des plus de 300 réponses exprimées à la question ouverte *'Pour quelles raisons?'* a montré que la LAF, même lorsqu'elle est très peu pratiquée et que l'enfant n'a jamais séjourné en Afrique, remplit des fonctions identitaires importantes puisqu'elle symbolise les origines des sujets, la terre des ancêtres et l'appartenance au groupe familial et ethnique ici et en Afrique. Les enfants et adolescents souhaitent pouvoir communiquer avec les membres de leur groupe en langue africaine, accéder à la connaissance culturelle inaccessible en dehors de la langue dans laquelle elle s'actualise et partant se définissent comme membre d'un groupe minoritaire en France dont la spécificité est l'existence de racines africaines.

L'identité ethnique, comme les autres composantes de l'identité, n'est pas quelque chose de figé ou d'immuable. Que ce soit dans les sociétés rurales africaines ou dans les sociétés urbaines post-industrielles, elle se définit dans un espace d'interactions avec d'autres groupes par des processus d'imputation et d'auto-imputation. Les parents, dans la plupart des cas, continuent à définir leur identité ethnique par rapport à la situation africaine où on est Diola, Soninké ou Sérère par rapport aux groupes voisins, Bambara, Manjak ou Wolof, par exemple. La langue a une importance particulière dans la définition de l'identité ethnique en Afrique puisque, dans la majorité des cas, le même nom désigne la langue et l'ethnie qui la parle.

Toutefois, les enfants qui ont grandi dans une société post-industrielle définissent leur identité ethnique en fonction de leur propre expérience, de ce qui les rapproche et les différencie des autres groupes et de cette composante de l'identité que leurs parents leur transmettent. Or, dans les banlieues pluriethniques dans lesquelles j'ai enquêté, une vingtaine de nationalités peuvent être représentées dans un établissement scolaire. La confrontation entre la culture du pays d'accueil et celle de leurs parents est loin d'être binaire.

Parmi les justifications du choix de transmission données par les enfants, celles sous la forme *'je suis'* ou *'ils seront'* renseignent sur l'identité ethnique qu'ils se définissent. Celles-ci renvoient à trois espaces distincts: le continent, le pays et le groupe ethnique. Les seuls répondants qui ont mis en avant une identité spécifique à un groupe ethnique particulier sont pulaar: *'je suis pulaar'* ou *'je suis de cette langue'*. Ils appartiennent au groupe qui a le plus conscience de sa spécificité pour des raisons à la fois historiques et liées à la situation de marginalisation des Peuls dans certains pays d'Afrique (Guinée, Mauritanie). Plus fréquemment c'est l'identité nationale qui est mise en avant surtout pour les enfants sénégalais, manjak, pulaar ou soninké, majoritaires dans l'échantillon. L'identité ethnique définie par les enfants n'est plus la même que celle de leurs parents, elle s'est élargie en situation de migration au contact d'autres groupes et de l'image renvoyée par la société d'accueil.

J'ai souligné plus haut que les grandes langues véhiculaires ne symbolisaient pas une identité ethnique au sens anthropologique du terme mais une identité urbaine et/ou nationale. Or, lorsque l'identité ethnique des sujets s'est élargie préalablement vers une identité nationale dans les grandes villes d'Afrique, comme c'est le cas pour de nombreux adultes congolais (Congo-Brazzaville et Congo-Kinshasa), l'identité auto-désignée de leurs enfants devient une identité continentale qui s'actualise dans des réponses telles que: *'je suis avant tout africaine'*. Cette réponse fut aussi donnée par une adolescente wolof parlant la langue véhiculaire et majoritaire au Sénégal.

En outre, la majorité des enfants appellent spontanément leur LAF: *l'africain, le sénégalais* ou *le congolais* si on ne leur fait pas préciser. Pourtant, ils ont conscience de l'existence du plurilinguisme dans leur pays d'origine et de la fonction véhiculaire de certaines langues. La langue africaine familiale réfère à un terroir symbolique autre que la France mais l'univers auquel on se sent appartenir n'est plus, à la différence de leurs parents, le groupe ethnique au sens anthropologique du terme mais le pays ou le continent. L'identité ethnique et linguistique s'est modifiée en France d'une génération à l'autre au contact des autres groupes présents dans l'environnement.

Curieusement, il n'y eut que deux réponses sur plus de trois cents mettant en avant une identité biculturelle: *'C'est mon pays et je lui apprendrai le français'*. C'est que les enfants et les adolescents ont été amenés à définir leur identité ethnique dans le cadre d'une enquête effectuée par une femme française en milieu scolaire. Par cet acte de langage, ils ont signifié une altérité dans l'interaction. Il est probable que devant un(e) Africain(e) les réponses revendiquant une identité française ou biculturelle aient été plus nombreuses.

3. Conclusion

La langue africaine familiale est une composante importante de l'identité des enfants issus de l'immigration d'Afrique noire car elle rattache l'individu à un groupe social et culturel et permet aux individus d'avoir des origines, des racines. Cette fonction identitaire est avant tout symbolique puisqu'elle est attestée dans les déclarations des enfants indépendamment de leurs pratiques langagières en milieu familial. En outre, le parler bilingue, bien qu'il soit employé dans la majorité des familles migrantes africaines et qu'il unifie les pratiques verbales des membres qui ont des répertoires verbaux différents selon les générations, n'est pas perçu comme un marqueur d'identité. Il réfère à l'ici et maintenant du vécu des sujets mais n'est pas, pour l'instant, porteur d'histoire.

Références

Dabène, L. (1994). *Repères sociolinguistiques pour l'enseignement des langues*, Hachette: Paris.

Guespin, L. et Marcellesi, J.B. (1986). 'Pour la glottopolitique', *Langage* n° 83, Larousse: Paris: 5–34.

Leconte, F. (1996). *Ils parlent en black. Pratiques et attitudes langagières de la deuxième génération africaine*, Thèse de doctorat, Université de Rouen, Rouen.

Leconte, F. (1997). *La famille et la langue. Étude sociolinguistique de la deuxième génération africaine dans la région rouennaise*, L'Harmattan: Paris.

Manessy, G. (1992). 'Norme endogène et norme pédagogique en Afrique noire' dans *Multilinguisme et développement dans l'espace francophone*, Paris: Didier Érudition: 43–80.

Martinielleo, M. (1995). *L'ethnicité dans les sciences sociales contemporaines*, Paris: P.U.F.

Annexe

QUESTIONNAIRE SOCIOLINGUISTIQUE

Date de naissance: _____
Sexe: _____
Classe: _____
École: _____
Profession du père: _____
De la mère: _____

Lieu de naissance: _____
Durée de ton séjour en France: _____
Durée de séjour en France de ton père: _____
De ta mère: _____
Âge des frères et soeurs: _____
Pays d'origine de tes parents: _____

Ton père est-il allé à l'école?   [oui]   [non]
Jusqu'à quelle classe?_____
Ta mère est-elle allée à l'école?   [oui]   [non]
Jusqu'à quelle classe?_____

Dans quelle(s) langue(s) as-tu appris à parler? _____
(exemples: diola, manjak, soninké, pulaar, wolof, lingala, hausa, mandingue, etc....)
Quelle est la langue maternelle de ton père? (la langue dans laquelle il a appris à
parler)? _____
Quelle est la langue maternelle de ta mère? _____

Quelle(s) langue(s) parlez-vous quand vous êtes à table?
En quelle(s) langue(s) parles-tu d'événements touchant ta famille?
En quelle(s) langue(s) t'exprimes-tu sous le coup d'une émotion?
En quelle(s) langue(s) tes parents font-ils ton éducation?
En quelle langue fais-tu le récit de ce qui se passe en classe à tes parents?
En quelle(s) langue(s) t'adresses-tu spontanément à ta mère?
A ton père?
A tes frères et soeurs?
En quelle(s) langue(s) ta mère s'adresse-t-elle à toi?
Ton père?
Tes frères et soeurs?

Expliques-tu parfois des mots en français à tes parents? _____
Combien de fois es-tu allé dans le pays de tes parents? _____
Quelle(s) langue(s) parlais-tu là-bas? _____
Penses-tu bien parler ta langue maternelle? _____
Aimerais-tu mieux la parler? _____
Mieux la connaître? _____
Souhaiterais-tu qu'il existe des cours? _____
Souhaites-tu transmettre ta langue maternelle à tes enfants? _____
Pour quelles raisons? _____
Parles-tu ta langue maternelle avec d'autres adultes que ceux de ta famille? _____
Dans quelles circonstances? _____
Avec d'autres enfants? _____
Dans quelles circonstances? _____
Penses-tu que ce soit un avantage de parler plusieurs langues? _____
Quelle est la langue qui te semble le plus difficile à apprendre? _____
Quelle langue préférerais-tu apprendre en premier lieu?_____

Pour des raisons de place, la liste des questions ci-dessus ne rend pas compte de la présentation du questionnaire distribué dans les écoles et les collèges. Signalons que toutes les questions portant sur les pratiques langagières étaient précodées: langue maternelle – français – mélange – une autre langue, laquelle?

The Socio-stylistic Function of Linguistic Variation in Standard French

Nigel Armstrong, University of Newcastle

1. Introduction

In this article I examine the socio-stylistic role of phonological variation in English and French in the light of evidence drawn from patterns of variable phonology found in various corpora of these languages. Specifically, I consider whether it is indeed possible to propose a general model of the function of variable phonology in expressing social identity, even to the extent of generalising across two highly standardised languages spoken in countries which are fairly closely comparable in their present social and industrial organisation, although differing in their sociolinguistic histories. I also consider whether the suggestions put forward in an influential article by Bell (1984) concerning the relation between social and stylistic variation are valid across the two languages.

Among the findings which have emerged from the quantitative work carried out on variable language data in the Labovian paradigm over the last 35 years or so, those concerning variation on the levels of phonology and syntax are now numerous enough, certainly in English, to permit consideration of the relative importance of the phonological and grammatical linguistic levels for the signalling of different aspects of a speaker's social identity. It is taken as axiomatic here that speakers employ language to situate themselves in 'multi-dimensional [social] space' (Hudson, 1980: 12); the most frequently studied social or extra-linguistic dimensions being age, sex, social class and speech style. Hudson (1980: 44–8) makes the interesting suggestion that syntactic variation tends to be suppressed in speech communities who share a standardised language (and perhaps in unstandardised languages too). In contrast, phonological variation, which is less susceptible to standardisation, may serve to mark a speaker's affiliation to certain 'ascribed' or (quasi)-permanent identity groupings (regional origin, age, sex; social class to a lesser extent).

Clearly, the ways in which linguistic identity maps onto cultural and national identity in France are very distinctive, and have perhaps been affected most saliently by the high degrees both of standardisation and levelling which the French language has undergone: these terms are used here to refer respectively to the processes of diminution of linguistic variation that occur, on the one hand in response to 'top-down' institutional pressures operating supra-regionally, and on the other as a result of more localised acts of accommodation taking place 'horizontally', at the peer-group level. These processes have produced in France a situation where, to an extent found perhaps nowhere else, linguistic identity is very closely associated with national identity: to be French is to have competence in a more or less close approximation to standard French. At the same time, the standardisation and levelling of French have proceeded unevenly along the linguistic levels of pronunciation, grammar and lexis, one apparent result being the rupture of that intimate association between speakers' social and regional identities as expressed in variable phonology that is so characteristic of the British dialectal pattern. It is this social-regional dissociation in French that I aim to explore here.

Compared to the large volume of quantitative sociolinguistic findings on British and American English and Canadian French, the literature on continental French is not very copious, but I propose here to present some data from metropolitan French which provide revealing insights into the issues outlined above.

Any account of social variation in phonology also necessarily concerns stylistic variation given the close relation between these two extra-linguistic levels of variation, and the theory of the relationship between social and stylistic variation we will examine here as an integral part of the discussion is that formulated by Bell (1984). Bell developed his theory of 'audience design' with the aim of constructing a coherent account of social-stylistic variation in spoken language. The postulate of Bell's theory which is relevant here is that it is the 'audience', in the sense of the hearer(s) or reader(s) of a text, who are primarily responsible for causing the speaker or writer to 'design' the stretch of language in question in response to the social characteristics of the audience, by pitching the language at a certain point on the formal-informal style continuum. There are of course several factors which provide an input into the choice of speech style: topic; setting; degree of formality, itself probably determined above all by the degree of intimacy subsisting between the colocutors; degree of self-monitoring or attention paid to speech production; channel (face-to-face interaction, telephone, radio broadcast); the tone or tenor of the interaction, whether solemn, facetious, sarcastic etc. Several of these factors are of course closely interrelated. One of Bell's aims was to provide a principled account of stylistic variation capable of systematising rather messy taxonomies such as that given above. Bell's theory will be discussed in more detail below, in relation to the variable language data under examination.

This article is organised as follows: firstly I examine some well known patterns of phonological variation in English, with a view to determining their relation to socio-stylistic variation. I then survey phonological variation in northern French with the same object, subsequently attempting to account for the fact that phonological variation in 'standard' (i.e. northern or non-meridional) French appears to have been rather successfully levelled out, at least in comparison with the situation in Great Britain. In a final section I summarise my suggestions regarding the differences between phonological variation in English and French.

2. Patterns of phonological variation in English

The literature on sociolinguistic variation in English is very substantial, and space is lacking here to conduct a comprehensive survey of phonological variation reported in English. I will therefore discuss the distinction between the two much discussed characteristic patterns of variation seen in the classes of phonological variation termed 'markers' and 'indicators', since these categories imply a definition of the phonological variable in terms of the relation between social and stylistic variation.

Markers tend to show steep differentiation patterns, as well as an interaction between the effect of speech style and other social variables, typically class. An example discussed by Trudgill (1974) is the widely quoted Norwich (ng) variable (*walking ~ walkin'*), which shows very considerable variation along the dimensions of class, sex and speech style. For example, female informants in Norwich assigned to the MMC social-class category (middle middle-class: professional and managerial) displayed zero realisation of the non-standard variant, while females assigned to the LWC category (lower working-class: unskilled) showed 100% realisation rates (Trudgill, 1974: 94). This pattern is closer to the sharper, near-qualitative pattern alleged to be characteristic of syntactic variation (Romaine, 1984: 86; Wolfram, 1969: 205, quoted by Hudson, 1980: 45). The effect of speech style on treatment of (ng) was similarly dramatic for all speaker groups except MMC. Chambers and Trudgill (1980: 83–6) attempt to explain the style-class interaction typical of marker variables by suggesting that speakers are more aware of their sociolinguistic value, for various reasons; for example, they propose that the (ng) variable has marker status because the standard variant is clearly marked in spelling. Its apparent absence in speech therefore suggests illiteracy, even though the relationship between the two variants is more accurately expressed as an arbitrary alternation (between a dental and a velar nasal) rather than in terms of presence/absence. An analogous example in English is the glottal stop variable, where again only the standard variants (/p/, /t/, and /k/) are indicated in spelling. One implication is that vocalic variables, whose representation in spelling (at least in English) is less direct, or more complex, may have in general sociolinguistic value related to regional origin rather than social class; at least in the sense that English orthography does not favour the standard vowel system over non-standard systems. As Labov points out (1994: 347), a northern speaker of British English wishing to acquire the distinction between the set of words exemplified by the pair 'putt' and 'put' and differentiated in Received Pronunciation by two distinct back vowels, cannot rely on spelling as a guide. Thus, the guidance provided by the spelling of the 'putt' and 'put' is contradicted by 'puss' and 'pus'.

This is well illustrated by the example of the vocalic variable (a:), again reported in Trudgill's Norwich study. Trudgill describes Norwich (a:) as an indicator variable, which shows a considerable degree of differentiation along the dimensions of class and sex, but little style variation. The standard variant of (a:) is a long low-back unrounded vowel, as in standard British English 'cart', while the non-standard variant is front: [ka:t]. One might adduce both linguistic and extra-linguistic factors as determining the lesser sociolinguistic value of this variable, reflected in its non-involvement in style variation. The lexical split between front and back 'a' is complex and not reflected particularly accurately in English orthography, although of course an orthographic 'r' after 'a' always indicates a long back vowel in standard English. As to sociolinguistic factors, it may be that Norwich (a:) constitutes principally a regional variable; the (a:) variable, unlike (ng) or the glottal stop, is highly localised; it is found also in Cardiff (Mees, 1990) and the north-west but is neither a nationally recognised shibboleth nor perceived stereotypically as used by lower-class speakers. It may be that variables which are perceived as having local connotation, rather than as principally lower class, are viewed less unfavourably as being associated with 'home team' values, perhaps especially in cities, such as Norwich or Cardiff, which possess distinctive local characteristics.

It would be possible to multiply examples from English of variables whose behaviour is similar to the two types described above. Whether markers or indicators, many if not most variables in English appear to show large degrees of differentiation along the most studied social dimensions. Those which show what Chambers and Trudgill call 'sharp stratification' (1980: 82) seem to bear some resemblance to syntactic variables in that some speaker groups show quasi-categorical behaviour in their treatment of the variables. As mentioned above, this may be partly because their use is perceived as being associated with illiteracy; from illiteracy, it is but a short step to perceived low intelligence. Again, a parallel may be drawn with syntactic variation, where such non-standard features as multiple negation and negative concord may be popularly associated with illogicality and cognitive deficiency.

However this may be, it appears that patterns of phonological variation in English endorse Bell's view (1984: 152–3) of the relationship between social and stylistic variation: Bell asserts that the relation is a derivative one, stylistic variation deriving from social. Whether or not this is the case (see Biber and Finegan, 1994: 315–347, who argue the opposite view), it is clearly true that social and stylistic variation in English are closely associated insofar as speakers sense that formal styles call for prestige language, at all linguistic levels. It also appears plausible that linguistic variation conditioned by social class will tend to exceed stylistic variation quantitatively, if only because no one speaker or speaker group will command the entire stylistic spectrum as reflected in the range of socially-conditioned linguistic variation. We discuss this socio-stylistic relationship as it relates to French more fully in the following section.

Perhaps the most important point for the purposes of the present discussion is the linguistically arbitrary character of phonological variation in English. The variables discussed above involve alternation between arbitrary variants, and explanations of non-standard variants which rely on ease-of-articulation arguments have for the most part little foundation in fact (see Chambers, 1994: 232–37 for a detailed discussion). It is of course true that connected-speech processes such as elision and assimilation are found in rapid, casual speech styles, but these styles appear to be the property to varying degrees of all social groups. Furthermore, connected-speech processes are not phonetically arbitrary, but are motivated by linguistic factors such as higher speech rates and ease-of-articulation strategies.

In the next section I look at patterns of phonological variation in French, with the object of comparing the socio-stylistic patterns found in this language with those reported in English.

3. Patterns of phonological variation in French

The sociolinguistic literature on French is substantial; Blanche-Benveniste and JeanJean (1987: 201–209) list 47 corpora of spoken French, although not all of these were collected with a view to sociolinguistic enquiry. Most work on French in the variationist paradigm has focused on the Canadian variety, and the very large corpora collected by Sankoff and Cedergren (1971) and Poplack (1981), respectively in Montreal and Ottawa-Hull, have been much studied with a view to analysing variability. However, it seems legitimate to state that the majority of Labovian variationist research in French, both metropolitan and Canadian, has been concerned with grammatical rather than phonological variation. Thus, Blanche-Benveniste and JeanJean (pp.189–200) also categorise research on spoken French by area of linguistic inquiry; out of 14 categories, 12 are concerned with syntax and morphology. Research into phonological variation in metropolitan French has been developed principally within a functionalist perspective, perhaps most notably by Martinet (1945, 1962, 1974) and Walter (1976, 1982). Lavandera (1981: 129–228), in a long article discussing sociolinguistics in the Romance languages, points out that a long-established tradition exists in Romance philology which '[relates] linguistic facts to social, economic or political facts' (p.130). At the same time, Lavandera notes 'the indifference toward the American model [which] can be found in France' (p.157).

This relative neglect of phonological variation in French, at least in the quantitative Labovian framework, may reflect an intuitive awareness of the lesser sociolinguistic importance of variable phonology in French. It is a matter of common (impressionistic) observation that social-regional differences of pronunciation are less strongly marked in France (leaving aside the major north-south dialect division) than for example in Britain. For instance, Lodge (1993: 256), debating whether the current linguistic situation in France can be described as diglossic, cites several examples of the 'numerous' phonological reductions which result in Low forms (i.e. forms used in casual speech styles), but also remarks that the 'syntactic differences between High (formal) and Low styles in French are particularly strongly marked', and further that 'it is probably in the lexicon that style-shifting in French is indicated most obviously'. However this may be, a number of studies concerned with phonological variation have reported familiar patterns of variation in metropolitan and especially Canadian French.

The phonology of French has given rise to a great deal of research in the generative paradigm, notably on liaison, schwa and the nasal vowels. But in comparison with the volume of theoretical research published, the sociolinguistic literature on metropolitan French phonology is not enormous. Phonological variables commonly reported are the following:

- deletion of schwa;
- deletion of the liquids /l/ and /r/;
- variation between front and back /a/;
- centralising/fronting of (o), as *joli > jœli*;
- neutralisation of the mid-vowels.

Studies of the deletion of schwa and of /l/ and /r/ and of the levelling of the mid-vowels (see Armstrong, 1993 for a review of these) are perhaps most frequent in the quantitative paradigm applied to metropolitan French variable phonology. Although, as stated above, evidence is scarce, some researchers have reported relatively sharp differentiation patterns similar to those found in English; for example, Laks (1977), in a network study of a group of six Parisian working-class adolescent males who were relatively similar in respect of their social class (L/MWC), reported a correlation between deletion of /r/ in word-final syllables (as in *quatre, chambre*) and adherence to non-mainstream behaviour such as petty crime and truancy. Deletion rates varied between 45% and 100% for individual speakers. Another researcher who studied spoken French in Tours (Ashby, 1988) reported rather modest degrees of variation between social groups in deletion of /l/ in the French clitic pronouns and definite articles. The greatest degree of variation reported was between an elision rate of 50% (for all linguistic contexts aggregated) for older MC females and almost 90% for younger males irrespective of social class.

Perhaps the most interesting aspect of these results is the absence of a dramatic contrast between the very high elision rates reported by Laks, who recorded his informants in informal style in the course of relatively long-term participant observation, and those of Ashby, whose elicitation methods were closer to the classic sociolinguistic interview developed by Labov. In other words, even the rather formal interviews that Ashby conducted did not elicit the type of pattern commonly seen in English, where MC speakers show almost total avoidance of non-standard phonological variables. This suggests that the social-stylistic relationship found in English variable phonology may be a good deal less salient in French. I now present some further data which bring the social-stylistic relationship characteristic of French pronunciation into sharper focus. These data are drawn from a corpus of spoken French recorded in eastern France in 1990 (described in Armstrong, 1993). This corpus will firstly be briefly described.

The corpus of speech was recorded in 1990 in Dieuze, a small town in the Moselle *département* in the Lorraine region of north-eastern France. The recordings were made in the town's 11–18 secondary school, in which all the informants were pupils, and where the researcher had some years previously been English language assistant.

The informants were recorded in two styles, designated henceforward 'interview' and 'conversation'. In interview style, informants were recorded one-to-one with the researcher. Conversation style was elicited by the use of 'peer interviews', i.e. the recording of two or three informants of the same age and sex, in the absence of the researcher. Interview style has been assumed to be the more formal of the two.

The direct influence of social class has not been examined in the Dieuze data, but one might expect that the influence of this variable would be associated with the two demographic variables whose influence has been examined, sex or gender (I use the cultural term 'gender' henceforth) and age. The variable of gender may be expected to influence linguistic behaviour, given that many previous sociolinguistic studies have reported a tendency on the part of females towards greater use of the forms which are characteristic of prestigious social class dialects. An alternative analysis is proposed by Milroy (1992: 163–179), who discusses two cases (glottalised stops on Tyneside and despirantisation of interdental fricatives in New York City) where the use of non-standard forms is a norm better analysed as male than working-class. Milroy argues that gender needs to be considered as a separate dimension of social differentiation, rather than in terms of social class as has generally been the case in sociolinguistics. The social variable of gender may therefore influence linguistic behaviour independently of social class, at least for some variables. This issue is discussed more fully below.

The social variable of age may show up a pattern of the progressive acquisition of stylistic competence through the greater use, with increasing age, of linguistic forms to signal appropriate speech styles, these forms again drawn from various points on the social class dialect continuum.

The sub-sample of 20 informants is therefore differentiated by the social variables of gender and age. Two age groups were recorded: 11–12 and 16–19 years. Social class has not been included as a variable, since no consistent patterning of the data with this variable has been observed. There are thus five speakers per group.

The linguistic variable under discussion is the consonant /r/, which undergoes variable deletion in French in certain linguistic contexts. Its standard realisation in French is as a uvular trill, but it is often realised as a fricative, approximant or as zero. Results will first be presented for /r/-deletion in the contexts which are relevant to the present discussion. Table 1 shows a relationship between social and stylistic variation which was found to be typical of almost all phonological variables studied in the Dieuze corpus.

Table 1 shows variable deletion rates for French /r/ in the phonological context: obstruent + /r/ in a word-final syllable (Or henceforward), an environment where the consonant is very susceptible to elision following deletion of schwa. Two phonological contexts of pre-pause and pre-consonant have been aggregated because deletion rates are similar in these contexts, and because aggregating data in this way gives higher values for N and hence more reliable results. The deletion of /r/ in these contexts is a well-known feature of everyday spoken French. Thus for example, *l'autre jour* will reduce very often in non-formal styles to *l'aut' jour*; similarly, *j'en ai quatre* will often reduce to *j'en ai quat'*.

Table 1: Total numbers (N) and percentage deletion rates (%) for /r/ before a consonant and a pause (aggregated): e.g. in *l'autre jour, j'en ai quatre*

	Interview		Conversation	
	N	%	N	%
Males 16–19	143	**58.7**	155	**78.1**
Females 16–19	124	**62.1**	198	**79.3**
Males 11–12	83	**57.8**	225	**84.0**
Females 11–12	176	**47.2**	162	**58.6**

It is evident that for this variable, the effect of style is more important than other extra-linguistic factors, in this case gender and age. This style effect has been tested for statistical significance using the test known as Analysis of Variance, which shows the effect to be highly significant for all groups aggregated ($p < 0.002$). It can be seen that style shift considerably exceeds social variation, most notably for the older males and females, who behave almost identically in terms of their deletion rates in both interview and conversation styles. If one leaves aside the younger females, who relative to the other three groups show little style shift for most variables, it is clear that the older males and females and the younger males appear, irrespective of the demographic factors which differentiate them, to be in agreement in treating *Or* as a salient marker of speech style.

One issue that needs to be considered in relation to the socio-stylistic pattern shown in table 1, is the possibility that these large degrees of style shift (large relative to degrees of social differentiation) may be attributable in part to the fact that the data were elicited using two relatively distinct speech events, rather than in the course of one, as in the standard Labovian interview. The two situations might therefore be differentiated more sharply in terms of Bell's 'audience design' criterion than are the 'casual' and 'formal' parts of the standard sociolinguistic interview; these latter terms refer respectively to spontaneous and reading styles. In conversation style, the Dieuze informants were talking to their peers, while in the interviews, they were talking to the fieldworker: an adult male whose first language was not French. Therefore the 'audience' was very different across the two speech styles. However, what is perhaps more salient in table 1 than the fairly large degree of style shift shown by most speaker groups, is the rather modest degree of social differentiation between the groups. It is this aspect of the pattern observable in table 1 that I propose to discuss now.

The relationship shown in table 1 is of course the inverse of that typical of the marker variable commonly reported in English, where style variation does not normally exceed variation between social groups. However, the foregoing explanation leaves intact the following problem: if speakers are aware of the stigmatised nature of a connected-speech feature such as pre-vocalic /r/-deletion, why does this feature not appear to function like a marker variable, sensitive to social as well as style variation? The answer may of course be simply that the Dieuze speaker sample is not differentiated sufficiently to show large degrees of variation along the traditional social dimensions. The difference between French /r/ and many English variables reported is that the latter usually show considerable degrees of social differentiation, typically according to class, gender and age. This raises the question whether social class is generally the most salient variable in marking social variation across speech communities; the implication for the Dieuze data presented here might be that style shift exceeds social differentiation for the variables presented above because the social range of the speaker sample is relatively narrow, i.e. because the social variable of gender tends to reveal less sharp patterns of differentiation. Social class has tended to be regarded as the most salient factor differentiating social groups, and discussion of linguistic markers and indicators has generally been discussed by Bell (1984) and by others (see Chambers and Trudgill, 1980: 82–4) in terms of the interaction between social class and style differentiation. This emphasis on social class reflects sociolinguists' perception that this speaker variable is 'the most likely independent variable to correlate with linguistic innovation' (Chambers and Trudgill, 1980: 167), this latter phenomenon representing perhaps the central concern of quantitative sociolinguistics.

It is perhaps unsurprising that little age-related differentiation has been observed in the Dieuze sample, given the rather small difference between the two age groups; but larger degrees of differentiation according to gender might have been expected. Several researchers have reported considerable degrees of gender-related grading in children and adolescents (Cheshire, 1978; Aniansson, 1981); Romaine, 1978 reports greater degrees of non-standard usage by boys than girls as early as six years of age. The relative absence of a gender-related effect in table 1 reveals a pattern of greater style variation than social, a pattern which is alleged by Bell (1984: 153–4) to be untypical of the relationship between social and stylistic variation. Bell suggests that social variation (as opposed to stylistic) is primary in terms of the organisation and functioning of society. Complex societies undergo division into groups, some of which enjoy more prestige than others; the language of prestige groups comes to be highly prized and perceived as being more appropriate to formal speech styles. This raises the question of the relation between linguistic variation according to social class on the one hand, and gender on the other. As was mentioned above, sociolinguists have generally examined the influence on variable linguistic behaviour of this unequal distribution of prestige in terms of social class. If one assumes that social-class dialectal patterns are primary as regards the influence of social organisation on variable language use, as Bell suggests, then the corollary is that they govern, or in some way influence, variation according to gender, the social variable of interest in table 1, such that social class is the principal axis of variation, to which variation conditioned by other social variables (gender, age, ethnicity, etc.) refers symbolically. As Eckert (1989: 248) expresses the situation: 'Labov's original (1966) findings in New York City clearly lined up socio-economic class, style, sound change, prestige, and evaluation on a single axis'; and further (p.249): 'sex differences placed along this [socio-economic] continuum are seen in relation to it; hence, when men and women differ in their use of sound [variation and] change, this tends to be explained in terms of their different orientation to class.' Whether or not this analysis is correct (Eckert goes on to criticise it), it seems true that in many speech communities, women adhere to 'prestige' linguistic forms more closely than men, whether or not one might wish to analyse this prestige in social-class terms. This analysis is in need of qualification: the 'sociolinguistic gender pattern' is often presented as a preference on the part of women for more 'conservative' or less innovative speech forms. This seems to be true of stable linguistic variables, but female speakers have been reported as the agents of new sound changes in several studies, including the earliest sociolinguistic survey (Gauchat, 1905). However, what is of relevance here is that, whatever aspects of their social identity female speakers may be construed as wishing to signal through the use of overtly prestigious linguistic forms, we may postulate: (a) that the axes of social class and gender that are related in sociolinguistic variation along these axes may be interpreted in relation to the variable use of linguistic forms describable in various terms: 'standard', 'conservative', etc.; and (b) gender-related differentiation can operate in a way that seems to be independent of social class, such that it may be observable in speaker samples that are relatively uniform with respect to their social class.

The two examples adduced by Milroy (1992: 163–179) and mentioned above (glottalised stops on Tyneside and despirantisation of interdental fricatives in New York City) show considerable degrees of gender differentiation occurring within social classes and perhaps independently of class variation. J. and L. Milroy (1978) report a further example of quite spectacular patterns of gender-differentiation within a homogeneous social class sample, from their findings in Belfast. Thus there seems to be no *a priori* reason to rule out the possibility of a pattern of sex-related linguistic differentiation in the Dieuze speaker sample, which as we have seen is also rather homogeneous for the point of view of social class.

Returning to Bell's interpretation of the social-stylistic relationship, the audience design theory was formulated in response to an earlier suggestion (Labov, 1972: 99) that the principal factor which determines the degree of (in)formality in speech is the degree of self-monitoring, or attention paid to speech production, exercised by the speaker. Bell argues that self-monitoring is a lower-order, mechanical factor which intervenes between choice of style and language production. Bell applied the insights of the communication accommodation theory of social psychology (cf. Giles and St Clair, 1979) to a wide range of sociolinguistic data, concluding (i) that a speaker's choice of speech style is conditioned by the social status of the addressee(s) (social status taken in a broad definition and including at least age, gender and social class); and (ii) that speech style and social status are related in that formal speech events call for the use of prestigious language varieties. A central assumption is that speakers wish to 'accommodate' their speech to resemble that of their addressee, in order to enhance co-operation and win approval, whereas speakers may of course prefer to 'diverge' their speech so as to mark social distance. As was mentioned in the previous section, in this sense style variation derives from social variation; the important point of this argument for the purposes of the present discussion is the quantitative relation between social and style variation. Bell (p. 153) asserts that primacy of social variation means that variation along this dimension will always exceed style variation: 'style variation [...] derives from and mirrors 'social' variation. As is the habit of mirrors, the reflection is less distinct than the original'.

This argument appears plausible in a speech community where pronunciation differences serve to differentiate social groups. However, the case of northern French may be otherwise; if one accepts that in this dialect phonological variation has been suppressed or lost, to a greater degree than in English, and to the extent that social differences by and large do not in French find expression on the phonological level, then it may be that phono-stylistic variation in French is motivated by mechanical factors such as speech rate and self-monitoring, rather than derived from socially diagnostic differentiation as postulated by Bell's audience design principle.

The foregoing argument is endorsed by the findings discussed above, drawn from the Dieuze corpus. They concern weak phonological segments which are susceptible to elision in casual speech, in contrast to many of the phonological variables found in

English, whose variables alternate in an arbitrary (i.e. phonetically unmotivated) way. Thus much stylistic variation in French may be 'natural' in a way that stylistic variation in English is not. If true, the consequence of this for Bell's theory would be that the relationship between social and stylistic variation which seems to hold in English, is not valid in French. This is because French phonology may have been standardised sufficiently for the relationship to have been ruptured. The paucity of findings reported on phonological variation in French precludes a strong claim being made in this regard; in particular, very little work indeed has been reported on stylistic variation in metropolitan French. But if true, this state of affairs would have the following implications:

(i) As stated above it would imply, at least on the phonological level, that the elements of Bell's audience design theory which are relevant here – namely that stylistic variation derives from social and that speakers vary their speech production according to the social status of their addressee – may not be universal, at least not in pronunciation. The evidence from French adduced here suggests, on the contrary, that phono-stylistic variation in French phonology may be largely a product of rapid-speech processes, notably the elision of weak unstressed segments (schwa, /l/, /r/) and the neutralisation of mid-vowel oppositions.

(ii) The implication which follows from the foregoing is that grammatical variation in French may share similarities with phonological variation in other languages. As was mentioned above, Lodge (1993: 256) suggests that grammatical variation is more salient in French than phonological. Clearly, this suggestion is in need of much qualification and clarification: grammatical variation is not monolithic and in French ranges from low-level morpho-syntactic variation such as deletion of the negative particle *ne*, up to high-level syntax such as variation in interrogatives. These observations are of course also true of English variable grammar. What is at issue here is whether variable syntax is an area of the French language in which all French speakers participate. This issue is subsidiary to the present argument, which principally concerns French phonology, but one might remark that the available evidence on French variable grammar is negative in relation to its possible categorical nature; for example, both Valdman (1982) and Coveney (1990) report variation in interrogatives which is probabilistic for all social groups and speaking styles examined. Indeed, Valdman is expressly concerned to demonstrate that all French speakers, irrespective of social class, employ non-standard linguistic forms in casual speech, as the title of his article implies.

4. Summary and conclusion

The data presented here suggest that in French, a language whose pronunciation has been standardised to a relatively high degree, certainly in comparison to English, the relationship between social and stylistic variation is quite different from that obtaining in other languages; in particular, the audience design model of socio-stylistic variation proposed by Bell may not be valid for French variable phonology. In addition, the social functions of phonological and grammatical variation may be distributed differently across French and English.

One question that emerges from the foregoing data and argumentation is whether one can talk of a normal or 'default' socio-stylistic state of affairs in a given language. One could argue that the British English situation is rather idiosyncratic in respect of its phono(-socio)-stylistics; social and regional pronunciation differences are intimately linked in British English, such that regional accents, especially urban accents, are by and large perceived to be lower-class accents. The most prestigious English accent, RP, is also the so-called 'regionless' accent. This situation does not seem to obtain in France, or indeed to have been reported elsewhere.

Clearly, every nation has its own distinctive socio-political history which will have contributed to its current linguistic situation. The historical reasons for the rather high degree of levelling/standardisation of French pronunciation are complex, and it is difficult to determine the relative roles of institutional and other factors (social, geographical and economic) in this process. Certainly it is undeniable that, as Judge remarks (1993: 7), 'France is famous for the degree of state interference in linguistic matters', but the extent to which this planned interference has been successful in suppressing variation in French is another matter. A detailed discussion of the history of the standardisation of French is beyond the scope of this article, but it is worth pointing out that in a recent discussion, Lodge (1993: 219–29) emphasises the influence of socio-economic factors (rather than direct government initiatives) in the levelling of northern French pronunciation: universal conscription, dating from the Revolution and the subsequent wars of intervention; increasing geographical and social mobility as a result of the development of national markets; the relatively late urbanisation and industrialisation of France, which prevented the formation of distinctive urban vernaculars, such as are found in the old industrial centres of Britain. Lodge (p. 229) makes the further point that it is not only standard Parisian linguistic forms which have diffused into the provinces: 'if the diffusion of Parisian French into the provinces had been solely top-down and principally the result of official education policies, we would have expected speakers of French in the provinces to use few forms derived from the Parisian vernacular'. In other words, the distinctiveness of the French situation lies in the fact that it is non-standard linguistic forms, phonological, grammatical and lexical, that have diffused from Paris to the provinces; paradoxically, the vernacular Parisian sound system has subsequently supplanted regional systems and become the 'standard' accent.

The crucial point which emerges from the foregoing is that the history and present state of French confutes, or at least goes against Hudson's (1980: 44) suggestion that phonology is inherently more resistant to standardisation. Societal factors may conspire to level pronunciation to a high degree across a wide area. Of course, the observation that French pronunciation has been standardised to a high degree remains to be tested systematically, but agreement on its uniformity, if impressionistic, is widespread; for example, Hawkins (1993: 56) remarks that 'it is impossible to tell, simply from listening to a speaker of standard French, with a standard accent, where that speaker comes from'.

Corresponding to this uniformity in French pronunciation may be a greater degree of probabilistic variation in grammar. This impression also remains to be tested systematically; the existing evidence is negative as to the categorical nature of grammatical variation in French. Finally, the audience design model of socio-stylistic variation may be invalid for French, in pronunciation at least. Thus Bell's model may have universal application, but on different linguistic levels in different languages.

If this model is accurate, it is ironic that variability in the grammatical system, the linguistic level which has been perhaps the principal object of so much normative pressure exerted by French educators and grammarians (cf. Duneton, 1984), should have become the property of all French speakers, used by them in everyday speech for the expression of the multiple aspects of their social identity.

References

Aniansson, E. (1981). Barns språkliga förmåga: Redogörelse för ett par test, FUMS Rapport, No 84, Uppsala (cited in S. Romaine, 1984).

Armstrong, N.R. (1993). A Study of Phonological Variation in French Secondary School Pupils. Unpublished PhD thesis, University of Newcastle upon Tyne.

Ashby, W.J. (1988). 'Français du Canada/français de France: divergence et convergence', *French Review*, 61/5: 693–702.

Bell, A. (1984). 'Language Style as Audience Design', *Language in Society*, 13/2: 145–204.

Biber, D., and Finegan, E. (1994). 'Register and Social Dialect Variation: an Integrated Approach', *Sociolinguistic perspectives on register*, Biber, D. and E. Finegan (eds.), Oxford: Oxford University Press: 315–47.

Blanche-Benveniste, C., and JeanJean, C. (1987). *Le français parlé: transcription et édition*, Paris: Didier.

Chambers, J.K., and Trudgill, P. (1980). *Dialectology*, Cambridge: Cambridge University Press.

Chambers, J.K. (1994). *Sociolinguistic Theory*, Oxford: Blackwell.

Cheshire, J. (1978). 'Present Tense Verbs in Reading English', *Sociolinguistic Patterns in British English*, Trudgill, P. (ed.), London: Edward Arnold: 52–68.

Coveney, A. (1990). 'Variation in Interrogatives in Spoken French: a Preliminary Report', *Variation and Change in French*, Green, J.N. and Ayres-Bennett, W. (eds.), London: Routledge: 116–33.

Duneton, C. (1984). *A hurler le soir au fond des collèges; l'enseignement de la langue française*, Paris: Seuil.

Eckert, P. (1989). 'The Whole Woman: Sex and Gender Differences in Variation', *Language Variation and Change*, 1: 245–67.

Gauchat, L. (1905/1980). 'L'unité phonétique dans le patois d'une commune', *Aus Romanischen Sprachen und Literaturen. Festschrift Heinrich Morf*, Geneva: Slatkine Reprints: 175–232.

Giles, H., and St Clair, R.N. (eds.) (1979). *Language and Social Psychology*, Oxford: Blackwell.

Hawkins, R. (1993). 'Regional variation in France', *French Today: Language in its Social Context*, Sanders, C. (ed.), Cambridge: Cambridge University Press: 55–84.

Hudson, R. (1980). *Sociolinguistics*, Cambridge: Cambridge University Press.

Judge, A. (1993). 'French: a Planned Language?', *French Today: Language in its Social Context*, Sanders, C. (ed.), Cambridge: Cambridge University Press: 7–26.

Labov, W. (1966). *Social Stratification of English in New York City*, Washington DC: Center for Applied Linguistics.

Labov, W. (1972). *Sociolinguistic Patterns*, Phildelphia: University of Pennsylvania Press.

Labov, W. (1994). *Principles of Linguistic Change: Internal Factors*, Oxford: Blackwell.

Laks, B. (1977). 'Contribution empirique à l'analyse socio-différentielle de la chute de /r/ dans les groupes consonantiques finaux', *Langue Française*, 34: 109–125.

Lavandera, B. (1981). 'Sociolinguistics', *Trends in Romance Linguistics and Philology, Volume 2: Synchronic Romance Linguistics*, Posner, R. and Green, J.N. (eds.), The Hague: Mouton: 129–228

Lodge, R.A. (1993). *French: from Dialect to Standard*. London: Routledge.

Martinet, A. (1945). *La prononciation du français contemporain*. Paris: Droz.

Martinet, A. (1962). *A Functional View of Language*, Oxford: Oxford University Press.

Martinet, A. (1974). *Le français sans fard*, Paris: Presses Universitaires de France.

Mees, I. (1990). 'Patterns of Socio-phonetic Variation in the Speech of Cardiff Schoolchildren', *English in Wales*, N. Coupland (ed.), Clevedon: Multilingual Matters: 167–194.

Milroy, J., and Milroy, L. (1978). 'Belfast: Change and Variation in an Urban Vernacular', *Sociolinguistic Patterns in British English*, Trudgill, P. (ed.), London: Edward Arnold: 19–36.

Milroy, L. (1992). 'New Perspectives in the Analysis of Sex Differentiation in Language', *Sociolinguistics Today: International Perspectives*, Bolton, K. and Kwok, H. (eds.), London: Routledge: 163–79.

Romaine, S. (1978). 'Postvocalic /r/ in Scottish English: Sound Change in Progress?', *Sociolinguistic Patterns in British English*, Trudgill, P. (ed.), London: Edward Arnold: 144–57.

Romaine, S. (1984). *The Language of Children and Adolescents*, Oxford: Blackwell.

Trudgill, P. (1974). *The Social Differentiation of English in Norwich*, Cambridge: Cambridge University Press.

Valdman, A. (1982). 'Français standard et français populaire: sociolectes ou fictions?', *French Review*, 61/2: 219–227.

Walter, H. (1976). *La dynamique des phonèmes dans le lexique français comtemporain*, Paris: Droz.

Walter, H. (1982). *Enquête phonologique et variétés régionales du français*, Paris: France Expansion.

Wolfram, W. (1969). *A Sociolinguistic Description of Detroit Negro Speech*, Washington DC: Center for Applied Linguistics.

Entre pratiques et représentations linguistiques: le lexique des Belges francophones

Michel Francard, Université catholique de Louvain (Louvain-la-Neuve)

1. À propos des représentations linguistiques

La dynamique identitaire à l'oeuvre dans des communautés de locuteurs est un objet de recherche encore peu exploré par les (socio)linguistes qui ont longtemps circonscrit leurs investigations aux seules *pratiques* linguistiques. Or il s'avère indispensable d'élargir le champ conceptuel et méthodologique dès qu'on envisage d'étudier non seulement ces pratiques, mais aussi la dynamique par laquelle elles se voient dotées de légitimité. D'où la prise en compte de *l'imaginaire linguistique* du sujet parlant (Houdebine, 1982) ou des *représentations linguistiques* des locuteurs (Francard, 1993: 9–11; Gueunier, 1997: 246–252).

Ces représentations linguistiques – qui font partie des 'images mentales' construites dans les échanges sociaux – ne nous donnent pas un accès direct aux pratiques que nous avons l'habitude de décrire. La représentation est une forme de savoir qui porte nécessairement la marque du sujet qui la construit: il y a donc un décalage inévitable entre le référent (les pratiques linguistiques effectives) et les représentations échafaudées par le locuteur. En outre, ces représentations, tout en étant la construction et l'expression d'un sujet, sont des formes de connaissance socialement élaborées et partagées. Mais de ce produit collectif, nos investigations ne recueillent que des bribes à travers différents types de support, dont le discours épilinguistique est, à mes yeux, une des formes les plus riches. Enfin, les études de psychologie sociale montrent clairement que ces représentations – pas plus que les systèmes linguistiques – ne sont ni homogènes, ni cohérentes, ni immuables au sein d'un groupe donné.

Mais pourquoi s'obstiner à vouloir prendre en compte un objet aussi difficilement saisissable, aussi gauchi par ses conditions de production, aussi décalé par rapport à ces pratiques linguistiques qui, à défaut de faire notre bonheur, constituent un ordinaire tout à fait acceptable? Notamment parce que Labov a prétendu qu'une communauté linguistique se fonde moins sur une convergence de formes que sur une convergence de normes. Affirmation qui, à mes yeux, légitime moins l'existence d'une communauté que la nécessité d'étudier les modes de production des normes – qui sont des représentations sociales.

Les études ne manquent pas pour souligner que le choix de certaines variables linguistiques peut être mis en corrélation avec les représentations linguistiques des locuteurs; ou que ces mêmes représentations permettent de comprendre l'exploitation de ressources linguistiques à des fins identitaires; ou encore que les représentations donnent de précieuses indications quant au pronostic de survie de telle ou telle variété en danger d'étiolement. Et bien d'autres illustrations peuvent nous convaincre de la nécessaire prise en compte, dans l'étude linguistique d'un groupe donné, des processus de construction et de transformation des représentations sociales.

2. L'insécurité linguistique en Belgique francophone

J'aimerais étayer ces considérations générales par une analyse fondée sur la situation de la Communauté française de Belgique, une institution politique de la Belgique fédérale qui se fonde sur un critère de solidarité culturelle et linguistique et qui unit les francophones de Wallonie et de Bruxelles sous l'égide du français[1].

Le groupe de recherche VALIBEL[2], que j'anime à l'U.C.L., s'attache depuis 1989 à étudier les pratiques et les représentations des Wallons et des Bruxellois francophones. Au départ de matériaux variés (corpus textuels oraux, enquêtes quantitatives, productions épilinguistiques, etc.), nous tentons notamment d'explorer l'imaginaire linguistique de ces locuteurs des marches de la francophonie, en contact à la fois avec des langues germaniques (néerlandais, dialectes flamands, allemand, dialectes germaniques) et des parlers romans endogènes (wallon, picard, gaumais).

Cette analyse, toujours en cours, s'est partiellement construite autour du concept d'insécurité linguistique[3], lequel présente, en Communauté française de Belgique, quatre traits définitoires (Francard *et alii*, 1993: 14–17):

- la sujétion linguistique par rapport à la France;
- l'auto-dépréciation de la variété linguistique endogène;

- le recours à des stratégies de compensation au sein d'un double marché linguistique;
- le pessimisme des 'clercs' face à l'avenir du français.

Plusieurs de ces facettes ont déjà fait l'objet d'études antérieures (voir Francard, 1994, 1996; Francard *et alii,* 1993). Je me limiterai ici à traiter des stratégies de compensation que peuvent déployer les locuteurs belges francophones, en illustrant mon propos par des données lexicales.

3. Des stratégies de compensation au sein d'un double marché linguistique

3.1 *Cadre théorique*

Ma réflexion s'alimente à une double source: l'analyse du 'marché linguistique' proposée par P. Bourdieu (1982: 59 sv.) et les travaux sur la diglossie. Il s'agit de pourvoyeurs d'hypothèses assez connus pour me dispenser de les présenter longuement.

Les langues ou les variétés de langue qui se trouvent en contexte diglossique ne sont pas simplement juxtaposées dans des niches fonctionnelles étanches. Elles se disputent ces espaces de fonctionnalité; plus exactement, les locuteurs redéfinissent sans cesse les territoires dévolus aux variétés ou aux langues en présence. Cette vision de la diglossie, à la fois dynamique et conflictuelle, explique pourquoi des locuteurs en quête de légitimité linguistique développent des stratégies parfois très complexes pour éviter d'être confinés dans une inféodation paralysante à la variété ou à la langue présentée comme légitime. Cela a été bien illustré notamment par les travaux du *Grup Català de Sociolingüística,* par les recherches sur la diglossie franco-occitane (Gardy & Lafont, 1981) ou, en Belgique romane, sur la diglossie franco-wallonne (Francard, 1989), qui montrent que la langue ou la variété minorisée se voit parée d'une série d'attributs qui sont refusés à la langue ou à la variété dominante.

Le cadre de la diglossie dynamique m'apparaît comme un modèle fécond pour comprendre les rapports qui s'établissent entre d'une part le français de référence, c'est-à-dire le français légitime, le français de Paris, le 'bon français' et, d'autre part, le français tel qu'on le pratique dans la 'périphérie' notamment en Wallonie ou à Bruxelles. Il permet de comprendre que la hiérarchie linguistique, sans être remise fondamentalement en question, est néanmoins instable et peut faire l'objet de négociations. C'est ici que la notion de 'marché linguistique' peut s'inscrire dans mon analyse, et plus précisément une distinction opérée par D. Lafontaine (1986: 120) entre le marché linguistique officiel et le marché linguistique restreint ('régional' ou 'local'). Le marché linguistique officiel est celui de Paris, celui de la légitimité; le marché restreint est celui des communautés périphériques, comme par exemple la Wallonie. D. Lafontaine (1988) a montré, dans une analyse des perceptions de l'accent régional, que des locuteurs pouvaient à la fois reconnaître la légitimité de la prononciation parisienne et prendre leurs distances vis-à-vis de ce modèle dès que l'on se trouve sur un marché plus restreint (qui était la région de Liège dans l'étude de D. Lafontaine). Les francophones de Wallonie sont disposés à accepter la légitimité 'parisienne' sur le marché linguistique officiel, mais adoptent d'autres normes sur le marché restreint: il est généralement mal vu, en Wallonie et à Bruxelles, de 'pincer son français' ou encore de 'fransquillonner' dans les relations entre pairs.

Ces stratégies de compensation, qui sont rendues possibles par l'existence de plusieurs marchés linguistiques, expliquent pourquoi plusieurs normes sont en concurrence, alors même qu'une hiérarchie est par ailleurs clairement installée. Nous sommes dans le même cas de figure que celui de la diglossie dynamique.

3.2 Illustrations dans le domaine lexical

Je voudrais illustrer ces stratégies de compensation au départ de données lexicales. Pourquoi ce choix? Parce que le lexique, en Wallonie et à Bruxelles, présente, à la différence de la syntaxe ou de la prononciation, un certain nombre d'innovations, et pas seulement des archaïsmes ou des emprunts aux dialectes. De plus, et c'est là aussi une différence essentielle vis-à-vis de la syntaxe, certains traits lexicaux peuvent être légitimés, y compris dans les productions écrites, tandis que les tours syntaxiques perçus comme 'belges' sont évités, sinon proscrits, à l'écrit et dans les communications orales formelles. Le choix du lexique fournit donc une typologie plus variée que les autres secteurs linguistiques.

Je vais évoquer trois cas de figure, trois situations de non-coïncidence entre la forme reconnue sur le marché officiel (dans les dictionnaires de référence p.e.) et la forme en usage dans le marché restreint.

3.2.1 Absence de realia commun

Le cas le moins intéressant est celui où la non-coïncidence est due au *realia*, ou plutôt à l'absence de celui-ci. Il y a peu de chance pour que vous entendiez parler du *haveneau* en Wallonie, tout simplement parce que ce 'filet utilisé sur les plages sablonneuses pour la pêche à la crevette et aux poissons plats' risque ... de ne jamais être utilisé. Pour rester dans un domaine proche, on comprend qu'un Parisien ne sache pas ce qu'est un *maatje*, parce que ce jeune hareng (que l'on déguste préparé au sel) ne doit guère fréquenter la

Seine. Dans ce genre de situation, l'on se contente, si l'emploi du mot s'impose, d'emprunter la dénomination à la variété concurrente. J'assimilerai à ce cas ce que l'on appelle, à la suite de Pohl, des statalismes[4], c'est-à-dire des formes linguistiques dont l'emploi cesse ou est considérablement raréfié dès que l'on passe une frontière, soit le plus souvent des termes officiels ou administratifs. Là encore, le *realia* n'est pas exactement le même: nos *échevins*, par exemple, qui sont des conseillers municipaux adjoints au maire (nous disons: au *bourgmestre*), n'ont pas d'équivalents exacts en France. Et si nos bourgmestres sont, comme les maires, les premiers magistrats d'une municipalité, la dénomination administrative de la fonction dans les textes officiels oblige à utiliser en Belgique la forme en vigueur dans le marché restreint.

3.2.2 Absence de la dénomination dans le français de référence

Plus intéressant est le cas où le marché restreint dispose d'un mot pour désigner une réalité connue de tous, mais qui n'a pas reçu de dénomination particulière dans le français de référence. Un bel exemple est celui du mot *drève* qui désigne une 'allée carrossable bordée d'arbres', et dont on ne trouve aucun équivalent spécifique en français standard. Cas plus intéressant parce que ces formes sont régulièrement exhibées par les locuteurs du marché restreint: elles illustrent en effet comment la périphérie peut pallier une carence lexicale de la variété de référence, en d'autres termes, comment le marché restreint trouve, sur ce point précis, un surcroît incontestable de légitimité linguistique. Mais il faut avouer que, malgré le caractère emblématique de notre *drève*, ou encore de notre *aubette* (qui est maintenant recommandée en France pour supplanter *abribus*), cela touche une frange infime du lexique et ne remet nullement en question le primat de la norme 'centrale'.

3.2.3 Cas de concurrence lexicale

À la différence des exemples qui précèdent, où l'opposition se manifeste plutôt en terme d'absence et de présence, les cas de concurrence lexicale sont très instructifs. Il y a concurrence lexicale lorsqu'une même réalité reçoit des dénominations différentes selon les variétés et que les locuteurs sont conscients de cette diversité. Par contre, il n'y a pas de concurrence lexicale dans des situations où une seule forme est disponible; ainsi, de nombreux Wallons ignorent que l'ouvrier chargé de faire ou de réparer une toiture s'appelle en France un *couvreur*; il est donc normal que ces Wallons utilisent avec un sentiment de complète sécurité linguistique la forme régionale *ardoisier*, qu'ils considèrent comme légitime.

Les cas de véritable concurrence lexicale peuvent donner lieu à trois solutions potentielles: tantôt c'est la forme légitime qui s'impose, tantôt c'est la forme du marché restreint, tantôt les deux formes coexistent. Il est aisé de comprendre pourquoi une forme légitime s'impose; par contre, comment expliquer le succès d'une forme non reconnue comme légitime? Ou, plus précisément, comment une forme associée au marché restreint trouve-t-elle sa légitimité au détriment de la forme officielle?

Il est peu fréquent qu'une forme identifiée comme non légitime se maintienne au détriment de la forme officielle dans les pratiques d'une majorité de locuteurs d'une communauté périphérique. Peu fréquent, mais pas impossible, comme le prouve le système de computation en vigueur en Belgique francophone, où *septante* et *nonante* n'ont pas de peine à s'imposer face aux concurrents *soixante-dix* et *quatre-vingt-dix*. Certes, depuis belle lurette, les formes *septante* et *nonante* sont reconnues et diffusées par les canaux les plus officiels. Et elles n'ont jamais subi, à ma connaissance, les assauts des puristes. Tel n'est pas le cas pour le mot *friture*, employé chez nous au sens de 'friterie, baraque de marchand de frites', et qui a attiré sur lui les foudres des puristes, lesquels n'ont pourtant pas réussi à l'évincer complètement au profit de la forme de référence. C'est un des rares exemples, à ma connaissance, où la forme du marché restreint subsiste en dépit des anathèmes puristes. Ici encore, qu'il s'agisse de *septante*, de *nonante* ou même de *friture*, les formes régionales se voient attribuer une valeur emblématique qui 'compense' en quelque sorte leur déficit de légitimité.

S'il est relativement rare que des formes du marché restreint s'imposent au détriment des formes légitimes concurrentes dans toutes les composantes d'une communauté, il existe cependant des acteurs sociaux qui manifestent plus que d'autres leur émancipation vis-à-vis des normes légitimes. Certains pensent pouvoir les assimiler à une strate sociale, en faisant la distinction entre des belgicismes 'populaires' et des belgicismes 'bourgeois', ces derniers faisant l'objet d'un jugement positif en terme de normativité, ce qui laisserait supposer qu'une norme belge francophone serait en train d'émerger via cette bourgeoisie, à la fois différente du français de référence et d'un français régional 'populaire' (Moreau, 1997). À l'heure actuelle, cette hypothèse d'une bourgeoisie convaincue de la légitimité linguistique de ses productions ne me paraît pas encore assurée: nos enquêtes sur les représentations des décideurs, des cadres, des journalistes ne confirment pas l'existence d'un groupe social relativement soudé du point de vue des savoirs linguistiques et des pratiques normatives qui s'en dégagent. Par contre, il me paraît possible d'identifier la presse écrite comme un vecteur privilégié pour la légitimation de certaines formes linguistiques du marché francophone belge[5]. Certes, cette évolution est liée à un contexte culturel où les chasseurs de belgicismes n'ont plus bonne presse, où la mondialisation des échanges met quotidiennement en contact avec d'autres langues, mais aussi avec d'autres variétés d'une même langue (TV 5 entre autres), où les codes sociaux connaissent de profondes mutations et où même des linguistes peuvent faire entendre leur voix dans des débats d'où naguère ils étaient évincés par des grammairiens puristes.

Il existe un autre type de concurrence lexicale, plus complexe que ceux évoqués plus haut et lui aussi issu d'une évolution récente. Le conflit, dans ce cas, n'aboutit pas à l'élimination d'une des formes en présence (le plus souvent, celle du marché restreint), mais au maintien des formes disponibles, avec réorganisation du sous-système lexical concerné. Ainsi, il y a quelques années encore, la dénomination des repas en Wallonie, malgré ses différences avec le dialecte de Paris, n'était pas menacée; elle bénéficiait d'un statut assez proche de celui du système de computation (cf. *septante* et *nonante*). Cet édifice s'est lentement effrité, notamment parce que les francophones de Belgique, très à l'écoute des chaînes françaises, sont exposés à dose massive aux variantes hexagonales; notamment aussi parce que la vocation touristique de notre pays impose, sur un espace aussi réduit, l'adoption de normes internationales, y compris dans les usages linguistiques[6]. La réorganisation du sous-système lexical pour intégrer les formes légitimes ne s'est pas limitée à un changement d'heure. En effet, vous entendez toujours en Belgique parler de *dîner* à midi et de *souper* en soirée. Mais il s'est produit une différenciation sémantique: si je suis invité à un '*dîner* de gala', je comprends sans problème que c'est le repas du soir qui est visé, et non celui de midi pour lequel l'invitation formelle parlerait plutôt d'invitation à *déjeuner*. Par contre, je continue de *souper* le soir en famille, même sans chandelle; je *dîne* avec mes amis au milieu de la journée et j'apprécie énormément le *déjeuner* du matin quand il n'est pas petit[7].

Bien d'autres exemples pourraient être proposés, et j'ai le sentiment que leur nombre ira croissant. En voici encore deux.

Le premier est celui du couple *tapis plain* (ou *plein*)/ *moquette*. Le premier terme a été condamné par les puristes, sans beaucoup de succès, sauf dans certaines publicités. Et aujourd'hui on constate une spécialisation sémantique intéressante, la forme *moquette* s'est implantée en Belgique, mais en véhiculant des connotations de luxe, de richesse, que l'on ne reconnaît pas à un modeste *tapis plain*.

Un deuxième exemple de ce que la variation lexicale, quand elle exploite les potentialités plutôt que les réduire, permet de très subtiles différenciations sémantiques, nous est fourni par la dénomination du 'premier magistrat d'une municipalité'. J'ai souligné plus haut qu'à la forme du français de référence, *maire*, la plupart des francophones de Belgique préfèrent le terme d'origine germanique *bourgmestre*. Or, tant à l'oral que dans la presse écrite, on observe en Wallonie deux formes concurrentes de *bourgmestre*. L'une, *maire*, n'est relevée que dans quelques localités proches de la frontière française, qui témoignent par là leur proximité avec notre grand voisin. L'autre, *maïeur* (ou *mayeur*), est une forme qui vient en droite ligne d'un fond commun aux dialectes gallo-romans du moyen âge, et que le parler wallon a conservée jusqu'à présent. Lorsqu'on examine les occurrences de *bourgmestre* et de *maïeur* dans la presse écrite, on s'aperçoit que le premier désigne plutôt une fonction officielle (c'est un statalisme), tandis que *maïeur* renvoie davantage au personnage qu'à la fonction. Il n'est donc pas étonnant que les journalistes emploient souvent la forme *maïeur* dans les titres, parce qu'elle constitue une meilleure accroche que son équivalent *bourgmestre*. Cet exemple montre en outre que la légitimation au sein du marché restreint ne se limite pas au seul 'français régional': même des formes senties comme 'dialectales' peuvent voir leur statut modifié.

4. Conclusion

Comme les autres traits associés à l'insécurité linguistique des Belges francophones, les stratégies de compensation tirant parti de l'existence de plusieurs 'marchés linguistiques' illustrent une des caractéristiques essentielles des représentations: leur construction dans les échanges sociaux est sans cesse remise sur le métier. Ce travail de transformation – qui n'est pas toujours perceptible dans le discours épilinguistique, dont la stéréotypie (Geron, 1994: 49) peut donner l'illusion d'une permanence des représentations –, est largement cohérent avec le postulat d'une diglossie dynamique que j'ai posé pour rendre compte de la situation des francophones de Belgique. Il me paraît en outre accréditer l'hypothèse déjà avancée (Francard, 1991: 377) d'un continuum qui mènerait du français de référence aux dialectes régionaux, continuum permettant des réorganisations multiples du système, et corrélativement, des réorganisations au plan des représentations.

Des modifications fondamentales sont effectivement en cours, tant en Belgique francophone qu'en bien d'autres endroits de la francophonie, et qui vont dans le sens d'une légitimation accrue des normes endogènes. Je m'en réjouis, parce que je suis convaincu qu'il n'y a d'avenir pour une langue comme le français qu'à la condition qu'elle joue pleinement un rôle identitaire, avec tout ce que cela suppose comme appropriation par les locuteurs et comme légitimation à l'échelle de la francophonie tout entière.

Notes

1. Pour une description de la situation (socio)linguistique de la Belgique francophone, voir Francard 1992, 1993 et 1995b.

2. On trouvera une présentation récente des recherches du groupe VALIBEL dans Francard 1995a.
On peut également consulter le site Internet du groupe à l'adresse suivante:
http://juppiter.fltr.ucl.ac.be/FLTR/ROM/VALIBEL/valibel.html

3. Ce concept a retenu l'attention des chercheurs francophones depuis quelques années. Voir Francard *et alii*, 1994; Bretegnier, 1996.

4. Si le statalisme est ici une réalité linguistique, il peut également désigner des faits de signification ou de comportement observables dans d'autres domaines: démographie, sociologie, épidémiologie. Voir Pohl, 1985: 10.

5. Cette situation, qui rompt avec une longue tradition de purisme dans les écrits de presse, n'est pas sans évoquer des situations similaires en Afrique notamment, où c'est grâce à la presse que se constituent de très intéressants corpus en 'français régional'.

6. En outre, des éléments conjoncturels peuvent jouer. Ainsi la firme Kellog's a lancé récemment dans les écoles d'importantes campagnes en faveur d'un repas du matin consistant, appelé dans cette campagne 'petit déjeuner malin'. Grâce à Kellog's, mes enfants prennent maintenant un petit déjeuner à l'heure où je persiste à prendre mon déjeuner.

7. L'observateur attentif de l'évolution du français en Belgique ne manque pas de pain sur la planche. En septembre 96, lors des pénibles 'affaires' de pédophilie qui ont marqué le pays, un juge a été dessaisi après que l'on eut constaté qu'il avait participé à une soirée de soutien aux victimes, durant laquelle un plat de spaghetti fut servi. Dans son compte rendu, un journal régional comme *L'Avenir du Luxembourg* adopta la dénomination de 'souper-spaghetti' qui était celle des organisateurs de la soirée, tandis que le quotidien bruxellois *Le Soir*, suivi par certains journalistes de la presse parlée, préféra commenter un 'dîner-spaghetti' très controversé ...

Références

Bourdieu, P. (1982). *Ce que parler veut dire. L'économie des échanges linguistiques*, Paris: Fayard.

Bretegnier, A. (1996). 'L'insécurité linguistique: objet insécurisé? Essai de synthèse et perspectives', *Le français dans l'espace francophone*, t. 2, Robillard, D. de, et Beniamino, M. (éds.). Paris: H. Champion: 903–923.

Francard, M. (1989). 'Insécurité linguistique en situation de diglossie. Le cas de l'Ardenne belge', *Revue québecoise de linguistique théorique et appliquée* 8/2: 133–163.

Francard, M. (1991). 'Français régional et francisation d'un dialecte. De la déviance à la variation', *Actes* du XVIIIe congrès international de linguistique et philologie romanes (Trèves, 19–24 mai 1986), tome III. Tübingen: Max Nimeyer Verlag: 370–382.

Francard, M. (1992). 'La vitalité des langues régionales en Wallonie. Les parlers romans', *Limes I, Tradition wallonne* 4, Bruxelles: 11–23.

Francard, M. (1993). 'Entre *Romania* et *Germania:* la Belgique francophone', *Le français dans l'espace francophone*, t. 1 Robillard, D. de, et Beniamino, M. (éds.), Paris: H. Champion: 317–336.

Francard, M. (avec la collaboration Lambert, de J. & Masuy, F..). (1993). *L'insécurité linguistique dans la Communauté française de Belgique*. Bruxelles: Service de la langue française.

Francard, M. (1994). 'Trop proches pour ne pas être différents'. In Francard *et alii* (éd.) 1994, Volume I. *Cahiers de l'Institut de Linguistique de Louvain* 19 (3–4): 61–70.

Francard, M. (avec la collaboration de G. Geron & R. Wilmet). (1994). *L'insécurité linguistique dans les communautés francophones périphériques* (Actes du colloque de Louvain-la-Neuve, 10–12 novembre 1993). Volume I: *Cahiers de l'Institut Linguistique de Louvain* 19 (3–4), 1993 [paru en 1994]. Volume II: *Cahiers de l'Institut Linguistique de Louvain* 20 (1–2), 1994.

Francard, M. (1995a). 'L'oral, un bon investissement? La banque de données VALIBEL: bilan d'un premier lustre', *Présence francophone* 46: 9–34.

Francard, M. (1995b). 'Nef des Fous ou radeau de la Méduse? Les conflits linguistiques en Belgique', *LINX* 33: 31–46.

Francard, M. (1996). 'Un modèle en son genre: le provincialisme linguistique des francophones de Belgique', *Français régionaux et insécurité linguistique* Bavoux, C. (éd.), Paris – Saint-Denis: L'Harmattan – Université de la Réunion: 93–102.

Gardy, P. & Lafont, R. (1981). 'La diglossie comme conflit. L'exemple occitan', *Langages* 61: 75–91.

Geron, G. (1994). 'Comment disent-ils leur insécurité linguistique? Analyse typologique d'un discours épilinguistique'. In Francard *et alii* (éd.) 1994, Volume I, *Cahiers de l'Institut de Linguistique de Louvain* 19 (3–4): 41–50.

Gueunier, N. (1997). 'Représentations linguistiques', *Sociolinguistique. Concepts de base*, Moreau, M.-L. (éd.), Liège: Mardaga: 246–252.

Lafontaine, D. (1986). *Le parti pris des mots. Normes et attitudes linguistiques*, Bruxelles: Mardaga.

Lafontaine, D. (1988). 'Le parfum et la couleur des accents', *Le français moderne* 1–2: 60–72.

Moreau, M.-L. (1997). 'Le bon français des Belges. D'un divorce entre norme et discours sur la norme', *Le français en Belgique. Une langue, une communauté*, Blampain, D., Goosse, A., Klinkenberg, J.-M. et Wilmet, M. (éd.). Louvain-la-Neuve: De Boeck.

Pohl, J. 1985. 'Le français de Belgique est-il belge?', *Présence francophone* 27: 9–19.

La norme et la reproduction sociale au Canada français

Monica Heller, Centre de recherches en éducation franco-ontarienne, Institut d'études pédagogiques de l'Université de Toronto

1. Introduction

Tout choix linguistique (puisque parler de norme présuppose un choix entre formes ou variétés linguistiques) nécessite un questionnement sur les raisons de ce choix. De plus, il nécessite un questionnement sur les conséquences du choix. Ici, je prends la position que la question de la norme est une question politique peu importe la situation précise en question. Néanmoins, on ne peut pas comprendre le fonctionnement politique de la norme en dehors des cadres précis du processus de construction et de contestation des normes.

Dans cet article, je vais d'abord exposer ce que j'entends par la norme; en l'occurrence, la norme comme prise de position politique. Par la suite, je préciserai ce qui me semble être le discours dominant sur la norme linguistique du français au Canada, ainsi que les sources de ce discours et ses conséquences pour le fonctionnement social des institutions éducatives de langue française en milieu minoritaire. Cet exemple me paraît utile pour deux raisons. D'abord, parce que les institutions éducatives de manière générale ont une fonction de production ou de reproduction sociale, et donc servent de sites importants non seulement pour identifier la nature de ce processus et ses conséquences, mais aussi pour des luttes concernant les valeurs sociales et culturelles de la communauté. Ensuite parce que les terrains jumeaux de la langue et de l'éducation sont depuis longtemps au coeur des tentatives des francophones du Canada pour se libérer et pour accéder à de meilleures conditions de vie.

Mon argument sera le suivant: privilégier une norme (ou même des normes) veut dire privilégier les intérêts sociaux, économiques et politiques des locuteurs de cette variété linguistique. La question de la norme doit donc être comprise dans le cadre d'une analyse du rôle des institutions éducatives comme institutions de sélection sociale et de production ou de reproduction sociale et culturelle (et donc aussi linguistique). Privilégier une norme c'est prendre position sur les intérêts à privilégier, c'est prendre position sur le genre de personne pour qui on facilite l'accès au savoir, ainsi qu'aux institutions sociales d'un groupe, et donc à l'appartenance au groupe. Au Canada français, et encore plus en milieu minoritaire, le processus est chargé, puisque les institutions scolaires sont justement censées servir d'instrument de mobilité sociale pour une minorité sous-scolarisée et marginalisée. Pour jouer un role responsable face à la population, les institutions éducationnelles, à mon avis, doivent assumer la responsabilité de rendre aussi explicite et transparente que possible leur propre prise de position face à cette question. Par le biais d'un questionnement permanent sur la norme, on arrive aussi à une réflexion sur le rôle social joué par l'institution éducationnelle, et sur ses objectifs à l'égard de l'évolution de la société canadienne-française.

2. La norme et la sélection sociale

C'est quoi finalement une norme langagière? D'une part, il s'agit d'une simple convention, qui sert à faciliter la communication en permettant aux interlocuteurs de prendre pour acquis toute une série de présuppositions contextuelles (Gumperz, 1982). En d'autres termes, une norme indique le fait que les locuteurs sont membres de la même communauté de la parole, ils et elles partagent la même compréhension de la situation et de comment on doit y agir. D'autre part, une norme n'est pourtant pas socialement neutre. Elle est une convention inventée par quelqu'un, pour une raison. Elle véhicule des valeurs sociales et culturelles spécifiques aux définisseurs de la norme. Et elle agit comme un ensemble de règles du jeu, pour permettre à ceux et à celles qui la définissent de contrôler la production et la distribution de ressources. Cela veut dire en même temps qu'elle agit de mécanisme d'inclusion et d'exclusion, c'est-à-dire de sélection sociale. Une norme n'est jamais neutre.

Comment la norme agit-elle de cette manière? Elle sert à fournir des critères d'évaluation des compétences et des capacités des individus. A partir du comportement langagier, entre autres, nous jugeons nos interlocuteurs. Ce processus imprègne toute interaction, mais devient plus chargé lorsqu'il s'agit de situations sociales où l'accès à des ressources valorisées est clairement en vue, comme une entrevue d'embauche ou un examen oral. Il est évident que l'université regroupe un ensemble important de situations clé de ce type.

Cependant, ce processus n'est pas normalement transparent, c'est-à-dire que nous n'exposons pas d'habitude les specificités sociales de nos critères d'évaluation basés sur le comportement linguistique. Les aspects sociaux de l'évaluation sont normalement invisibles. Selon Bourdieu (1977) il s'agit de la manière la plus efficace d'exercer le pouvoir. C'est-à-dire que le pouvoir s'exerce soit par la violence physique, soit par ce que Bourdieu appelle la violence symbolique. La violence symbolique consiste en l'imposition des pratiques et valeurs sociales et culturelles (comme la norme linguistique) spécifiques à un groupe sur l'ensemble d'une population. Pour ce faire, la spécificité sociale de ces pratiques et de ces valeurs doit être masquée; on fait plutôt appel à des valeurs universelles. De cette manière et les dominants et les dominés finissent par croire au bien-fondé des rapports d'inégalité existants. Si les uns exercent le pouvoir, c'est qu'ils maîtrisent mieux des savoirs universellement reconnus comme meilleurs. Si ces savoirs sont meilleurs, c'est pour des raisons également universelles. Et si la maîtrise de ces savoirs est distribuée de manière inégale à travers la population, c'est que les uns sont plus aptes, plus habiles, plus intelligents; enfin, possèdent davantage des talents individuels reliés aux caractéristiques universelles de l'être humain. En ce qui concerne la légitimation du pouvoir exercé par le biais de l'imposition d'une norme linguistique, l'on trouve d'habitude des idéologies linguistiques qui mettent l'accent sur la valeur universelle des pratiques en question. Ce qu'on entend souvent par rapport au français, c'est que le 'bon français' est plus clair, plus précis, plus pur et plus logique que d'autres variétés du français (ainsi à la rigueur que d'autres langues). Ainsi, l'idéologie linguistique neutralise, cache même, la manière dont l'imposition d'une norme fait partie de la violence symbolique par le biais de laquelle les élites exercent le pouvoir et maintiennent leur position sociale.

3. La norme linguistique au Canada français

La question de la norme du français au Canada a déjà fait couler beaucoup d'encre (voir par exemple, Bouthillier et Ménaud, 1972; Bédard et Maurais, 1983; Boudreau et Dubois, 1993; Cajolet-Laganière et Martel, 1995; Heller, 1996; Dor, 1996; Laforest et al., 1997). Surtout, ce fait révèle l'importance sociale et politique attachée à la langue, ainsi que le rôle que joue la langue dans des processus qui sont foncièrement non pas proprement linguistiques, mais plutôt sociaux, économiques et politiques. Ceci découle des formes de résistance adoptées par les francophones envers le pouvoir britannique après la conquête de la Nouvelle-France en 1763. Surtout, il s'agit d'une manière de maintenir les frontières protégeant la collectivité francophone, d'où l'insistence sur l'intégrité du système linguistique et sa protection à l'égard de toute 'contamination' de l'anglais. Mais cette orientation caractérisait surtout l'élite conservatrice qui a dominé la société canadienne-française jusqu'aux années 50 de notre siècle, une élite qui privilégiait toujours les liens avec la France (Heller, sous presse).

Après la deuxième guerre mondiale, la croissance économique et les débuts de la mondialisation permet la création d'une nouvelle élite et déclenche une réorientation du nationalisme canadien-français (Martel, 1997). Auparavant spirituel et pancanadien, le nouveau nationalisme s'enracine au Québec avec une vision modernisante de l'État-nation. Comme nous le verrons, cette nouvelle orientation a des conséquences pour ce qui est de la valeur à rattacher aux formes linguistiques associées au Canada plutôt qu'à la France (signe du tiraillement entre les tentatives d'accéder à la mobilité sociale par le biais de la maîtrise des formes de prestige et les tentatives de création d'une source locale de pouvoir par le biais de la redéfinition des formes de prestige). Même si les bases historiques de l'idéologie linguistique au Canada français demeurent importantes, pour mes fins, je voudrais cependant m'attarder davantage sur ce que je considère être les aspects les plus importants de l'idéologie actuelle de la norme. Ces aspects sont l'insistence sur des pratiques *unilingues* du français (même en situation de bilinguisme social et individuel), et une préoccupation avec la *qualité* de la langue.

Ces deux aspects sont donc directement liés au rôle que joue la langue dans les processus de mobilisation politique des francophones du Canada depuis les années 60 (quoiqu'il est possible, comme je viens de le dire, de voir des liens directs avec le nationalisme canadien-français dès le début du 19e siècle, sinon avant). Ce mouvement avait, et a toujours, comme objectif principal de permettre aux francophones d'accéder au monde moderne, et par ce fait à la mobilité sociale, non pas par la voie de l'assimilation individuelle, mais plutôt par la voie de la mobilisation collective. Il a été rendu possible en partie par les changements économiques de l'après-guerre, et par la stratégie politique d'exploiter les possibilités d'action associées au pouvoir étatique. Pour ce faire, le nationalisme canadien-français se transforma en nationalisme territorial, étatique, et foncièrement ethnique du nationalisme québécois. L'argument, nous le savons, fut et est toujours, que pour accéder au pouvoir social, économique et politique en tant que francophones, les francophones doivent jouir d'une zone unilingue francophone, qui servira de base pour développer les habilités nécessaires pour participer pleinement aux activités économiques, sociales et politiques du monde entier. De plus, cet argument se justifie à partir de l'idée que les Québécois forment un peuple distinct, une nation, qui mérite donc son propre état (un argument central à tout mouvement nationaliste depuis le 19e siècle). Ce nationalisme territorial explique pourquoi le Québec met l'accent sur l'unilinguisme francophone. Ce n'est pas que l'on rejette l'idée du bilinguisme, voire du plurilinguisme individuel, c'est plutôt l'idée que pour pouvoir être francophone bilingue, l'individu doit jouir d'espaces francophones unilingues.

Deuxièmement, à cause des caractéristiques spécifiques du mouvement de mobilisation, le Québec rencontre une difficulté quant à la définition de ce qui devient le critère principal d'inclusion et d'exclusion à la société québécoise, soit la langue française. D'une part, le mouvement se trouve légitimé par le biais des marques de la spécificité et de l'authenticité du peuple québécois, soit ce qui distingue son français du français européen ou du français dit international. Or, plusieurs de ces marques sont aussi stigmatisées comme étant du 'joual', du 'slang' ou simplement du 'mauvais français'. La contre-partie de cette situation, c'est la volonté de créer une norme québécoise, qui permettrait aux Québécois de naviguer les eaux dangereuses entre l'authenticité du joual et l'autorité du français européen (voir Jaffe, 1993 pour une description d'une situation analogue en Corse). Ce qu'on trouve donc au Québec c'est une préoccupation avec la construction de zones unilingues francophones où on parlerait un français de qualité dont les spécificités restent à definir. Cependant, la necessité idéologique d'imaginer des espaces francophones unilingues a comme conséquence qu'un aspect central de la qualité de la langue serait qu'elle manifeste des traces linguistiques de cet unilinguisme, ou à l'inverse, aucune trace du contact avec l'anglais. En termes pratiques, cela veut dire qu'être bilingue doit vouloir dire être unilingue deux fois, et non pas maîtriser des ressources linguistiques provenant de deux langues mais qui s'imbriquent les unes dans les autres dans les pratiques réelles des individus.

En dehors du Québec, ce mouvement idéologique a suscité une redéfinition de la francophone canadienne (Martel, 1997). En général, les francophones en milieu minoritaire ont suivi le modèle québécois en termes idéologiques. Cependant, c'est clair que le territorialisme géographique est impossible ailleurs (quoiqu'il existe des tentatives d'imaginer ce type d'espace en Acadie). En milieu minoritaire les francophones ont donc transformé ce territorialisme unilingue en territorialisme institutionnel. De là découlent les maintes luttes pour la gestion autonome d'institutions unilingues francophones, notamment d'institutions éducationnelles. Et au sein de ces institutions, on met l'accent non seulement sur l'importance de pratiques unilingues, mais aussi sur la qualité de la langue.

4. La norme en milieu éducationnel

Les institutions éducationnelles de langue française ont plusieurs objectifs, qui sont parfois contradictoires. Elles sont censées à la fois faciliter l'accès à la mobilité sociale et à l'intégration aux réseaux globaux à une population historiquement sous-scolarisée et marginalisée, c'est-à-dire qu'elles sont censées agir comme agentes de démocratisation de l'avancement social et d'introduction de la francophonie canadienne sur la scène internationale. En même temps, elles jettent un regard vers le passé en légitimant leurs propres efforts sur la base des caractéristiques historiques communes à la francophonie canadienne. Ceci veut dire qu'elles doivent agir comme milieux unilingues dans un contexte qui est, somme toute, au moins bilingue, et elles doivent reconnaître la valeur d'authenticité du français canadien tout en visant le français standard défini surtout en Europe.

Dans les travaux que j'ai menés en milieu scolaire, j'ai pu constater comment les participants aux activités scolaires composent avec ces contradictions et avec quelles conséquences (voir Heller, 1995). Par le biais de maintes stratégies interactionnelles et discursives, nous constatons que les écoles les neutralisent, tout en mettant l'accent sur les deux types de ressource symbolique qui sont l'apanage de la classe moyenne mobilisée: le français standard et l'internationalisation de la francophonie canadienne. Cet accent est légitimé par le biais d'un appel à la valeur du bon français et par un appel aux besoins du marché du travail international.

Dans ce qui suit, j'aimerais examiner de plus près la nature et le fonctionnement de la construction de la norme en milieu scolaire franco-ontarien. D'abord, je présenterai quelques exemples du discours institutionnel manifestant son orientation envers la norme que j'ai qualifiée comme unilingue et standardisante. Ensuite, je présenterai quelques exemples des stratégies utilisées par le personnel enseignant pour séparer le plancher public et officiel normatif du plancher écarté, privé ou autrement marginalisé qui maintient la séparation entre les phénomènes qui menacent la norme et l'image de l'école que l'on cherche à présenter en public.

L'exemple suivant est tiré d'un document produit par le Ministère de l'Éducation et de la Formation de l'Ontario pour définir le mandat des écoles franco-ontariennes. Il est clair que malgré l'appui indiqué pour l'acquisition de l'anglais (l. 18–20), on veut que l'école assure d'abord et avant tout l'acquisition d'un type de français qui caractérise les milieux unilingues, et en plus, un type que l'on qualifie ici comme 'décontextualisé', mais que l'on doit comprendre comme standardisant (l. 10–17). Notons aussi l'importance accordée à l'école dans sa fonction d'institution de reproduction sociale (l. 7–11)

Exemple 1. *Aménagement linguistique en français: Guide d'élaboration d'une politique d'aménagement linguistique* (Ministère de l'Éducation et de la Formation, Ontario, 1994, p. 9)

1   Énoncé de principe: Le mandat des écoles franco-ontariennes
2
3   -Favoriser la réussite scolaire et l'épanouissement de l'ensemble des
4   élèves, filles et garçons, dans le respect de leurs caractéristiques –
5   physiques, intellectuelles, linguistiques, ethniques, culturelles,
6   raciales et religieuses – sans égard au statut socio-économique.
7   -Favoriser chez les élèves le développement de l'identité
8   personnelle, linguistique et culturelle et le sentiment d'appartenance
9   à une communauté franco-ontarienne dynamique et pluraliste.
10 -Promouvoir l'utilisation du français dans toutes les sphères
11 d'activités à l'école comme dans la communauté.
12 -Élargir le répertoire linguistique des élèves et développer leurs
13 connaissances et leurs compétences en français, en acceptant et
14 prenant comme point de départ leur français parlé. Cette
15 compétence acquise dans l'usage décontextualisé du français
16 leur permettra de poursuivre avec succès leur apprentissage toute la
17 vie durant, quel que soit le domaine d'études choisi.
18 -Permettre aux élèves d'acquérir une bonne compétence
19 communicative en anglais, dans des conditions qui favorisent un
20 bilinguisme additif.
21 -Encourager le partenariat entre les écoles, les parents, les
22 différents groupes de la communauté ainsi que le monde des
23 affaires, du commerce et de l'industrie.
24 -Donner aux élèves les outils nécessaires pour participer à l'essor de
25 la communauté franco-ontarienne et pour contribuer avec succès à la
26 société, sur les plans social, politique, économique et scientifique.

L'exemple 2 reprend les mêmes thèmes, mais cette fois est tiré d'un texte préparé par une école secondaire de la région torontoise dans laquelle j'ai effectué la partie principale de mes recherches.

Exemple 2. École Champlain, *Répertoire des cours*, 1992–1993, p. 3

1   Usage du français: L'École Champlain est une école de langue
2   française. Toutes les activités, qu'elles soient purement scolaires ou
3   qu'elles soient culturelles ou récréatives se déroulent en français. On
4   attend également de vous que vous vous adressiez en français à vos
5   enseignant-e-s et à vos condisciples; en classe et pendant toutes les
6   activités scolaires et parascolaires. La loi sur l'éducation précise que
7   dans l'école de langue française la langue d'administration et de
8   communication est le français. Une école de langue française, en
9   plus d'être une maison d'enseignement est aussi un foyer de
10   rayonnement de cette langue et de la culture qu'elle véhicule. Aucun
11   être humain ne peut se développer harmonieusement, se réaliser
12   pleinement s'il ne maîtrise pas parfaitement cet outil de pensée et de
13   communication. Chaque enseignant-e et chaque secteur auront une
14   politique visant à vous encourager à n'utiliser que le français à
15   l'école et dans les salles de classe.

Dans l'exemple 3, nous voyons l'expression de la norme unilingue au niveau de la salle de classe. Ici, il s'agit de notes écrites au tableau noir par l'enseignante, qui essaie ainsi de formaliser les règles du comportement pour sa classe. C'est une liste de ce qu'il ne faut pas faire.

Exemple 3. 10e année, *Français général*, 1991 (notes)

1   - interruptions non-nécessaires
2   - comportement peu désiré:
3   - parler sans raison
4   - impolitesse
5   - parler une autre langue que le français

Avec ces trois premiers exemples, nous voyons clairement le fil qui relie le discours aux trois niveaux de l'institution scolaire que sont le ministère, l'école et la salle de classe. Dans les trois exemples qui suivent nous constatons comment le personnel enseignant surveille et corrige le comportement non normatif, en l'occurrence l'utilisation par les jeunes de formes trop éloignées de la norme.

Exemple 4. 10e année, *Français avancé*, 1991

	1	Martine:	pourquoi lit-on?
	2	Michel:	pour relaxer
>	3	Martine:	pour se détendre, 'relaxer' c'est anglais

Exemple 5. 10e année, *Français général*, 1991

	1	Stéphane:	elle a un *flat*
>	2	Lise:	elle a une crevaison

Exemple 6. 10e année, *Français général*, 1991

	1	Lise:	okay, qu'est-ce que vous avez compris de l'histoire?
	2		Comment s'est terminée l'histoire?
	3	Ginette:	Harpagon a retrouvé sa cassette *whatever*
>	4	Lise:	Harpagon a retrouvé sa cassette

Dans les exemples suivants, il s'agit non pas de surveiller la production linguistique des jeunes, mais bien leur propre production linguistique, puisque même si le personnel enseignant essaie de maintenir un comportement normatif, ceci n'est pas toujours possible. Dans l'exemple 7, la professeure, Aline, essaie de faire une traduction simultanée d'un document écrit en anglais, et qu'elle veut partager avec ses élèves pour de bonnes raisons pédagogiques (il s'agit d'une affiche provenant d'une université ontarienne de langue anglaise concernant les emplois auxquels peuvent mener des diplômes en sciences).

Aline s'autocorrige, et lorsqu'elle n'arrive pas à trouver un mot, laisse un élève le fournir.

Exemple 7. 10e année, *Sciences avancé*, 1991

	1	Aline:	(...) ok vous savez que l'an prochain euh vous
	2		serez au palier senior là 11 12 13 et c'est là où
	3		les cours de sciences sont pas comme un cours
	4		général où on voit un petit peu de bio un peu de
	5		chimie un peu de physique mais c'est le cours de
>	6		bio le cours de chimie (xx) j'ai reçu un genre de
	7		(pause) formulaire de l'Université Guelph, en
	8		tout cas pour vous montrer le genre de carrière

9		que tu peux avoir avec un bac en chimie ou un
10		bac en biochimie si tu as un bac en chimie
11		voici le genre de choses que tu peux faire donc si
12		une de ces choses ça t'intéresse vous venez me
13		voir prendre le cours de chimie l'an prochain en
14		11ᵉ et euh deux ans de temps après (bio?)
> 15		(bio?) ok tu peux devenir um *analytical* chimiste
16		analytique pour une compagnie d'essence tu
17		peux devenir ingénieur chimique tu peux devenir
18		euh vendeur de produits chimiques tu peux
19		travailler pour Hydro-Ontario tu peux travailler
> 20		comme les policiers comme chimiste euh
21	Marcel:	*forensic*
22	Aline:	*forensic* ouais tu peux enseigner tu peux euh
23		travailler pour fabriquer des produits euh
24		produits de beauté tu peux avec un bac en chimie
25		continuer et devenir dentiste tu peux devenir
26		directeur de recherche en industrie avec un bac
27		en chimie tu peux aussi devenir médecin
28		scientiste de l'environnement ou écologiste
29		scientiste des explosifs scientiste encore pour
> 30		*forensic* pour la police pour les (xx) euh un
31		avocat

L'exemple 8 concerne une professeure qui cherche à communiquer une idée (le 'potluck') qui lui vient de sa propre expérience de vie en milieu torontois anglophone. Pour ne pas le dire directement, elle compose une traduction, mais une traduction qui risque d'être mal comprise, parce que pas connue. Elle balise donc son anglais.

Exemple 8. 10e année, *Français général*, 1991

1	Lise:	(...) euh ce que j'aimerais qu'on fasse vendredi,
2		c'est qu'on se rencontre à la salle 155 et puis qu'on
> 3		fasse ce qu'ils appellent à la fortune du pot ou un
4		*potluck* en anglais, la fortune du pot

L'exemple suivant concerne un professeur de géographie qui partage évidemment la vie minoritaire, et qui cherche à faire le pont entre un savoir de l'extérieur de l'école (donc en anglais) et le savoir scolaire, une technique pédagogique répandue pour des matières comme les sciences ou la géographie. Encore une fois, on trouve des traductions et des balisations de l'anglais.

Exemple 9. 10e année, *Géographie avancé*, 1992

```
    1   Louis:      c'est ça et ce sont des (tuyaux?) qu'on appelle des
>   2               pipelines hein, ce sont des (xx) tuyaux qui
    3               transportent le pétrole et le gaz naturel de
>   4               l'Alberta, ce sont ce qu'on appelle des pipelines
    5               (...) les oléoducs ce sont des tuyaux qui
    6               transportent le petrole alors que les gazoducs
    7               transportent quoi?
    8   Abdi:       le gaz
    9   Louis:      (...) nous transportons des (xx) pour la
   10               consommation, par exemple, pour nos voitures et
   11               tout ça, on a besoin de pétrole, donc ici à Toronto
>  12               i ont du pétrole (...) les (xx) des pipelines je
   13               devrais dire des oléoducs pour le
```

Les trois derniers exemples démontrent d'autres incidents de ces types d'auto-surveillance en situation de contact et donc de contradiction.

Exemple 10. 10e année, *Français général*, 1991

```
    1   Lise:       (... ) alors ce qu'on va faire aujourd'hui, on va
    2               sortir les textes que vous avez eus hier sur le
    3               futur dépasse souvent la technologie [...] ça va
>   4               être uh timé, moi je pense c'est vraiment le le
    5               (pause) chronométré je devrais dire, mot
    6               anglais, okay t'as ton texte (...)
```

Exemple 11. 10e année, *Français avancé*, 1991

```
    1   Lise:       okay on passe à la partie D. Derrière le masque
    2               (pause) problème, chacune des phrases suivantes
    3               contient un sigle un sigle c'est par exemple
    4               PUMA c'est un sigle ou euh IRA c'est quoi IRA?
>   5               Ireland Irish
    6   Stéphane:   Republican Army
>   7   Lise:       army le IRA en français ce serait quoi?
    8   Christian:  l'armée républicaine de l'Irlande
```

Exemple 12. 10e année, *Géographie avancé,* 1992

1	Louis:	Dofasco, okay, Dofasco. Dofasco est un nom de
2		compagnie, le nom d'une compagnie qui ben
3		c'est une compagnie le nom de la compagnie à
4		(Hamilton?) s'appelle euh parce que vous
> 5		savez qu'en anglais le mot acier veut dire *steel,*
6		donc le nom (xx) Stelco. (...)

Dans ces exemples, on voit comment l'institution scolaire construit la norme unilingue et compose avec les contradictions qui pourraient la délégitimer. Les stratégies discursives utilisées ont l'effet de créer un espace discursif public et unilingue francophone, et de mettre en arrière-scène les comportements bilingues. Les balisations, auto-corrections, alter-corrections et traductions indiquent la position que les locuteurs prennent par rapport aux comportements bilingues: ce n'est pas nous qui disons cela, ce n'est pas à prendre au sérieux. Ces stratégies sont renforcées par les élèves de la classe moyenne, qui collaborent en limitant leur comportement bilingue aux espaces non officiel, comme les couloirs et la cour, ou en enlevant ces comportements du plancher officiel de la salle de classe en chuchotant, en utilisant la voie de la communication écrite (notes passées derrière le dos des profs, etc.), ou en réservant ces comportements pour le travail en petits groupes.

Ces orientations favorisent deux groupes, la classe moyenne d'origine canadienne-française, qui cherche justement à se repositionner dans le marché linguistique globale, marché auquel seulement les élèves de la classe moyenne peuvent avoir accès, et les élèves d'origine autre que canadienne qui ont tendance à avoir été scolarisés dans un français normatif européen. Ces élèves cherchent à se faire inclure dans les institutions canadiennes-françaises; de plus, ces institutions ont besoin de cette clientèle pour des raisons autant pratiques (maintenir les niveaux d'inscriptions) qu'idéologiques (s'ouvrir sur le monde, s'afficher comme tolérantes et non racistes). Nous constatons donc une convergence d'intérêts qui pousse les institutions éducationnelles de langue française vers une image internationale de la francophonie, et donc vers une norme linguistique plutôt standard et élitiste. Ces mêmes intérêts renforcent également l'idéologie de l'unilinguisme qui prévaut déjà dans les institutions.

Par contre, les élèves de la classe ouvrière ont une autre réaction. Pour eux et elles, le parler bilingue est leur parler ordinaire, et se relie fortement à leur identité canadienne-française. Les stratégies des autres passent clairement le message que leur français est 'mauvais' et n'a pas sa place à l'école. Ceci les rend insécures et les marginalise, ces locuteurs du français canadien authentique mais stigmatisé, qui se trouvent en plus marginalisés sur plusieurs autres plans reliés à leur statut social. Par exemple, une fille explique sa décision de lâcher un cours en disant 'Je parle mal, j'utilise beaucoup d'anglais, et il y a beaucoup d'anglais dans mon français'. Cette même fille contribue ainsi à une conversation avec deux autres camarades de classe et un membre anglophone de notre équipe:

Exemple 13. Entrevue de groupe, Mark, Diane, Simone et Claudia (élèves de 10e et de 11e années, 1994.

Mark: what happens when you use French in the classroom? do you get respect
            for your type of French or do they
Les trois: noooooo, no
Claudia: the French they're teaching us, is instead of saying *toi* I'll say *toé, moi-*
            moé okay, and that's Quebec French, that's how we
            were taught that French and now they're trying to change it to be French
            from France, *un vélo, une bicyclette* (rires, xxx)
            okay they're changing it. It's like she did this, where you put a lemon in
            your mouth and you're talking (xx)
(...)
Simone: and also last time it was Madame Martin, it was in geography class, and I
            started speaking French, and then she goes 'you know, you really have a
            bad French'. I'm like, 'excuse me Madame, my Mom taught me how to
            speak that way'. You're not gonna start dissin' my mother, because she
            kind of dissed my mother, because my Mom taught me how to speak that
            way, and I'm proud to be bilingual

Simone et Diane ont fini par décrocher de l'école; Claudia a transféré à une école de langue anglaise. Leurs trajectoires sont typiques pour des jeunes dans leur situation, quoique les garçons semblent décrocher de l'école plus facilement que les filles, possiblement en raison des possibilités d'emploi qui existent davantage pour eux que pour elles. Néanmoins, même à l'école, ces jeunes utilisent davantage que les autres l'anglais pour confronter le pouvoir et l'autorité de l'école.

Il y a donc une prise de position implicite à l'égard de la question à savoir pour qui fonctionnent ces institutions. Pour une institution démocratique, la bonne conséquence est justement l'ouverture sur la francophonie mondiale, et une remise en question des pratiques culturelles qui tendent à les exclure. Ce qui est à mon avis moins positif c'est la violence symbolique exercée à l'égard des francophones de la classe ouvrière, par le biais de la suppression et de la dévalorisation de leurs pratiques linguistiques, autant leur pratiques bilingues (alternances de code, emprunts) que les traits de leur français (phonologie, syntaxe, lexique, etc.). Cette violence symbolique fonctionne justement parce qu'elle est cachée derrière une idéologie de la langue qui ne tient pas compte de manière critique de ses propres origines sociales et politiques.

Les origines historiques de ces écoles expliquent l'investissement fait dans la construction d'une image de la francophonie comme groupe homogène, unilingue et parlant un français 'de qualité' (ce qui veut dire ne portant pas de traces du contact avec l'anglais, ni de caractéristiques du vernaculaire associé avec le passé d'un groupe marginalisé et pauvre). Ce sont les intérêts de ceux et de celles qui bénéficient de cet investissement qui finissent par définir ce qui comptera comme français, et qui comptera comme bon ou bonne francophone.

Références

Bédard. E., et J. Maurais (eds.). (1983). *La norme linguistique*, Québec: Conseil de la langue française.

Boudreau, A. et L. Dubois. (1993). 'J'parle pas comme les Français de France, ben c'est du français pareil; j'ai ma *own* p'tite langue', *Cahiers de l'Institut de linguistique de Louvain* 19 (3/4): 147–168.

Bourdieu, P. (1977). 'L'économie des échanges linguistiques', *Langue française* 34: 17–34.

Bouthillier, G., et J. Meynaud (1972). *Le choc des langues au Québec, 1760-1970*, Montréal: Les Presses de l'Université du Québec.

Cajolet-Laganière, H., et P. Martel (1995). *La qualité de la langue au Québec*, Québec: Institut québécois de recherche sur la culture.

Dor. G. (1996). *Anna braillé ène shot (elle a beaucoup pleuré). Essai sur le langage parlé des Québécois*, Montréal: Lanctôt.

Gumperz, J. (1982). *Discourse Strategies*, Cambridge: Cambridge University Press.

Laforest, M., et al. (1997). *États d'âme, états de langue. Essai sur le français parlé au Québec*, Québec: Nuit blanche.

Heller, M. (1995). 'Language choice, social institutions and symbolic domination', *Language in Society* 24 (3): 373–405.

Heller, M. (1996). 'Langue et identité: l'analyse anthropologique du français canadien'. In *De la polyphonie à la symphonie. Méthodes, théories et faits de la recherche pluridisciplinaire sur le français au Canada*, Leipzig: Leipziger Universitätsverlag: 19–38.

Heller, M. Sous presse. 'Heated Language in a Cold Climate'. In Blommaert, J. (éd.) *Language Ideological Debates*, Berlin, N.Y.: Mouton de Gruyter.

Jaffe, A. (1993). 'Obligation, Error and Authenticity: Competing Principles in the Teaching of Corsican', *Journal of Linguistic Anthropology* 3 (1): 99–114.

Martel, M. (1997). *Le deuil pour un pays imaginé. Rêves, luttes et déroutes du Canada français*, Ottawa: Les Presses de l'Université d'Ottawa.

L'avenir du cadien

Francine Girard et Chantal Lyche
Centre d'Études Supérieures d'Agder et Université d'Oslo

1. Introduction

En 1968, exactement un siècle après la *Carpetbag Constitution* qui faisait de l'anglais
la seule langue des procédures judiciaires et dont le but était l'élimination du français
dans l'État, la Louisiane devient officiellement un État bilingue et le CODOFIL
(Conseil pour le développement du français en Louisiane) voit le jour. Cette nouvelle
législation constituait le dernier espoir de tous ceux qui assistaient à la mort du français
et qui prévoyaient que cette disparition s'accompagnerait inéluctablement de la perte
de l'identité culturelle. Lors du recensement effectué en 1980 (Rossillon, 1995) plus
de 934 000 Louisianais se disaient d'ascendance française, mais 261 000 seulement
parlaient le français. Derrière ce chiffre se cache une pluralité linguistique puisqu'on
entend par français aussi bien le créole des Noirs que la langue châtiée des descendants
de colons français (les *Créoles* de La Nouvelle Orléans) ou encore le français parlé par
les Cadiens.[1] Il ne fait aucun doute que c'est cette dernière communauté linguistique
qui est de loin la plus importante et que c'est grâce à elle que la Louisiane figure parmi
les 47 communautés faisant partie de la francophonie, puisqu'au même recensement
de 1980, on comptait 230 000 francophones dans l'Acadiana, le Sud-Ouest de l'État,
fief traditionnel des Cadiens. Mais ce français, qui est indiscutablement au centre de
l'identité culturelle de la population cadienne, est attaqué sur plusieurs fronts. Il est
constamment menacé par l'anglais omniprésent, mais aussi par la variété prestigieuse
que constitue le français de l'Hexagone.

Dans un premier temps, nous donnerons un bref aperçu de l'histoire de cette
communauté, de sa distribution géographique dans l'État et nous verrons comment
langue et musique, deux éléments indissociables de l'identité cadienne, ont été le
catalyseur qui a permis d'inverser le processus d'absorption totale dans le grand
creuset américain. Nous présenterons ensuite quelques caractéristiques linguistiques

qui font du cadien une variété à part entière du français, avant d'envisager ses chances de survie face à ses deux concurrents, le français standard et l'anglais américain.

2. Les Cadiens en Louisiane

Si la Louisiane a acquis son nom en 1682, les premiers colons ne débarquent que dix-sept ans plus tard, en 1699, sous la conduite de deux Français du Canada, Pierre Le Moyne d'Iberville et son frère Jean-Baptiste Le Moyne de Bienville (Denuzières, 1995). La colonie reste faiblement peuplée et l'arrivée des premiers Acadiens en 1764 (Ancelet, Edwards et Pitre, 1991; Brasseaux, 1991) à l'époque où la Louisiane devenait espagnole est bien accueillie. Ces derniers, originaires d'Acadie, province du Canada (maintenant la Nouvelle Ecosse) colonisée en majeure partie par des colons français venus du Poitou et de la Vendée (Massignon, 1962), ont très vite été victimes des guerres incessantes entre la France et l'Angleterre. Les Acadiens, ayant refusé de prêter serment d'allégeance au roi d'Angleterre, ont été déportés massivement en 1755 lors de ce qu'ils ont appelé *Le Grand Dérangement*. Cette déportation a été très mal préparée par les autorités anglaises et la population acadienne, qui s'est montrée extrêmement docile, a été décimée. Dispersés à tous vents, les 12 000 Acadiens endurèrent de terribles souffrances et environ 2 300 d'entre eux viendront s'installer en Louisiane entre 1764 et 1788 (Brasseaux, 1991).

Les exilés acadiens proviennent en majorité de France (environ 1600) où nombre d'entre eux avaient été déportés. Ne recevant aucune aide du gouvernement français, cette population avant tout paysanne avait été contrainte à vivre dans les villes dans la misère la plus complète, et ne rêvait que de retourner aux Amériques. Les autres sont partis de la côte Est des Etats-Unis ou des camps de Halifax.[2] Les premiers arrivants s'installent au nord de La Nouvelle Orléans, sur les rives du Mississippi (la côte des Acadiens), puis le long du Bayou Teche,[3] c'est-à-dire en partant du sud, dans les paroisses de Saint-Mary, Ibéria, Saint-Martin, Lafayette, Saint-Landry et Évangéline. Avec la croissance naturelle de la population et pour répondre à une immigration de plus en plus importante, ils prennent possession des terres le long du Bayou Lafourche (paroisses de Lafourche, Assumption, Ascension).

Les Acadiens vivent isolés sur leurs nouvelles terres, mais ils restent unis et assimilent tous les nouveaux venus. C'est ainsi que toute une communauté allemande envoyée par Law pour peupler la Louisiane (la côte des Allemands) a été assimilée. C'est justement cet apport pluriethnique (indien, espagnol, anglais, etc.) qui a fait des Acadiens des Cadiens (Griolet, 1986). Cette population, pauvre, illettrée, profondément religieuse et laborieuse demeure très attachée à sa langue et à ses traditions. Du fait de leur isolement, les Cadiens sont peu touchés par les évènements politiques qui troublent la Louisiane, c'est-à-dire la brève période française, suivie de la vente aux États-Unis. Il est vrai que, jusqu'à la guerre de Sécession, le français garde un statut privilégié puisque, selon les différentes constitutions, les lois de l'État doivent être publiées en anglais et en français (Smith-Thibodeaux, 1977).

La guerre de Sécession marque la fin de cet état de grâce. À la suite des constitutions de 1864 et de 1868, le français est banni de la législation et de l'enseignement. Dans la mesure où peu de Cadiens sont scolarisés, cette suppression du français ne les affecte guère, même si ces deux constitutions marquent le début de ce que l'on pourrait qualifier de génocide linguistique. La grande fracture est causée par l'Acte d'Éducation obligatoire (Mandatory Education Act) de 1916, loi dont les effets seront les plus durables. Les enfants cadiens, qui ne parlent pas un mot d'anglais, sont contraints de suivre une scolarisation entièrement anglophone. Ils sont battus et ridiculisés, au terme *cadien* est associé celui de *demeuré*, et la honte s'installe. Cette honte est souvent suivie d'un rejet du français qui recule. Ce français, caractérisé par Valdman (1983) de *langue vernaculaire infériorisée*, est alors un handicap pour tous ceux qui aspirent à la réussite socio-économique. Il faudra la deuxième guerre mondiale où de nombreux Cadiens servent d'interprètes après le débarquement de juin 1944, pour que les Cadiens recouvrent une certaine fierté. À la fin des années cinquante, les Américains remettent en question leur politique d'assimilation à outrance et reconnaissent l'importance des différents héritages culturels et linguistiques. Certains hommes politiques louisianais prennent alors conscience du potentiel économique représenté par la sauvegarde du français et de l'héritage culturel. La législation de 1968 rend l'enseignement du français obligatoire et on assiste à la création du CODOFIL. Pourtant, la continuité linguistique avait été brisée et de nombreux Cadiens s'étaient américanisés, parmi eux d'ailleurs, le célèbre premier Président du CODOFIL, James Domengeaux, qui avait même, dit-on, des difficultés à s'exprimer en cadien! Selon le CODOFIL, les paroisses les plus francophones sont maintenant, par ordre décroissant, Lafayette, Lafourche, Saint-Landry, Vermilion, Saint-Martin.[4]

3. Le renouveau et la situation actuelle

3.1. Le renouveau

1968, nous l'avons vu, marque la fin d'un cycle infernal qui menait inéluctablement à la disparition du français et le début d'un renouveau qui conduit à une situation beaucoup plus favorable au français. Ce renouveau, amorcé au début des années soixante, est caractérisé aussi bien en Europe qu'aux États-Unis par un changement dans les mentalités avec le retour aux racines, le goût pour la différence et un regain de fierté vis à vis de l'héritage culturel. La musique occupe la première place dans ce mouvement aux États-Unis et différentes organisations nationales essaient de sauver le folklore américain. Les Cadiens sont entraînés dans cette vague lorsque des artistes cadiens sont invités, en 1964, à participer au festival folklorique de Newport aux côtés de Joan Baez et de Peter, Paul et Mary (Ancelet, Edwards et Pitre, 1991). L'américanisation de l'Acadiana s'était accompagnée d'une désaffection des Cadiens pour leur musique, et, installés dans leur honte, ils étaient persuadés d'être la risée du festival alors qu'ils sont acclamés et que c'est la gloire immédiate. Depuis lors, le succès de la musique cadienne ne cesse de s'étendre et fait même des émules en Grande Bretagne!

Mais si la musique a joué et continue de jouer un rôle central dans ce regain de fierté culturelle puisqu'elle a été l'étincelle initiale, elle n'aurait pu à elle seule assurer la renaissance et la propagation de la langue cadienne. Or l'identité culturelle ne peut se retrouver ni se maintenir sans son catalyseur, la langue commune. Cet impératif de sauver la langue a donc constitué et constitue toujours le cheval de bataille des organisations cadiennes. Dans ce contexte, les changements dans la législation de l'État, l'engagement de la France et avant tout la création du CODOFIL en 1968 ont été décisifs pour la refrancisation de l'Acadiana. En effet, le CODOFIL, sous l'impulsion de son premier président, véritable don Quichotte des bayous tardivement converti à la cause du français,[5] est parti en croisade pour la défense de la langue française et a su prendre des mesures dont les effets seront bénéfiques. Le CODOFIL est une organisation unique aux Etats-Unis et la Louisiane est le seul État qui ait créé une agence pour la défense des droits linguistiques d'une communauté.

La première tâche du CODOFIL a été l'organisation de l'enseignement du français, mais on lui doit aussi l'existence de programmes de télévision en langue française et la possibilité pour tout document légal d'être publié en français, en supplément de sa version anglaise. Ceci aurait d'ailleurs permis au conseil municipal de Church Point de mener toute une réunion en français en octobre 1976 (Oukada, 1977). Le CODOFIL dépend directement du gouverneur de l'État et son président ainsi que ses 50 membres sont nommés par le gouverneur. Selon la loi 409 de 1968 le CODOFIL est chargé:

> de prendre toute initiative nécessaire pour assurer le développement, l'utilisation et la préservation de la langue française comme elle existe en Louisiane au profit culturel, économique et touristique de l'État.

Le CODOFIL a aussi un rôle privilégié dans le domaine des relations internationales de l'État avec des pays francophones.

[Il] agit pour l'État dans la préparation des accords internationaux et dans la promotion des intérêts de la Louisiane vis-à-vis des gouvernements étrangers francophones. (Boudreaux, 1995)

3.2 La situation actuelle

Il ne fait aucun doute que, de nos jours, l'appelation *cadien* n'est plus un stigmate mais une source de fierté et, pour les Américains tout comme pour les étrangers, au terme sont associées les notions de musique et bonne cuisine. Des restaurants cadiens se sont ouverts à travers tous les États-Unis et en 1989, John Folse, un chef cadien renommé, a été invité à Moscou. La culture cadienne, de dérisoire est devenue attrayante, même si certains observateurs n'y voient encore qu'une sorte de folklore.

Pourtant le lien entre identité culturelle et langue ne saurait être trop souligné, ce dont Zachary Richard, chantre des Cadiens, est fort conscient. La bataille n'est pas encore gagnée, mais des pas de géants ont été accomplis grâce justement au dynamisme particulièrement remarquable de la musique, qui a eu un impact considérable pour le renouveau francophone. En 1975, Zachary Richard pensait le français condamné lorsqu'il avait chanté sa chanson *Réveille,* un manifeste contre les Anglais, à un festival de musique cadienne. Le public n'avait pas réagi et déçu, le chanteur décide de continuer sa carrière en anglais. Pourtant, en 1993, la même chanson était reprise en choeur par des milliers de jeunes![6] Il suffit de se promener en Louisiane pour se rendre compte de la vitalité de la musique cadienne. Nous citerons comme unique exemple le Cajun Radio Show qui se tient à Eunice tous les samedis soirs et qui est diffusé en direct sur les ondes radiophoniques. C'est le rendez-vous des Cadiens, mais aussi des Américains de tous les États-Unis et des étrangers. La langue dans laquelle les chanteurs s'expriment reste le français, même si certains ne le parlent pas. Il ne fait aucun doute que la popularité des chanteurs cadiens hors des frontières de l'État est l'un des facteurs déterminants pour l'avenir du français en Louisiane.

Ce désir puissant de *récupération* de la langue qui émane de la musique constitue une base solide sur laquelle le CODOFIL peut s'appuyer. Le CODOFIL, nous l'avons vu, joue un rôle de premier plan pour la sauvegarde du français, mais tous ses efforts seraient vains s'il n'y avait, dans la population, la volonté de parler français. Son travail a fait tache d'encre et le CODOFIL est aujourd'hui secondé par de nouvelles organisations et par un ensemble d'actions ponctuelles dont l'initiative revient à la communauté cadienne. Parmi ces nouvelles organisations, *Action Cadienne,* dont nous donnons ici une partie du manifeste, a été fondée au printemps 1995:

Etant donné que la langue française telle qu'elle nous a été transmise de génération en génération est la source profonde de notre identité, par ce document nous déclarons notre objectif de soutenir la langue française en Louisiane, d'établir sa continuité et d'assurer à chaque Cadienne et Cadie la connaissance de son héritage.

La seule façon réellement efficace d'apprendre le français est l'immersion. Donc, nous réclamons l'immersion française et l'éducation bilingue pour chaque étudiant le désirant dans les 22 paroisses reconnues officiellement comme l'Acadiana.

Et fidèle à son manifeste, Action Cadienne s'est lancée dans un projet de création de programmes d'immersion comprenant également l'enseignement de l'histoire cadienne. Ces programmes d'immersion existent maintenant dans 13 écoles de la Louisiane et sont suivis par 9000 élèves aussi bien à la maternelle qu'à l'école primaire. Ils sont destinés en priorité aux enfants non-francophones désireux de devenir bilingues. Le français est utilisé exclusivement pendant 60 à 65% de la journée scolaire. Les enfants ont d'abord deux heures et demie de langue anglaise et l'enseignement de toutes les autres matières se fait ensuite en français. Le succès de ces programmes est total et seul un facteur économique freine leur extension.[7]

Mais Action Cadienne ne limite pas ses efforts à l'introduction du français dans les écoles. Pour que la jeune génération soit réellement francophone, il est nécessaire qu'elle entende le français non seulement à la maison et à l'école, mais aussi à la télévision, à la radio, dans la rue et dans les magasins. À ce niveau, les initiatives restent encore insuffisantes et sporadiques. Des chaînes de radio et de télévision proposent depuis un certain temps des émissions de musique cadienne dont certaines sont présentées en cadien, et quelques programmes de variétés et des services religieux sont maintenant également diffusés en cadien. Il faut cependant préciser que la vraie chaîne francophone de la Louisiane, accessible uniquement aux foyers cablés, est TV5 et que les chaînes locales ne diffusent les émissions françaises que quelques heures par semaine et souvent à des moments où l'écoute est faible (très tôt le matin ou très tard le soir).

Le français devient aussi de plus en plus visible dans le quotidien. La coopérative *Associated Grocers* a commencé un étiquetage bilingue de tous ses produits. Cette initiative a vu le jour à la suite du Congrès mondial acadien au Nouveau Brunswick en 1994. Les commerçants envisagent maintenant de faire faire tous leurs panneaux dans les deux langues. À ces initiatives organisées s'ajoutent quelques actions ponctuelles comme, en avril 1995, le projet *je parle français* parrainé par le groupe *les amis de l'immersion*, où, par exemple, un restaurant Subway de Lafayette offrait un sandwich gratuit à quiconque commandait un sandwich pied-de-roi ('a foot-long sandwich') en français.

4. Caractéristiques linguistiques du cadien

Tel qu'il se parle en 1996, le cadien est une langue bien différente du français standard (FS), le français de la bourgeoisie parisienne, la norme enseignée dans tout le système scolaire. En effet, s'il a conservé en partie ses structures et son lexique d'origine des dialectes de l'Ouest de la France, le cadien, en raison de l'isolement de ses locuteurs et de leurs contacts avec de nombreuses ethnies, a développé de nombreux particularismes qui en font une langue originale. Notre démarche s'inscrit dans une approche différentielle et nous pensons qu'une comparaison avec le FS dont la norme est amplement décrite et connue de tous, permet de dégager l'originalité du cadien.

Avant de donner un aperçu des caractéristiques du cadien contemporain, il est nécessaire de souligner trois faits importants. Nous rappellerons tout d'abord que le cadien est une langue non standardisée exclusivement orale. Jusqu'au début du siècle, les Cadiens étaient pour la plupart illettrés et lorsqu'ils ont été scolarisés, ils l'ont été en anglais. Cette situation a entraîné un état de bilinguisme de type soustractif (Perronet, 1993) où la langue dominante inhibe l'apprentissage de la langue maternelle, tout comme son maintien. Seules les personnes âgées de l'Acadiana s'expriment plus facilement en français alors que les jeunes générations font du français un usage de plus en plus restreint, souvent réduit à la communication avec les personnes de la génération de leurs grands-parents. C'est pourquoi nous avons choisi de présenter ici la langue des personnes âgées sans prendre en considération les changements linguistiques en cours dans la langue des moins de cinquante ans et qui sont en grande partie causés par une alternance codique généralisée. Nous tenons à souligner ensuite que le cadien n'est pas homogène et qu'il en existe plusieurs variétés, les deux principales étant celle de la prairie et celle du bayou. Finalement, il existe relativement peu de descriptions de ce parler qui n'a attiré l'attention des chercheurs que relativement récemment (Conwell, 1961; Conwell et Juilland, 1963; Oukada, 1977; Bodin, 1987; Brown, 1988; Papen et Rottet, 1996) et la recherche porte le plus souvent sur les aspects socio-culturels et le lexique, viennent ensuite le phonétisme et la morphologie puis la syntaxe.

4.1 Le lexique

Le lexique cadien se distingue de celui du FS sur plusieurs points (Guidry et Lafleur, 1993). On y trouve:

- des formes communes aux dialectes de l'Ouest de la France: *rouain*
  ('ornière'), *clos* ('champ'), *graffigner* ('égratigner')
- des archaïsmes: *espérer* ('attendre'), *postillon* ('facteur'), *catin* ('poupée')
- des glissements de sens: *barbue* ('poisson-chat'), *grive* ('merle')
- des emprunts aux langues indigènes pour dénommer une réalité nouvelle:
  ouaouaron (grosse grenouille), *chacta* (petit cheval amérindien), *bayou*
  (résurgence du Mississippi), *tactac* ('popcorn')
- quelques plus rares emprunts aux langues africaines ou antillaises ou encore à
  l'espagnol: *gombo* (sorte de soupe), *congo* (serpent venimeux), *cocodri*
  (francisation de l'espagnol 'cocodrilo')
- l'influence croissante de l'anglais américain. Certains emprunts remontent à
  plusieurs générations et leur prononciation est très francisée, comme: *shovel*
  [Sœvœl], *truck* [trœk], *stove* [stœv]. D'autres sont plus récents comme *switch,
  plug, antenna* et leur prononciation est conforme à celle de l'anglais.

4.2 La phonologie

En ce qui concerne l'inventaire des phonèmes, peu de choses distinguent le cadien du
FS. Le cadien a les mêmes voyelles et les mêmes consonnes que le FS, à l'exception
de la nasale antérieure arrondie qui en est absente et de la présence de deux affriquées
(sourde et sonore) comme dans *Diable* [dJab] et *Dieu* [dJØ].

Comparé au FS, le cadien exhibe toutefois quelques caractéristiques phonologiques
segmentales qui ne lui sont pas toutes propres:

- la généralisation de la loi de position. Les mots *drôle, rose, chanceuse* et
  nerveuse sont tous prononcés avec des voyelles ouvertes;
- la tendance nette à la diérèse qui est autorisée là où elle est interdite en FS.
  C'est le cas de mots comme *voisin, croyez, chien* et *Louis* où l'on peut
  entendre soit une suite de deux voyelles, soit la séquence semi-voyelle et
  voyelle;
- la simplification des groupes consonantiques (Conwell, 1961) à l'initiale
  entraînant la prothèse devant le groupe *sC*, comme dans les mots *esquelette,
  estatue* ;
- la simplification à la finale des groupes consonantiques comme dans *pauv(re),
  pias(tre), jus(te)*;
- la chute fréquente de la liquide à la finale comme dans *avri(l), barri(l);*
- la généralisation de la règle de nasalisation à toute voyelle devant consonne
  nasale après les consonnes nasales: *commencé* est ainsi prononcé avec deux
  nasales.

C'est dans le domaine de la prosodie que le cadien se distingue le plus du français de l'Hexagone en accordant une place de choix au mot phonologique. Le rythme du cadien se caractérise par une succession d'accents alors qu'en FS, le profil mélodique de la phrase est traditionnellement défini au niveau de la phrase phonologique (Dell, 1984; Nespor et Vogel, 1986), même si le domaine accentuel varie et qu'il peut s'agir du mot phonologique, de la phrase phonologique, ou même de la phrase intonationnelle (Morin et Kaye, 1982). En cadien, l'accentuation lexicale est systématique, ce qui permet d'émettre l'hypothèse que le mot phonologique est pour le cadien le domaine accentuel pertinent. On observe ainsi des phrases du type: *Du 'bon 'temps. Le 'vrai 'nom – du 'village icitte – c'est 'Saint-'Pierre.* Le domaine prosodique nécessaire pour décrire la chute de schwa en cadien est encore une fois le mot phonologique, et schwa est une voyelle à trois couleurs qui se prononce [i]lorsqu'elle est fortement accentuée (Lyche, 1995). Le cadien se caractérise aussi par l'absence de nombreux schwas (*Un' trentain' d' pieds. Les autr' enfants d' class' d' catéchism'*), ce qui s'explique par des contraintes syllabiques opposées à celles du FS (Lyche, 1997a). Le mot phonologique a sans aucun doute une place prépondérante dans la prosodie du cadien puisqu'il est aussi le domaine de la liaison, et l'on pourrait y voir une influence de l'anglais (Conwell et Juilland, 1963), pourtant, le cadien conserve un rythme à base syllabique, caractéristique du français (Lyche, 1997b).

4.3 La morphologie

Si on la compare à celle du FS, la morphologie du cadien témoigne d'une certaine économie des formes que l'on remarque principalement dans le système verbal et le système pronominal. On peut ainsi noter:

- la réduction des paradigmes de la conjugaison où les formes se limitent dans l'ensemble à deux. Ainsi le verbe *parler* par exemple se conjugue [parl] à toutes les personnes sauf à la deuxième personne du pluriel où la forme est [parle].
- la disparition de plusieurs temps verbaux dont le futur remplacé par l'emploi généralisé du futur périphrastique: *On va avoir;*
- la quasi-disparition du subjonctif: *Il faut que je fais souper pour ma femme;*
- le recul des clitiques au profit des formes toniques. Ainsi, les pronoms clitiques sujets du pluriel, *nous, vous, ils/elles* sont le plus souvent remplacés par *nous-autres, vous-autres* et *eux-autres*, et les formes *tu* et *il* sont également sérieusement menacées par *toi* et *lui*. Par ailleurs, la distinction de genre à la troisième personne du pluriel s'est éteinte et *ils* s'emploie qu'il s'agisse du masculin ou du féminin. On peut souligner également l'extension du champ

d'emploi de *ça* aux dépens des clitiques sujets personnels et impersonnels singulier et pluriel et des clitiques objets: *Les étudiants, ça va à des écoles. Elle, ça dit la bonne aventure.* Finalement, la syncrétisation des paradigmes objets directs et indirects dont les formes s'emploient les unes pour les autres est généralisée. Ainsi le pronom *lui* peut fonctionner comme accusatif dans *Elle voulait que Jane lui aide* ou encore comme réfléchi dans la phrase *Il voulait une cheminée...pour lui chauffer.* Les pronoms *la, le* et *les*, quant à eux, peuvent assumer la fonction de datif comme c'est le cas dans *Je la parlais anglais. Il l'a fait peur. Moi, je les dis ça.* En fait, le pronom *les* s'emploie si fréquemment dans la fonction d'objet indirect que cela a entraîné la quasi-disparition de la forme *leur*.

4.4 La syntaxe

La syntaxe est sans aucun doute le domaine le moins exploré du cadien. Nous mentionnerons toutefois certaines caractéristiques intéressantes telles que:

- La généralisation de la parataxe.
- L'effacement du complémenteur et du pronom relatif: *Nous trouvons c'est un honneur. C'est la chose en bois j'ai oublié.*
- L'existence de prépositions orphelines: *Cette femme qu'il a marié avec.*
- Le recul de la cliticisation (Girard, 1995 et 1997) qui affecte aussi bien le paradigme sujet que les paradigmes objets direct et indirect. Pour le paradigme sujet, il se manifeste par l'effacement du pronom sujet dans certains environnements: *Me souviens. Fallait j'marche* et par la disparition du clitique sujet inversé: *Quand tu t'en reviens? Tu viens? Il dit.* Pour ce qui est du paradigme objet, on peut noter la réduction du nombre des clitiques préposés au verbe, limitant ainsi le nombre de violations à l'ordre canonique SVO. Ainsi, lorsqu'un verbe se construit avec un double objet, l'un des deux objets sera de préférence postposé comme dans *Moi, je les dis ça.* On peut également noter la quasi-disparition du pronom objet neutre qui est soit effacé comme dans *J'voyais la domestique [le] faire* (Conwell et Juilland, 1963), soit remplacé par *ça: Oh oui, j'sais ça.*

Les phénomènes mentionnés ci-dessus ne sont pas tous l'exclusivité du cadien. Ils représentent tantôt des archaïsmes, tantôt des traits qui se retrouvent dans d'autres variétés de français oraux, comme, par exemple, le français ordinaire (Girard, 1997 et Lyche, 1997). C'est l'amalgame de ces traits à d'autres particularismes qui lui sont propres qui font l'originalité du cadien et qui permettent en fait de le classer parmi les français régionaux. Mais quelle est la vitalité de cette variété à notre époque et quelles sont ses chances de survie face d'un côté à l'anglais et au FS de l'autre?

5. Quelle norme? Quel avenir?

La situation du cadien que nous avons décrite en 2 et 3 rappelle en fait par bien des côtés celle de l'acadien du Nouveau Brunswick (Perronet, 1993). L'ouverture plus ou moins volontaire de la communauté cadienne sur le monde extérieur a mené au remplacement de la diglossie par le bilinguisme, le français et l'anglais pouvant être utilisés dans les mêmes types de situations communicatives. Mais si le rapport de force entre le français et l'anglais s'avère inégal en raison de l'omniprésence de l'anglais et du prestige dont il jouit, il n'en reste pas moins que le français demeure la langue de l'identité culturelle. Toutefois, lorsque la Louisiane légifère en faveur de la survie de la langue française dans l'État, est-ce bien du cadien qu'il s'agit et le renouveau d'identité culturelle, la fierté maintenant acquise passent-ils par cette variété de français? La réponse est affirmative si l'on examine la loi 409 de 1968 et le manifeste d'Action Cadienne puisque l'on y parle de 'la langue française comme elle existe en Louisiane' et de 'la langue française telle qu'elle a été transmise de génération en génération'. Par ailleurs le cadien est sans aucun doute la langue de la musique. Pourtant son avenir comme instrument de communication demeure encore incertain et dans toutes les mesures dont nous avons parlé, le mot français est synonyme de français standard ou tout au moins standardisé. Action Cadienne n'échappe pas à ce dilemme: leur manifeste est écrit en francais standard et les enseignants des programmes d'immersion sont recrutés en France, en Belgique ou au Canada. Ce choix est essentiellement dû à la politique du CODOFIL (Smith-Thibodeaux, 1977; Valdman, 1983 et 1996). Le CODOFIL a misé sur le FS pour des raisons socio-économiques, parce que le cadien était à l'époque considéré comme une langue inférieure et qu'il était impossible de trouver des enseignants cadiens qualifiés, mais aussi à cause du manque total de description et de codification de cette variété. Le contexte a évolué, mais la position du CODOFIL s'est maintenue. Pour cet organisme, le français est tellement menacé en Louisiane que l'on ne peut s'offrir le luxe de s'interroger sur la norme. Comme nous l'a fait remarquer Warren Perrin, son président actuel, lorsqu'un bateau coule, on sauve ce que l'on peut. Pourtant, il est clair que le cadien ne pourra survivre que s'il réussit à prendre le relai du FS comme standard officiel. Il s'impose donc de soulever la question du statut du cadien par rapport au FS si l'on veut éviter d'aboutir à une situation similaire à celle des provinces de l'Acadie (Nouveau Brunswick) où seul le canadien standard est enseigné et où l'acadien n'est pas accepté officiellement. Ainsi l'utilisation d'acadianismes dans les examens d'accès aux postes de fonctionnaires bilingues n'est pas admise et entraîne l'échec (Jory et Motapanyane, à paraître).

Il est instructif de noter que le *Nouveau Petit Robert*, qui se veut le dictionnaire de la francophonie, mentionne les usages du Québec, de l'Acadie, des Caraïbes, etc., mais passe la Louisiane sous silence. Ce manque peut être imputé à l'absence de codification de cette variété de français et il ne sera pas possible d'y pallier sans obtenir en Acadiana un consensus général sur la définition même de ce que cette norme doit être et sans une revalorisation de la variété cadienne menant au 'rapatriement du jugement sociolinguistique' (Gendron, 1986 à propos du cas québécois). Le cadien, nous l'avons vu, est loin d'être un parler homogène et la création d'une norme régionale requiert une description linguistique exhaustive et rigoureuse de ses différentes variétés pour être en mesure d'aboutir à un standard cadien écrit qui semblera naturel aussi bien aux Cadiens du Bayou qu'à ceux de la Prairie. Ceci ne pourra se faire sans la participation active des écrivains, des administrateurs et des enseignants aussi bien en ce qui concerne la définition de la norme que son usage et son enseignement.

Il ne fait aucun doute que les Cadiens se montrent de plus en plus conscients du problème et plusieurs stratégies de codification se côtoient. Certains utilisent lexique, morphologie et syntaxe cadiens tout en adoptant une orthographe relativement proche de celle du FS. C'est le cas d'Ancelet lorsqu'il transcrit les contes du folklore cadien ou encore d'Abshire-Fontenot et Barry dans leur manuel de français cadien. D'autres, comme Guidry dans son petit recueil de contes, *C'est p'us pareil*, utilisent le vocabulaire et les structures grammaticales de leur parler ainsi que des graphies relativement orthophones. Il est difficile de savoir quelle solution obtiendra le consensus de tous les Cadiens, mais ces diverses stratégies montrent clairement que le rapatriement du jugement linguistique est en cours et qu'il est possible d'écrire le français cadien.

6. Conclusion

En 1890, l'archevêque de La Nouvelle Orléans exigeait que toutes les écoles paroissiales cessent d'enseigner en français; un siècle plus tard, le revirement est complet. Pourtant, le cadien récemment menacé de disparaître au profit de l'anglais, l'est-il maintenant au profit du FS, variété dotée d'un prestige international, et les Cadiens sont-ils en passe de devenir de 'simples consommateurs de la langue française' (Makouta-Mboukou, 1973)? Nous ne devons pas nécessairement en conclure que le cadien est entré cette fois dans sa phase moribonde. En effet, l'amorce de la refrancisation de l'Acadiana semble très prometteuse et les Cadiens, bien décidés à préserver leur identité sur tous les plans. C'est un fait acquis dans le domaine de la musique, et il faut souhaiter que ce succès s'étende aux programmes d'immersion, qui constituent le maillon crucial dans la chaîne des mesures prises pour la sauvegarde de la langue puisque la refrancisation de l'Acadiana ne peut se faire qu'avec l'engagement des nouvelles générations. Il ne nous reste plus qu'à espérer que, dans un avenir proche, les Cadiens décident de faire du cadien la langue enseignée en Louisiane et réussissent à créer leur propre standard, imitant ainsi les Québécois qui déclarent en 1990 dans le Bulletin du Conseil de la Langue Française. 'Il existe un français standard d'ici et sa description constitue la prochaine étape obligée du projet collectif québécois d'aménagement de la langue' (cité dans Blanc, 1993: 248). Ceci serait d'ailleurs dans l'esprit premier du texte sur la fondation du CODOFIL et celui du manifeste d'Action Cadienne où l'on aspire à ce que la jeunesse parle la langue de ses ancêtres même si cela n'a pas encore été suivi de mesures concrètes. Quoi qu'il arrive, il semble difficile de croire que cette variété du francais, parlée dans un environnement fort différent de celui de la métropole, ne soit pas en mesure de conserver des caractères qui lui sont propres, donnant ainsi au cadien la possibilité de demeurer l'assise de l'identité culturelle de ses locuteurs.

Notes

1. Nous adoptons ici l'orthographe *cadien* plutôt que *cadjin* ou même *cajun* car *cadien* est la forme utilisée par les linguistes de l'Université du Sud-Ouest de la Louisiane à Lafayette.

2. Voir à ce sujet l'admirable roman d'Antonine Meillet *Pélagie la charette*.

3. *Bayou* est une déformation du choctaw *bayuk* et signifie *rivière marécageuse*.

4. Les données varient malheureusement beaucoup selon les sources. D'après Rossillon (1995) les paroisses les plus francophones sont Saint-Martin (39%), Évangéline (38%). Vermilion (36%), Avoyelles (33%), suivies de Lafourche, Assomption, Ibéria, Acadia, Saint-Landry où plus de 20% de la population parlerait français à la maison.

5. James Domengeaux, avocat de renom, ancien sénateur au Congrès fédéral, a 66 ans quand il prend la tête du CODOFIL. Voir aussi *Evangéline* de Michel Tauriac qui retrace la lutte de cet avocat pour le français.

6. Voir l'article de Michel Tauriac, écrivain, dans *France Louisiane* 81, août-septembre 1995.

7. Le système éducatif louisianais est en crise et le budget des langues étrangères a été décentralisé pour être géré par les commissions scolaires des paroisses qui peuvent l'utiliser à d'autres fins jugées plus pressantes.

Références

Abshire, S. et Barry, A.D. (1993). 'Français cadien: une grammaire comparative à base culturelle', manuscrit, Lafayette: University of Southwestern Louisiana, Center for Louisiana Studies.

Ancelet, B.J., Edwards, J. et Pitre, G. (1991). *Cajun Country*, Jackson: University Press of Mississippi.

Blanc, M. (1993). 'French in Canada', in Sanders, C. (ed.), *French Today*, Cambridge: Cambridge University Press: 239–46.

Bodin, C. (1987). 'The Dialectal Origin of Louisiana Acadian French', unpublished Ph.D. dissertation, the University of North Carolina at Chapel Hill.

Boudreaux, R.-M. (ed.) (1995). *Petit guide d'informations sur la Louisiane francophone*, Lafayette: Fondation CODOFIL.

Brasseaux, C.A. (1991). *'Scattered to the Wind': Dispersal and Wanderings of the Acadians, 1755–1809*, Lafayette: University of Southwestern Louisiana, Center for Louisiana Studies.

Brown, R. (1988). 'Pronominal Equivalence in a Variable Syntax', unpublished Ph.D. dissertation, the University of Texas at Austin.

Conwell, M. (1961). 'Lafayette French Phonology: A Descriptive, Comparative and Historical Study of a Louisiana French Dialect', unpublished Ph.D. dissertation, University of Pennsylvania.

Conwell, M., et Juilland, A. (1963). *Louisiana French Grammar*, The Hague: Mouton.

Dell, F. (1984). 'L'accentuation dans les phrases en français', in Dell, F., Hirst, D. et Vergnaud, J.-R. (Èds.), *Formes sonores du language*, Paris: Hermann: 65–122.

Denuzières, M. (1990). *Je te nomme Louisiane*, Paris: Denoël.

Ditchy, J.K. (1932). *Les Acadiens louisianais et leur parler*, Paris: Droz.

Gendron, J.-D. (1986). 'Existe-t-il un usage lexical prédominant à l'heure actuelle au Québec?'. In Boisvert,L., Poirier, C., et Verreault, C. (eds.), *La lexicographie québécoise. Bilan et perspectives*, Québec: Les Presses de l'Université Laval: 89–101.

Girard, F. (1995). 'Le recul de la cliticisation en cadien', soumis à *Journal of French Language Studies*.

Girard, F. (1997). 'Le recul de la cliticisation en cadien: résidu ou innovation?', papier présenté au 16e Congrès International des linguistes, Paris 20–25 juillet 1997, à paraître dans les actes du congrès.

Griolet, P. (1986). *Cadjins et créoles en Louisiane*, Paris: Payot.

Guidry, R. (1982). *C'est p'us pareil*, Lafayette: University of Southwestern Lousiana, Center for Louisiana Studies.

Guidry, R. et Lafleur, A. (1993). *Le français louisianais: un aperçu général*, Lafayette: Fondation CODOFIL.

Hull, A. (1979). 'Affinités entre les variétés du français'. In Valdman, A. (ed.), *Le français hors de France*, Paris: Champion: 166–172.

Jory, D. et Motapanyane, V. (À paraître). *Acadian French: An Endangered language in Canada*, München: Lincom Europa.

Landreneau, R.L. (1989). *The Cajun French Language*, vol. I., Atlanta: The Chicot Press.

Lyche, C. (1995). 'The Nature of Schwa in Cajun French'. In Moen, I., Gram Simonsen, H. et Lødrup, H. (eds.), *Papers from the XVth Scandinavian Conference of Linguistics*, University of Oslo: 350–61.

Lyche, C. (1996). 'Genèse et traits caractéristiques du français cadien: un aperçu phonologique', *Revue Romane 31*: 29–49.

Lyche, C. (1997a). 'Le cadien, un français ordinaire?', papier présenté au 16e Congrès International des linguistes, Paris 20–25 juillet 1997, à paraître dans les actes du congrès.

Lyche, C. (1997b). 'Le mot phonologique en cadien', à paraître dans *Journal of French Language Studies*.

Makouba-Mboukou, J.-P. (1973). *Le français en Afrique noire*, Paris: Bordas.

Massignon,G. (1962). *Les parlers français d'Acadie*, Paris: Klincksieck.

Meillet, A. (1979). *Pélagie la charette*, Paris: Grasset.

Morin, Y.-C. et Kaye, J. (1982). 'The Syntactic Bases for French Liaison', *Journal of Linguistics*, 18: 291–330.

Nespor, M. et Vogel, I. (1986). *Prosodic Phonology*, Dordrecht: Foris.

Oukada, L. (1977). 'Louisiana French: A Linguistic Study with a Descriptive Analysis of Lafourche Dialect', unpublished Ph.D. dissertation, Louisiana State University, Baton Rouge.

Papen, R.A., et Rottet, K.J. (1996). 'Le francais cadjin du bassin Lafourche: sa situation sociolinguistique et son système pronominal'. In Dubois, L. et Boudreau, A. (eds.), *Les Acadiens et leur(s) langue(s): quand le français est minoritaire*, Moncton: Éditions d'Acadie: 233–52.

Perronet, L. (1993). 'La situation du français en Acadie: de la survivance à la lutte ouverte'. In Robillard, D. de et Beniamino, M. (eds.), *Le français dans l'espace francophone*, Tome 1, Paris: Champion: 101–16.

Rossillon, P. (ed.) (1995). *Atlas de la langue française*, Paris: Bordas.

Smith-Thibodeaux, J. (1977). *Les francophones de Louisiane*, Paris: Editions Entente.

Tauriac, M. (1995a). *Évangéline*, Paris: Juillard.

Tauriac, M. (1995b). 'La Louisiane meilleure élève de la francophonie', *France-Louisiane*, 81: 1.

Valdman, A. (1978). *Le créole: structure, statut, origine*, Paris: Klincksieck.

Valdman, A. (1983). 'Normes locales et francophonie'. In Bédard, E. et Maurais, J. (eds.), *La norme linguistique*, Québec: Conseil de la langue française: 667–706.

Valdman, A. (1996). 'Le français en Louisiane'. In Robillard, D., de, et Beniamino, M. (eds.), *Le français dans l'espace francophone, Tome 2*, Paris: Champion: 633–50.

Plurilinguisme et identités au Maghreb

Foued Laroussi et Françoise Madray-Lesigne,
Université de Rouen

Face à un problème aussi complexe que celui de la construction identitaire dans les pays du Maghreb, notre contribution se propose plutôt de formuler quelques questions, à nos yeux cruciales, que d'apporter des réponses. Par stratégies politiques aussi bien que par commodité, il est convenu, en effet, de parler du Maghreb comme d'un ensemble spécifique au sein du monde arabe, ensemble formant une unité géopolitique qui revendique une histoire et une langue commune, laminées par la colonisation française sous ses diverses formes. Le caractère parcellaire et idéologique de cette visée unificatrice n'échappe à personne. Ainsi chargé de sens, le terme «Maghreb» tend à gommer le fait qu'il désigne en réalité des pays très différents les uns des autres, tant en raison de leurs potentialités socio-économiques et de leur histoire propre que de l'ampleur et de la gravité des problèmes sociolinguistiques qu'on y observe.

Le terme de «Maghreb» est donc déjà, en lui-même, objet de dissensions. Quelles limites territoriales lui assigner? Faut-il entendre par «Maghreb», dans le droit fil de l'héritage colonial, l'espace géopolitique que les colonisateurs français du début du XXe siècle appelaient l'Afrique du Nord, en la distinguant nettement du Sahara? Faut-il adopter une définition plus englobante? Ici se trouve posé le problème du positionnement du chercheur face à l'étude du conflit linguistique qui fonctionne en retombée d'idéologie. La réponse à une telle question n'est pas linguistique, mais politique. Reste que le choix d'une délimitation de corpus n'est pas neutre. Pour des raisons pratiques, nous n'utiliserons pas ici le terme «Maghreb» dans son sens large – grand Maghreb. «Maghreb» renvoie, dans notre propos, à cet ensemble restrictif, ce qui n'est pas sans conséquences théoriques. Nous privilégions, par un choix qui pourrait paraître anodin, le schéma conflictuel: arabe, français, berbère.

Nos corpus d'enquête ne concernent, en effet, que trois pays: l'Algérie, le Maroc et la Tunisie. Ils sont constitués par des entretiens semi-directifs d'une heure à une heure trente, entretiens réalisés tantôt par nous-mêmes, tantôt par des étudiants participant à nos programmes de recherche. L'objectif de ces entretiens est de confronter les représentations épilinguistiques – jugements de valeur que le locuteur porte sur les langues de son répertoire – à leurs pratiques réelles. Pour y parvenir, les interviewers engagent une conversation à partir d'une grille d'enquête souple et adaptée à l'évolution de l'interaction verbale. Il s'agit, on le voit, d'une recherche qualitative. Le recueil des données a été effectué selon la méthode des réseaux de John Gumperz (1989). Nous avons récolté ainsi vingt interviews par pays, avec une différence notable. Au départ, nous souhaitions recueillir ces données à Alger, Tunis et Rabat, mais les conditions politiques difficiles que connaît l'Algérie nous ont contraints à déplacer le terrain d'enquête en ce qui concerne ce pays; la population cible s'est donc située à Paris. Nous préciserons plus loin les caractéristiques socioprofessionnelles des enquêtés. A cela s'ajoute un vaste corpus écrit composé, pour l'essentiel, par:

a) les textes législatifs qui, en Algérie, en Tunisie et au Maroc, définissent le statut linguistique du pays;

b) les principaux travaux de linguistes maghrébins portant sur cette question (voir bibliographie);

c) des articles de presse évoquant les problèmes des langues pendant les dix dernières années.

Il ne suffit pas toutefois de définir l'espace géographique concerné et ses implications et de délimiter un corpus. Encore faut-il préciser de quel «Maghreb» nous allons parler, et cet effort de précision est d'emblée idéologiquement investi: Maghreb «amazigh» (berbère)? Maghreb «arabe»? Maghreb «islamique»? Maghreb «francophone»? Quatre visées sociopolitiques et linguistiques interfèrent ici en s'ignorant le plus souvent, quand elles ne se dénient pas. On connaît, en tout état de cause, la charge idéologique de ces appellations qui véhiculent aujourd'hui des revendications identitaires souvent antagoniques. Comment des locuteurs maghrébins se positionnent-ils dans leur dire face à ces interpellations identitaires? Feutré dans les textes officiels, le conflit linguistique devient aigu dans la parole quotidienne. A quels *mêmes* linguistiques les partenaires d'une interaction verbale peuvent-ils s'identifier? Quels *autres* sont-ils en mesure d'admettre ou de rejeter? Autant de questions qui traversent tous les corpus que nous avons recueillis.

1. Un Maghreb pluriel: obstacles et enjeux.

Le Maghreb ne constitue pas, comme certains peuvent le penser, un terrain sociolinguistique homogène. En Algérie comme en Tunisie et au Maroc, les pratiques langagières sont plurilingues et s'interpénètrent. Cette observation vise aussi bien les textes officiels et administratifs que la parole quotidienne. Mais cette diversité, qui est un des éléments constitutifs de l'originalité de cette région, est le lieu d'un conflit majeur. Le contexte socio-historique actuel est, on le sait, dominé par une idéologie islamiste occultante: elle ignore l'apport ante-islamique et refuse l'influence occidentale postérieure, considérée comme aliénante parce que profane. Un des effets de cette conception dogmatique de l'Islam est, par exemple, qu'aucune mention n'est faite de l'existence du berbère dans les constitutions des trois pays considérés. La dimension linguistique et culturelle du Maghreb amazigh est donc gommée dans les textes fondateurs de l'Algérie, de la Tunisie et du Maroc en tant que nations. Les constitutions respectives de ces trois pays auxquelles il faut ajouter la Charte nationale de 1974, pour l'Algérie et les discours-programmes des dirigeants phares de ces pays (Houari Boumédiène, Habib Bourguiba et Hassan II). Quant au Maghreb francophone, il fait l'objet de polémiques et d'un traitement différent selon le pays considéré. Face à la politique d'arabisation menée en Algérie (Charte nationale de 1974), la Tunisie (C. Fitouri, 1984 et Riguet, 1984) et, à un moindre degré, le Maroc (Moatassime, 1974) ont opté officiellement pour le bilinguisme franco-arabe. Dans une situation aussi confuse et contradictoire, le pluralisme linguistique et culturel peut apparaître comme une provocation intolérable pour les uns tandis qu'il est vécu comme une exigence existentielle pour les autres. Qu'ils le veuillent ou non, les linguistes sont impliqués dans ce processus, tout comme les simples usagers des langues concernées. Nommer les langues en contact au Maghreb est déjà un enjeu, une prise de position dans le débat.

La diversité des dénominations de ces langues en témoigne. Pour donner une idée de l'hétérogénéité des étiquettes, nous nous limiterons aux diverses appellations recouvertes par le terme «arabe». Un fossé sépare, à ce niveau, linguistes et usagers. Les linguistes n'en finissent pas de catégoriser, de recatégoriser et de sous-catégoriser différentes formes d'arabe. Voici quelques exemples, parmi bien d'autres:

Kh. Taleb Ibrahimi (1994) propose, pour décrire la situation sociolinguistique algérienne, cinq paliers de classification:

«arabe classique», «arabe standard ou moderne», «arabe sub-standard», «arabe parlé par les scolarisés», «dialectes».

Sous couleur de neutralité, cette classification introduit une hiérarchie posée en termes d'évidence entre les sous-catégories distinguées. Les paliers de classification sont une descente aux enfers qui conduit de l'arabe classique, valeur de référence, aux bas-fonds des dialectes, langues des illettrés.

Chez S. Garmadi (1966–1968), décrivant la situation tunisienne, on observe les dénominations:

«arabe littéral» / «arabe classique» / «arabe classique archaïque», «arabe intermédiaire», «arabe dialectal» / «arabe parlé» / «arabe tunisien».

Ici, la hiérarchisation est moins pointue, et les termes présentés en équivalence atténuent la péjoration, mais le mouvement du plus vers le moins est aussi sensible. La fragmentation cependant n'est pas aussi éclatée. Nous ne discuterons pas ici sur l'opérativité ou sur l'applicabilité de ces subdivisions; constatons seulement qu'il y a là un flou terminologique qui n'aide ni les jeunes chercheurs intéressés par ces questions sociolinguistiques ni l'observateur non arabophone.

La situation est quelque peu différente pour des linguistes comme Moatassime (1974) ou Baccouche (1994): leur description des diverses formes d'arabe se ramène à deux pôles hiérarchisés: «l'arabe littéraire» et «le dialectal». Ce dernier est toujours situé en position de secondarité et d'inaptitude à un statut de langue autonome. Moatassime assume cette position avec insistance, en étendant son propos, au delà de la situation marocaine, à toutes les positions d'arabe minoré:

Apparenté à l'arabe classique, l'arabe dialectal – comme son nom l'indique – est un dialecte au vrai sens du terme (...) en aucun cas, l'arabe dialectal ne doit remplacer l'arabe classique dont il est d'ailleurs directement issu et avec lequel il conserve un lien ombilical extrêmement puissant (...) techniquement l'arabe classique possède une facilité extraordinaire d'adaptation et d'évolution qu'il a montrée dans le passé en véhiculant dans tous les domaines l'une des plus brillantes civilisations de l'histoire et de la pensée scientifique universelle. A ce titre, il est parfaitement capable, grâce à sa flexibilité et à sa logique interne, d'assimiler et de développer l'ensemble du contenu scientifique de notre époque.

Il ne peut venir à l'idée d'aucun homme responsable de substituer systématiquement à cet instrument formidable de culture et de savoir une multitude de dialectes qui sont autant de variétés qu'il y a de pays ou de régions. Au demeurant, ces parlers arabes disparaissent souvent de la conscience des hommes cultivés, leur vie étant entièrement liée à l'état de déscolarisation qui contribue pour l'essentiel à la déformation de la langue arabe et à son appauvrissement: 90% d'analphabètes (Moatassime, 1974: 643–4).

La prise de position est claire: un sociolinguiste responsable ne peut que dénier un statut de langue aux productions langagières des usagers, épiphénomène négligeable face à la pérennité d'une langue unique, forte d'un passé légitimant.

Même lorsqu'elle n'est pas aussi extrême, la description des experts, par sa stratification dévalorisante, dessine une glottopolitique dirigiste qui n'est pas sans influence sur le discours épilinguistique des usagers comme nous allons le voir.

Dans les fragments de corpus qui vont suivre, les lettres (A., R., W.) renvoient à l'initiale codée des personnes interrogées et les chiffres aux tours de parole dans l'entretien. Comme on peut le constater, les dénominations des langues sont récurantes mais interviennent presque toujours assez tard dans la discussion malgré les incitations de l'enquêteur. Pour nos interlocuteurs maghrébins, dénommer leurs langues n'est pas une opération aisée; il faut beaucoup échanger, en interaction pour que ces dénominations apparaissent dans leurs productions discursives. Il s'agit d'un dire difficile, lieu de réticence, d'interpellation identitaire et de conflit sur le réglage du sens (Gardes-Madray, 1984, Gardes-Madray et Bres, 1987).

Pour nos interlocuteurs, «arabe» renvoie contradictoirement à deux pratiques qu'ils ont du mal à dénommer. Dans nos corpus, pour désigner la langue nationale, les enquêtés ont recours, selon les moments, aux dénominations:

- «arabe classique»: «une chanson en arabe classique» (A301);
- «arabe académique»: «j'ai jamais eu l'occasion de pratiquer un arabe académique» (R188);
- «arabe littéraire»: «eh ben c'est de l'ara-/ l'arabe littéraire» (R190);
- «arabe pur»: «l'arabe académique hein c'est-à-dire l'arabe pur bon parce que je veux apprendre quelque chose de correct quand même» (R232);
- «*al-arabiya*» [arabe]: «carrément *el el alrbiya* /-/ un seul module» (W191);
- «*al-fusha*» [arabe classique].

Lorsqu'il s'agit de donner un nom à leur langue maternelle, dont ils doutent souvent qu'elle soit vraiment une «langue», les arabophones ont recours à des dénominations presque toujours dévalorisantes:

- «arabe dialectal»: «et pour l'arabe dialectal qu'est-ce que tu en penses?» (A170);
- «arabe de la rue»;
- «arabe «*mtaâ e'zzenqa*» [de la rue]; «je m'sens plus à l'aise en arabe euh: /-/ (rire) *tal ezzenqa*» (W171);

- «*darija*» [dialectal]: «ah chez nous on parle euh:: *e'dderdja* [dialectal]euh:: »
  (R213);
- «dialecte»: «(...) des trucs là comment on les dit? Le dialecte si tu veux»
  (R213);
- «largot»; « dans la rue on parle le largot [sic] en quelque sorte euh *e'dderdja*:
  /-/ tu vois c'est pas de l'arabe» (R193)

Cet étiquetage émiettant et stratifiant révèle un malaise linguistique. L'arabe
institutionnel, l'arabe algérien, l'arabe marocain, l'arabe tunisien, les différentes
formes de tamazigh, les différentes formes de français, pour ne citer que les langues
les plus représentées, sont engagés dans un processus de fonctionnement diglossique,
tel que le conçoivent les sociolinguistes catalans et occitans. Rappelons que, dans cette
perspective, la valorisation de la langue institutionnelle au détriment des autres
langues en contact, dévalorisées à des titres divers, ou déniées dans leur statut même
de langue, constitue l'ossature du conflit linguistique. Il s'agit d'un processus
dynamique qui fonctionne en retombée d'idéologie.

Voici une illustration de ce fonctionnement diglossique. A la question: «et tu
aimerais qu'on étende la (langue) littéraire partout /-/ dans la rue?», un locuteur
algérien répond comme suit: «Oui j'aimerais bien /-/ parce euh euh le dialecte /—/
c'est n'importe quoi /-/ enfin c'est pas n'importe quoi entre parenthèses /-/ c'est un peu
de tout /-/ du français /-/ de l'arabe /-/ du berbère et en plus il y a pas des règles bien
définies /—/ c'est c'est pas une langue» (F184).

«C'est n'importe quoi», «pas n'importe quoi», le jugement épilinguistique hésite,
dans l'accumulation des griefs péjoratifs contre le dialecte mais progresse vers une
condamnation sans appel: «c'est pas une langue».

Il va sans dire que ce que reproche ici le locuteur maghrébin au dialecte, c'est son
caractère hétérogène. Le dialecte est «un peu de tout», vice rédhibitoire pour son
détracteur qui ignore, se faisant, le principe même du changement linguistique, et la
manière dont évoluent toutes les langues du monde: par emprunt et interaction avec les
langues en coexistence.

Définir une langue n'est jamais simple, tellement les critères d'identification
convoqués par les linguistes sont hétérogènes, subjectifs et changeants, selon les aléas
des politiques linguistiques mises en œuvre (Haugen, 1956). C'est ainsi qu'au gré de
l'histoire, des langues deviennent dialectes ou patois, tandis que des dialectes et patois
sont promus au statut de langue. Nous ne serons pas neutres dans un tel débat et nous
nous rangerons du côté de ceux qui, après Edward Sapir (1968), récusent l'idée selon

laquelle une langue constitue un système autonome, contrairement aux dialectes qui seraient des formes dérivées dépendantes. En nous appuyant sur les acquis de la sociolinguistique, nous dirons que les dialectes ne sont que des langues stigmatisées et minorées, tandis que les langues sont des dialectes qui ont réussi, en bénéficiant de conditions socio-historiques et politiques favorables. L'actualité vient, en ex-Yougoslavie, de nous en donner un exemple. Pour les besoins d'un redécoupage géopolitique, le serbo-croate a accouché de deux langues, le serbe et le croate, dont les linguistes sont invités à authentifier la légitimité, fracture ethnique oblige, pour atténuer avec des mots la violence des faits.

Le Maghreb aujourd'hui offre, de ce point de vue, l'aspect d'un chantier porteur de tensions où l'on voit s'affronter des politiques linguistiques homogénéisantes et des pratiques langagières plurilingues. On signale, par exemple, la confrontation entre ceux qui défendent la seule norme de l'arabe littéraire, ceux qui sont pour un bilinguisme franco-arabe et enfin ceux qui prêchent la causes des langues maternelles; arabes maternels et diverses variétés du tamazigh. (Je désigne (Laroussi, 1996) comme «arabe maternel» ce que d'autres appellent «arabe dialectal».)

La première question qui est au coeur de notre problématique est de savoir comment rendre compte du plurilinguisme dans son rapport avec la construction identitaire des usagers maghrébins, dans une société où la conception identitaire est largement inspirée des thèses unifiantes explicitées, lesquelles se fondent sur la l'équation suivante: «une langue = un peuple = une culture». A ce propos, A. Taleb Ibrahimi (1981: 71) précise que «l'arabo-islamisme signifie simplement la restauration de cette langue [arabe littéraire] et de cette culture». On le voit, dans l'esprit de cet auteur, la culture arabo-islamique est exclusivement véhiculée par la variété standard.

Coupler langue et identité est toujours périlleux, tant le terrain est propice aux dérapages, aux déviations et aux excès dont les conséquences sont parfois dramatiques. La crise que connaît aujourd'hui l'Algérie en est traversée. Dans une telle situation, la recherche n'est pas un havre de paix, elle n'échappe ni aux dérives, ni au drame.

Autre question essentielle: quelles réponses apporter aux antagonismes idéologiques et identitaires qui prennent les langues comme cibles et comme terrains d'affrontement? Quelle place faire aux effets du regard porté sur les variétés minorées, exclues de toute place institutionnelle? Comme l'écrit Y. Ben Achour (1995) l'arabe quotidien a le statut constitutionnel d'un «absent», alors que l'arabe institutionnel, absent des lieux de la domesticité, du commerce, des loisirs, se voit «octroyer le statut constitutionnel du présent». En proclamant l'arabe institutionnel comme seule référence identitaire, la planification linguistique, mise en oeuvre en Algérie, en Tunisie et au Maroc, achoppe sur la parole des usagers, renvoyée au mal dire et marginalisée. L'insécurité linguistique transparaît dans les échanges langagiers en interaction verbale, où les interlocuteurs sont constamment tiraillés entre un idéal linguistique imposé, fantasmatique, «l'arabe pur», et leurs productions discursives qu'ils n'assument pas en tant que telles. Cette distorsion déstabilise leur parole. Hésitations, bafouillements, phrases inachevées, balisent les discours épilinguistiques recueillis dans nos enquêtes. Nous en citerons plus loin quelques exemples.

Un autre point litigieux retiendra notre attention. Dans un contexte politico-social où les Maghrébins se sentent de plus en plus solidaires du monde arabe tandis que les Français se sentent de plus en plus Européens, quel sera l'avenir du français, conçu tantôt comme langue de l'ancien colonisateur, tantôt comme l'un des vecteurs de l'identité maghrébine? Quelle place lui accorder comme élément d'ouverture sur le monde extérieur dans une conjoncture internationale où le *Basic English* ferraillera bientôt avec le japonais basique pour occuper le devant de la scène linguistique, en s'efforçant de renvoyer aux éminents spécialistes que nous sommes, l'usage des autres langues du monde?

Nous tenons enfin à insister sur un paramètre souvent négligé lorsqu'on envisage la situation linguistique au Maghreb. Il s'agit des effets de l'émigration maghrébine en France, trait d'union et pomme de discorde entre les deux rives de la Méditerranée occidentale. Son influence sur l'espace maghrébin et sur les représentations linguistiques qui s'y rattachent est considérable: transformation des moeurs, enrichissement des répertoires linguistiques, transferts des pratiques langagières ... A travers les formes artistiques qu'elle véhicule et produit (musique raï, chansons, pièces de théâtre etc.), la culture issue de l'émigration maghrébine apporte un regard critique dont l'impact social est considérable. Elle sollicite, contradictoirement, aspirations au pluralisme et figements identitaires dans le refus de l'autre.

2. Productions discursives, construction d'identités et figements identitaires

Quelles langues pour se dire au Maghreb? Loin d'être triviale, cette question est fondamentale, voire existentielle. Le pluriel pour lequel nous avons opté est déjà problématique, puisqu'il bat en brèche la hiérarchisation des langues. En théorie, aucune langue ne s'impose plus que les autres pour dire son identité, et se construire en tant que sujet. De fait, il en va tout autrement. Le poids contradictoire des pressions idéologiques génère blocages, confusions et contre-discours. Au lieu de se vivre enrichis par les potentialités du plurilinguisme, les locuteurs maghrébins ressentent le plus souvent cette réalité comme un facteur déstabilisant et un obstacle à leur construction identitaire. Nous illustrerons ce malaise linguistique par quelques extraits de corpus algériens. Il s'agit, dans tous les cas, d'entretiens épilinguistiques semi-directifs, effectués auprès d'enquêtés socio-professionnellement diversifiés, tous nés après l'accession de leur pays à l'Indépendance. Pour la génération post-Indépendance, identité linguistique et identité nationale interfèrent, et l'ethnicité prend souvent le pas sur les considérations linguistiques. L'intolérance linguistique s'affiche parfois:

«tu es /-/ tu m' dis qu' tu es /-/ d'un père kabyle /-/ et que tu vis à Alger /-/ et tu n' parles pas kabyle /-/ qu'est-c' que tu es?» (N.400).

Pour Nassim, l'enquêté kabyle qui apostrophe ainsi son interlocutrice, «qu'est-ce que tu es?» est une fausse question à laquelle il a déjà donné sa réponse: «ouais ouais moi /-/ en tout-/ en toute honnêteté (...) je considère /-/ euh: un / un Arabe qui n' parle pas kabyle /—/ un arabe quoi tout court n'est pas un algérien» (n.347). Nassim utilise le critère de la compétence linguistique pour exclure du statut d'Algérien ses *autres* qui ne parlent pas sa langue: «les arabes tout court». Dans une partition radicale, il pose en *mêmes* les purs Kabyles, renvoyant à l'altérité absolue les Arabes et ceux qu'il appellera, quelques tours de parole plus loin, des «moitié-moitié».

Un positionnement verbal aussi excessif est relativement rare. Plus fréquemment, une tolérance apparente dissimule un refus de la langue de l'autre, justifié par une argumentation pseudo-scientifique:

«Nous sommes tous des Algériens / mais ce qui m'embête chez les Berbères c'est que eux: / ils refusent de parler l'arabe et préfèrent parler français /-/ et ça /-/ c'est vraiment /-/ je trouve que c'est la chose la plus dégradante qui soit /-/ parce que choisir le français et rejeter la langue arabe c'est quand même grave pour un Algérien /-/ on se dit Algérien et on ne parle même pas le dialecte /-/» (B.70).

Cette fois, l'opposition ethnique arabe-berbère est mise en mots par une arabophone: à peine formulée, l'assertion englobante «nous sommes tous des Algériens» est nuancée, en restriction, par une objection introduite par le connecteur argumentatif adversatif: «mais». La réticence à l'autre est personnalisée: «ce qui m'embête chez les Berbères». Les gêneurs sont renvoyés à l'altérité en raison de leur comportement linguistique suspect et stigmatisant: «choisir le français et rejeter la langue arabe». Cette réserve forte conduit B. à poser, en exclusion, deux catégories de natifs: les Algériens au-dessus de tout soupçon, qui parlent arabe, et «ceux qui se disent Algériens»... L'intolérance est clairement ciblée du côté de l'autre, mais, quelques tours de parole plus loin, on peut constater que B., adepte apparente du pluralisme linguistique, dénie au berbère, langue maternelle de son autre ethnique, le statut de langue:

«[le berbère] c'est pas une langue de science c'est pas une langue qui a /-/ euh euh: une structure euh euh: c'est pas une langue comment dire /-/ c'est pas /-/ on peut pas comparer le français au berbère /-/ le français a ses lois depuis des siècles /-/ bon le berbère c'est un dialecte /-/ bon maintenant on dit que c'est une langue /-/ mais / euh: c'est pas possible /-/ elle n'a pas assez de poids pour pouvoir remplacer ou répercuter sur quoi que ce soit /-/ c'est un dialecte c'est /-/ c'est pas une langue /-/ ça complique les choses plutôt» (B.72).

Combien de jugements négatifs posés en termes d'évidence («le berbère c'est pas»), combien de silences, combien d'hésitations ponctuées par des euh: qui cherchent à gagner du temps, combien de reformulations, ponctuées de métadiscours, faudra-t-il à B. pour parvenir enfin à l'assertion sans réserve: «c'est pas une langue». Et comme si, une fois dite, cette proposition débloquait un non-dit, elle se complète d'une autre: «ça complique les choses plutôt». Tout irait tellement mieux si l'autre renonçait à son identité linguistique et culturelle, bref renonçait à être lui-même.

Il y aurait beaucoup à dire sur le statut du français dans cette argumentation discriminante. Lourd de suspicion néocolonialiste lorsqu'il est prisé par les Berbères, il devient, dans la bouche de B., la langue de référence, la norme indiscutable, qui permet de rejeter le berbère du monde des langues pour le reléguer dans celui des dialectes sans normes et sans avenir. Les figements identitaires font feu de tout bois et ne sont pas à une contradiction près.

Ces quelques fragments de dialogue sont révélateurs des contradictions, de la violence explicite ou sous-jacente et de la gêne qui balisent le discours épilinguistique actuel des locuteurs maghrébins en quête de repères identitaires. Comment pourraient-ils ne pas être déconcertés par un pluralisme linguistique dont la richesse est déniée par l'institution et par une politique linguistique d'arabisation irréfléchie, inscrite sous le signe de l'exclusion de l'école des langues du quotidien?

Références

Baccouche, T. (1994). 'Hal al-fusha wa-addarija lugata:n?' ('l'arabe littéraire et l'arabe dialectal sont-ils deux langues', *Revue Tunisienne des Sciences Sociales*, 100: 80–93.

Ben Achour, Y. (1995). 'Les implications politiques du problème linguistique au Maghreb', *La Pensée*, 303: 93–102.

Fitouri, C. (1984). 'Bilinguisme et éducation en Tunisie', *Franzosich heute*, 46: 26–37.

Gardes-Madray, F. (1984). 'Praxématique et interaction verbale', *Langages*, 74: 15–29.

Gardes-Madray, F., et Bres, J. (1987). 'Parole et identité: conflits de nomination en situation diglossique'. In Vermès, G. (ed.), *France, pays multilingue*, t. 2, Paris: Seuil: 78–98.

Garmadi, S. (1966). 'Quelques faits de contact linguistique franco-arabe en Tunisie', *Revue Tunisienne des Sciences Sociales*, 8: 23–43.

Garmadi, S. (1968). 'La situation linguistique actuelle en Tunisie', *Revue Tunisienne des Sciences Sociales*, 13: 13–24.

Gumperz, J. (1989). *Engager la conversation. Introduction à la sociolinguistique interactionnelle* (traduction française), Paris: Les Editions de Minuit.

Haugen, E. (1956). *Bilingualism in the Americas; a Bibliography and Research Guide*, Publication of the American Dialect Society, 26.

Laroussi, F. (1993). 'Processus de minoration linguistique au Maghreb', *Cahiers de Linguistique Sociale*, 22: 45–55.

Laroussi, F. (1994). 'Pratiques langagières et discours épilinguistique en Tunisie'. *Actes du Symposium linguistique franco-algérien de Corti*, Bastia, Studii Corsi Éditions: 44–57.

Laroussi, F. (éd.) (1996). *Linguistique et anthropologie*, Collection Bilans et Perspectives, Université de Rouen.

Laroussi, F. (1996). 'Du malaise diglossique aux fantasmes idéologiques. Le subterfuge de la théorie fonctionnalo-stratifiante', *Linguistique et anthropologie*: 113–125.

Laroussi, F. (éd.) (1997). *Plurilinguisme et identités au Maghreb*, Publications de l'Université de Rouen.

Madray, F. (1982). 'Praxématique et diglossie', *Lengas*, 11: 39–44.

Madray, F., et Siblot P. (1986). 'Conflits d'identité, conflits sur le sens', *Mots*, 13: 39–64.

Madray-Lesigne, F. et Aït Sahlia, A., (1997). ' Dire 'arabe' comme un même ou comme un autre'. In Laroussi, F. (éd.) *Plurilinguisme et identités au Maghreb*: 115–124.

Moatassime, A. (1974). 'Le bilinguisme sauvage, blocage linguistique, sous-développement et coopération hypothétique, l'exemple maghrébin', *Tiers-Monde*, éducation et développement, XV: 619–670.

Riguet, M. (1984). *Attitudes et représentations liées à l'emploi du bilinguisme. Analyse du cas tunisien*, Paris: Publications de la Sorbonne.

Sapir, E. (1968). *Linguistique* (traduction française), Paris: Editions de Minuit.

Taleb Ibrahimi, A. (1981). *De la décolonisation à la révolution culturelle (1962–1972)*, Alger: SNED.

Taleb Ibrahimi, Kh. (1994). *Les Algériens et leur(s) langues. Éléments pour une approche sociolinguistique de la société algérienne*, Alger: Les Éditions El Hikma.

Attitudes towards French in Morocco: not a Question of Identity?

Dawn Marley, University of Surrey

This chapter will report on the findings of a survey of attitudes towards French conducted in Morocco in 1994, which aimed to assess favourability towards French and towards Arabic-French bilingualism. The responses will be used to infer attitudes towards the role of French in the construction of Moroccan identity, and discussed in relation to the official policy of Arabization, which has sought to reduce the role of French in Moroccan public life since Independence in 1956. Contrary to official discourse, which would see French as a threat to the integrity of Moroccan 'authenticity', the responses to this study suggest that for most Moroccans speaking French is simply not an issue of identity. The chapter will thus look first in general terms at language and identity in Morocco, then specifically at the research conducted in Settat, and finally will comment on the conclusions to be drawn from it.

1. Language and identity

At the time of Independence Arabization was seen as the cultural counterpart to political independence, and esssential if Morocco were to reaffirm its own identity. The assumption was made that the Arabic language was an integral part of Moroccan national identity, and that this identity would be eroded if French retained its privileged position. The policy of Arabization has therefore been pursued, on and off, ever since, despite the numerous obstacles to it, not least the fact that the Arabic used to replace French in all official functions is not the Arabic spoken by most Moroccans, but so called 'Modern Standard Arabic' (MSA).

It should perhaps be mentioned here, as discussed by Laroussi and Madray-Lesigne elsewhere in this volume, that the terms used to designate the different varieties of Arabic vary widely, and that there is always more than one variety in use in any

Arabic-speaking country. It is thus simplistic to talk of 'French-Arabic bilingualism' in Morocco; Youssi (1995: 29–30) suggests that the Moroccan sociolinguistic situation is characterised by triglossia (Moroccan Arabic, 'Middle Moroccan Arabic' and 'Literary Arabic') and trilingualism (Berber, Arabic and French). The language of Arabization is thus only one variety, which is criticised by Jacques Berque as 'la langue du cosmopolitisme, de la petite bourgeoisie et de l'ouverture à l'influence extérieure. Elle n'a ni la sève du dialecte, ni la profondeur de l'arabe classique' (quoted in Grandguillaume, 1983: 25). As the modern written form, MSA retains closer links with the language of the Qur'an than Moroccan dialect, and is thus respected for religious reasons; it also has prestige as the language of Arab unity. Youssi (1995:30) estimates that about 20% of the Moroccan population can read and write 'Literary Arabic' whilst some 40% can speak 'Middle Moroccan Arabic' i.e. an educated version of Moroccan dialect. Thus the official national language is respected for various reasons, but does not arouse strong feelings of language loyalty, as it is not a mother tongue or even a language of daily use for most of the population.

The language which one might expect to arouse feelings of language loyalty is Moroccan dialect, or for large parts of the population, Berber dialects, since these are the mother tongues of Moroccans, used for all daily purposes and yet denied any official status. However, attitudes towards Moroccan dialects tend to be ambivalent, and although the present study did not look at such attitudes, comments heard during this study and others in recent years suggest that they are similar to those discovered by Stevens (1983) in Tunisia: the dialectal form of Arabic is not regarded as a 'real' language, it is seen as having no rules or grammar, and indeed as being a corruption of 'true' Arabic. Despite this disdain, Moroccans of all social classes use the dialect all the time, and even well-educated Moroccans will admit that they cannot express themselves in 'real' Arabic as easily and effectively as in their dialect.

Despite the importance given to language planning by Moroccan governments since Independence, it must be recognised that language is not necessarily central to national identity, as Renan acknowledged, in a rather different context in 1882: 'La langue invite à se réunir; elle n'y force pas' (1992: 49), pointing out that Switzerland was a perfectly united country, despite the fact that its inhabitants spoke several different languages; 'la volonté' held them together more efficiently than a common tongue. Since most Moroccans speak neither French nor Standard Arabic as a mother tongue, there is indeed no reason for either language to be viewed as essential to their identity, despite nationalist claims that it is an integral part of that identity. Indeed, nationalist claims tend to go further, rejecting the concept of a plurality of identity, despite the reality in Morocco of a large Berber-speaking population. Mohamed Arkoun (1995: 83) in common with other Maghrebian intellectuals, has lamented the fact that in official discourse the Arabo-Islamic aspect of Moroccan identity is viewed as the only 'authentic' one, and all other aspects (such as Berber or nomadic, or the legacy of the Roman colonization) are simply rejected. It is, however, notoriously difficult to legislate on language matters, if offical discourse is not in line with public opinion; if people decide that using a language has benefits for them which do not threaten their identity, they will not stop using it, despite government language planning. 'Attempting language shift by language planning, language policy making and the provision of human and material resources can all come to nothing if attitudes are not favourable to change. Language engineering can flourish or fail according to the attitudes of the community.' (Baker, 1992: 21). Indeed, what an analysis of this small-scale study will show is that French, far from being seen as a threat to identity, is viewed in a very pragmatic light, as a useful tool for social advancement.

Other studies have found similar pragmatism in Morocco, for example Bentahila and Davies (1992) in a study among Berbers and Jews in Morocco, two groups who are currently undergoing a shift away from their traditional home language. Far from being traumatized by this, both groups continue to feel secure in their identity, and:

> a certain affection for the traditional language is countered by a feeling that this language does not open all the doors people want opened, and the shift is to a language which is felt to give access to a wider world. [...] the languages are considered not as symbols, but simply as tools to be maintained just as long as they are needed (Bentahila and Davies, 1992: 210).

Our informants appear to be equally untroubled by any fears of loss of identity; in their case, their mother tongue, Moroccan Arabic, is not threatened by French, which they see merely as a tool to help them to a better way of life.

2. The survey and the informants

The study took the form of a questionnaire survey, using a questionnaire based on two lists of items, one relating solely to the French language, the other to French and Arabic in an integrated way, each list giving positive and negative statements about the languages involved. In addition to these lists, the questionnaire asked for a self-evaulation of linguistic ability in both French and Classical Arabic, in order to see whether ability to use a language affected favourable attitudes towards it.

The survey was conducted in Settat, some 60km south-east of Casablanca, with a small sample of 73 informants, who were all interviewed in Moroccan Arabic, in order not to differentiate between those who know no other language and those who could as easily have been interviewed in French or Classical Arabic (MSA). Efforts were made to obtain a sample which reflected the town's demographic composition in terms of age and sex, and also to ensure a wide range of educational background. As this table shows, there is a fairly good distribution of educated and non-educated informants, ranging from the totally illiterate to those with a university education.

Table 1: Level of education of sample

Level of education	% of sample
none	35%
up to CM2	20%
CM2 to baccalauréat	24%
baccalauréat and above	21%

3. Analysis of responses

3.1 Attitudes towards French

It is clear from table 2 that the general attitude is favourable towards French in the abstract, although this does not extend to a desire to see French regain its pre-Independence status.

The response to item 1 is a clear indicator of favourable attitude towards French, since 48% of informants said they do not understand this language. The positive response to item 2 confirms this favourable attitude, implying as it does that French is a necessity in Morocco, and should be learnt by all Moroccans even if they have no expectation of ever visiting France. Very few informants seemed to object to this idea, even though it could be construed as cultural colonialism. On the other hand, opinion is equally split over item 6, which appears to be a very similar statement. This may be explained by the fact that many informants did not feel it was their place to comment on what schools should or should not do. In the abstract they think that all Moroccans should learn French, but many do not wish to say that schools should teach it.

Responses to item 3 suggest a general openness towards learning French; a majority of informants think it is easy to learn, even if they claim to know nothing of it. Responses to item 4 indicate a positive attitude towards language learning in general, as most people reacted to this item by saying that more languages, not fewer, should be taught, and none of the informants advocated the teaching of other languages to the detriment of French, but many felt that people would benefit from knowing other languages, in particular English.

Table 2: Items concerning attitude towards French: responses from full sample

	yes	no	not sure
1. I like hearing French	90.7% (68)	8.0% (6)	1.3% (1)
2. All Moroccans should learn French	84.0% (63)	14.7% (11)	1.3% (1)
3. French is difficult to learn	34.7% (26)	64.0% (48)	1.3% (1)
4. It would be better to learn other languages apart from French	44.0% (33)	54.7% (41)	1.3% (1)
5. French is important in a developing country	77.3% (58)	18.7% (14)	4.0% (3)
6. Moroccan children should not be obliged to learn French	49.3% (37)	49.3% (37)	1.3% (1)
7. I would like French to replace Arabic in Morocco	16.0% (12)	82.7% (62)	4.0% (3)
8. You are considered to be inferior if you do not speak French	72.0% (54)	26.7% (20)	1.3% (1)
9. French is not useful in Morocco	32.0% (24)	64.0% (48)	4.0% (3)

The majority agreeing with item 5 implicitly acknowledge that French is more adapted to modern life than Arabic, and that Morocco needs French as an opening to the Western world. Despite this, the response to item 7 was largely negative: informants recognise the need to maintain French in Morocco, but do not wish to see it restored to the status of national language. Most informants reacted by saying that this was impossible, since Morocco is an Arab country. Thus most informants appear

to see no contradiction between a pride in their Arabo-Islamic identity, and using
French for pragmatic reasons.

A majority agreed with statement 8, indicating an awareness that knowing French
is a valuable asset, and that French speakers are superior in some way to non-French
speakers. Finally, item 9 is less clear-cut, which could simply mean that people were
not sure what was meant by 'useful'.

3.2 Attitudes towards Arabic-French bilingualism

Attitudes towards bilingualism appear to be even more favourable than those towards
French, and the number of 'not sure' responses is zero in almost every case. Little
comment is necessary, the responses are on the whole so overwhelmingly in favour of
bilingualism. This set of responses confirms comments made earlier about people's
pragmatism concerning language: they see no point in rejecting bilingualism for
ideological or nationalistic reasons, when it is clear that people who speak French and
Classical Arabic generally have better jobs and more money; bilingualism is almost
universally seen as a source of benefits, not problems.

Thus a simple analysis of responses reveals extremely positive attitudes towards
French and Arabic-French bilingualism in Morocco, indicating a belief that French is
still a valuable asset in the country, and that French-Arabic bilingualism is something
to which most Moroccans aspire. In his study of language attitudes in the early 80s
Bentahila (1983: 160) concluded that Moroccan bilinguals:

> consider their knowledge of French to be a considerable asset, which offers
> them greater knowledge, wider experience, access to the Western world and to
> an endless supply of material which they would not otherwise be able to reach.

He goes on to comment that:

> [i]n the world today, the opportunities which the Moroccan gains through his
> bilingualism are becoming more and more valuable. As the world grows
> smaller, and international communications grow more commonplace, the
> double viewpoint, the opportunity to partake of two contrasting cultures and in
> so doing to gain a privileged view of both, seems more precious than ever

This conclusion appears to be in direct contrast to government policy, which is to
increase the scope of Arabization and thus to eliminate the need to know French.
However, the above results appear to confirm that, twelve years on, and despite the

progress of Arabization in that time, Moroccans are still keenly aware of the advantages of knowing French and being bilingual. Moreover, this study does not concern only bilinguals, those who actually enjoy the advantages of knowing French, but also those who speak only Moroccan Arabic, and who might therefore have been expected to support a move towards a totally Arabized state. The next section will therefore address the issue of whether or not attitudes are affected by level of education and ability to speak the languages concerned.

Table 3: Items concerning attitude towards Arabic-French bilingualism:
responses from full sample

	yes	no	not sure
1. It is important to be able to speak French and Arabic in Morocco	96.0% (72)	4.0% (3)	0
2. Speaking one language is enough in Morocco	12.0% (9)	88.0% (66)	0
3. You are more intelligent if you speak French and Arabic	77.3% (58)	20.0% (15)	2.7% (2)
4. Speaking French and Arabic helps you to find a job	77.3% (58)	20.0% (15)	2.7% (2)
5. It is a good thing that all schools in Morocco teach French and Arabic	97.3% (73)	2.7% (2)	0
6. It is not difficult to speak two languages	84.0% (63)	16.0% (12)	0
7. I feel sorry for those who cannot speak Arabic and French	90.7% (68)	9.3% (7)	0
8. You can earn more money if you speak French and Arabic	69.3% (52)	29.3% (22)	1.3% (1)
9. Speaking French and Arabic can create problems	25.3% (19)	73.3% (55)	1.3% (1)

Breakdown by level of education

Table 4: Self-evaluation of ability in Classical Arabic

	up to CM2	CM2 to baccalauréat	baccalauréat and above
understand	33.3%	83.3%	87.5%
speak	26.6%	66.6%	62.5%
read	26.6%	88.8%	87.5%
write	26.6%	94.0%	81.3%

Table 5: Self-evaluation of ability in French

	up to CM2	CM2 to baccalauréat	baccalauréat and above
understand	6.6%	66.6%	75.0%
speak	6.6%	38.8%	62.5%
read	13.3%	72.2%	87.5%
write	6.6%	72.2%	75.0%

These tables show informants' self-assessment of ability in French and Classical Arabic, since individual competence depends on many factors other than length of schooling: interest and effort made at school, time elapsed since leaving, use made of languages since then and so on. Self-evaluation inevitably involves some drawbacks, as people have different points of reference. It is particularly noticeable, for example, that informants with some secondary education assessed their linguistic ability, particularly in Classical Arabic, higher on the whole, than did those who had the baccalauréat and a tertiary education. This is probably because the better educated informants perhaps modestly compared themselves to some ideal of perfection, whereas the lesser educated informants compared themselves to the average – uneducated – Moroccan. This self-evaluation should be taken then as a rough guide to ability, and is useful in showing the range of ability represented in the sample, from total ignorance to confident bilingualism.

Table 6: Selected responses broken down by level of education

	none	up to CM2	CM2 to bac	bac and above
All Moroccans should learn French	96.2%	86.6%	77.7%	68.6%
French is important in a developing country	88.5%	93.3%	72.2%	50.0%
I would like French to replace Arabic in Morocco	19.2%	33.3%	11.1%	0
You are more intelligent if you speak French and Arabic	92.3%	93.3%	83.3%	31.3%
You can earn more money if you speak French and Arabic	96.2%	86.6%	61.1%	18.7%

There is not space in this chapter to look in any detail at the breakdown of responses, but it is immediately clear that a favourable attitude towards French is not limited to speakers of French; indeed, in certain cases those who do not speak French appear to be more favourable than those who do. This is particularly the case with item 2 ('All Moroccans should learn French'), which suggests that the more French one knows, the less favourable one is towards it being learnt by all Moroccans. This further implies that lack of education, far from preventing people from being able to have an informed attitude on language issues, means that they are keenly aware of them. Those informants who had never had the chance to learn French themselves feel very strongly that the privilege of knowing French should be extended to all Moroccans, whereas those who had already obtained that privilege appeared to be less convinced of its benefits. This apparently less favourable attitude among the better educated may be indicative of a greater awareness of the ideological importance of Arabization and a belief that French should not be important to Moroccans, even though they themselves have learnt it and use it. This response corroborates the findings of Bentahila, who pointed to a conflict in the mind of bilinguals. 'On the one hand, they may well feel, for idealistic and patriotic reasons, that Arabization is a worthy cause; but on the other, although they may value the principles underlying Arabization proposals, they also, for practical purposes, want French to remain in use.' (Bentahila, 1983: 152). The responses from the uneducated members of our sample suggest that no such conflict exists in their mind: they know that French is useful for practical purposes and think that all Moroccans should learn it, regardless of ideology. Clearly they have no fears about compromising the Arab identity of their nation, judging for themselves the reality of life in their country: speaking French brings both material and social advantages.

Item 5 ('French is important in a developing country') elicited a similar response: less well educated informants felt more strongly than others that French is important in a developing country like Morocco. Ideologically, those with a high degree of education feel that there should be no need for a European language in an Arab country, whilst those who cannot speak it can see the clear connection between speaking French and enjoying a higher standard of living, between the French language and 'development'. Item 7 ('I would like French to replace Arabic in Morocco') similarly shows few ideological scruples on the part of the uneducated: for them French is the language of modernity and success, and some even feel it would be worth sacrificing their national language in favour of French if it would mean achieving the lifestyle to which they aspire. Grandguillaume (1984: 36) suggests that the French language has acted as a selection process, benefitting the already socially favoured classes, and that a certain amount of hypocrisy surrounds the debate over Arabization.

En réalité, les couches dominées réclament l'arabisation, en espérant qu'elle rétablira l'égalité des chances, tandis que les couches dominantes l'accordent, en sachant que leurs enfants y échapperont, et qu'elle permettra de maintenir les enfants des autres classes en dehors de la compétition. (Grandguillaume, 1984: 36.)

Responses to this survey certainly seem to confirm that those who have benefitted from this selection process are not keen to see it extended to benefit others, but that those excluded by it are only too well aware of what has happened, and want the chance of being bilingual for all Moroccans.

In the series of statements about bilingualism, differences may be attributed to modesty on the part of bilinguals, who do not wish to say that they are more intelligent than other people, or have better jobs and earn more money, whilst uneducated informants are almost unanimous that this is the case. It could also be true that many bilinguals have had unpleasant experiences proving that simply being well-educated, and thus bilingual, is not always enough to succeed, or they may have ideological reasons for not wishing to acknowledge the role of their bilingualism in helping them to 'get on' in life. Very few informants of any group thought that speaking two languages could cause problems, although among the uneducated this figure was 42.3%, almost half, probably because learning two languages must appear a daunting prospect for someone who is illiterate in any language.

4. Attitudes and identity

The responses of informants to this survey show clearly that Moroccans are well aware of the advantages of bilingualism and particularly of being able to speak French, regardless of whether or not they speak it themselves. In fact, the breakdown by level of education reveals that it is especially those who do not speak French who see it as a valuable asset. The ambivalent responses from some of the better educated informants corroborate findings of some previous studies (Bentahila, 1983; Stevens, 1983; Elbiad, 1992), that bilingual and educated Moroccans value the French language for a variety of reasons, whilst at the same time feeling that they should not really be using it, as it serves to undermine the Arabic identity of their country. By contrast, the unequivocal responses of those with little or no education indicates that they are almost entirely pragmatic about language issues: they see only benefits in being able to speak both French and Classical Arabic, and regret deeply not having had (or having taken) the chance of learning them, and feel sure that their lives would be greatly improved if they could use these languages.

It should not, however, be thought that these informants have no sense of national identity, as this is far from being the case. Informants in all groups expressed pride in the Arabic language (the Classical language, not the Moroccan dialect), and those with little or no education seemed to have no problem reconciling pride in their Arabo-Islamic culture with a desire to learn French and use it in their daily life. A certain number of those who have been through the – bilingual – education system, whilst acknowledging the importance of French in their country, often have mixed feelings about the benefits of its continued use. Inevitably such people will have been more exposed to arguments in favour of Arabization, and may also be more aware of the potential difficulties of manipulating the two different sets of cultural values which accompany the two languages involved in this study. This ambivalence on the part of educated bilingual Moroccans corroborates findings from previous studies, such as Bentahila, 1983 and Elbiad, 1992. Since these studies only involved educated speakers it is difficult to compare the attitudes of monolingual dialectal speakers to other findings. However, other research does suggest that speakers of non-prestigious languages may be attached to them for a variety of reasons, whilst still acknowledging that another language, in this case French, is more prestigious and valuable (Appel and Muysken, 1987: 14). Certainly there is no indication on the part of the vast majority of our informants that there is any desire to abandon dialectal Arabic in favour of

French, rather a recognition that French in addition to dialectal Arabic would be advantageous.

It is simplistic to say that French is perceived as the language of modernity whilst Arabic is the language of tradition, but nonetheless it is frequently said of Morocco, and attitudes expressed in this study seem to suggest that for many people it is a simple fact that French represents an opening to many aspects of modern life, whereas Classical Arabic does not. Accepting the importance of French in national life, and wishing to be able to use it does not indicate a rejection of 'authentic Moroccan' identity, as neither French nor Classical Arabic are 'home' languages, but tools for social advancement and career success.

Overall, responses to items listed in the survey, and additional comments offered by informants suggest that most Moroccans possess an extremely open mind when it comes to language learning: they do not fear the loss of their own language through the learning of other foreign languages, but in most cases feel that the more languages one can learn the better it would be. Thus French is not seen in any way as a threat to identity, but rather an addition to it; people are not going to stop speaking Moroccan Arabic, or be less Muslim in their outlook simply because they also speak French, rather they will gain a useful social skill and have enhanced job possibilities. On the other hand, it could be argued that if English were to be made widely available, people would be just as happy to learn English, if that language could fill all the functions currently filled by French. Preference for French is largely for historic reasons, as French is already widely used in administration and education. In a recent debate (Etat, 1993: 485) Tahar Ben Jelloun, a Moroccan writer who writes in French, claims that English could not replace French because French is a 'language of culture' and English merely a 'language of communication'. Informants in this study, whilst showing general approbation for the continued use of French, appear to view it very much as a 'vehicular language', which they value for practical reasons, not for its intrinsic beauty. There was no suggestion from informants that they were particularly attached to 'Francophonie', or felt culturally French (admittedly such questions were not asked, but informants frequently ventured the information that they were proud of the Arabic language). To conclude, attitudes towards French are extremely positive, and there is a widespread desire to continue to use French in Morocco, but it is not seen as a question of identity; French is a useful tool, which continues to open doors in Morocco, but it is only part of Moroccan identity in the sense that it is historically the language imposed by Europeans and now used by Moroccans for their own benefit.

References

Appel, R., and Muysken, P. (1984). *Language Contact and Bilingualism,* London: Edward Arnold.

Arkoun, M. (1995). 'Aux origines des cultures maghrébines'. In Lacoste, Y. and Lacoste C. (éds.) *Maghreb: Peuples et Civilisations*, Paris: Editions La Découverte.

Baker, C. (1992). *Attitudes and Language*, Clevedon, Avon: Multilingual Matters.

Bentahila, A. (1983). *Language Attitudes in Morocco,* Clevedon, Avon: Multilingual Matters.

Bentahila, A., and Davies, E. (1992). 'Convergence and Divergence. Two Cases of Language Shift in Morocco'. In Fase, W., Jaspaert, K. and Kroon, S. (eds.) *Maintenance and Loss of Minority Languages*, Amsterdam: John Benjamins: 197–210.

Elbiad, M. (1992). 'The Role of Some Population Sectors in the Progress of Arabization in Morocco', *International Journal of the Sociology of Language* 87: 27–44.

Etat (*Etat de la Francophonie dans le Monde*) (1993). Paris: La Documentation française.

Grandguillaume, G. (1984). *Arabisation et politique linguistique au Maghreb*, Paris: Maisonneuve et Larose.

Renan, E. (1992). *Qu'est-ce qu' une nation?*, Paris: Presses Pocket.

Stevens, P. (1983). 'Ambivalence, Modernisation and Language Attitudes: French and Arabic in Tunisia', *Journal of Multilingual and Multicultural Development* Vol. 4, (2/3): 101–114.

Youssi, Abderrahim (1995). 'The Moroccan Triglossia: Facts and Implications', *International Journal of the Sociology of Language* 112: 29–43.

La dimension francophone à Maurice et analyse de l'identité mauricienne

Anu Bissoonauth, University of Humberside

Cette communication comprend deux parties: la première traite de la dimension francophone prédominante dans une île plurilingue ayant comme langue officielle l'anglais. La deuxième partie analysera l'identité mauricienne à travers les résultats d'une enquête menée dans le cadre de notre thèse de doctorat. Ces résultats montrent que la perception linguistique des jeunes adolescents est imprégnée d'une forte dose de pragmatisme voire réalisme. En effet, les langues semblent remplir des fonctions distinctes, mais néanmoins complémentaires. L'anglais et le français ont un statut élevé car ils sont associés à la mobilité sociale et à la réussite dans l'éducation. La position privilégiée du français se trouve d'autant plus renforcée car il entretient avec le créole, lingua franca de l'île, une relation diglossique dans laquelle le créole a un statut inférieur par rapport au français.

1. Maurice dans l'espace francophone

1.1 Maurice: exemple atypique parmi les pays francophones

L'espace francophone se veut un lieu de dialogue et d'échange, dans l'égalité et la liberté, entre peuples qui partagent la même langue. Cette volonté communautaire est manifeste dans les sommets de la Francophonie, qui ont été suggérés à l'initiative du président Mitterrand en 1986. Ces sommets sont plus communément appelés « Conférence des Chefs d'Etat et de Gouvernement des pays ayant le français en partage » depuis 1993, date du cinquième sommet, qui s'est tenu à Maurice. Lors de ces conférences, les chefs d'état ou de gouvernement se concertent sur des grandes questions internationales, politiques et économiques, mais arrêtent également des projets de coopération très précis dans des secteurs stratégiques tels que l'agriculture, l'énergie, l'éducation, la culture, la communication, l'information scientifique et technique. Un comité international est ensuite chargé de coordonner l'exécution des décisions adoptées par les sommets en s'appuyant sur des réseaux d'experts de l'Agence de Coopération Culturelle et Technique (ACCT), principale opératrice des sommets.

A chaque sommet francophone, les autorités de la république s'insurgent contre les atteintes portées à la langue française. Les mises en garde viennent du plus haut niveau contre l'hégémonie croissante de l'anglo-américain dans les domaines de la publicité, du commerce, de la recherche, ou de la production cinématographique. Alors que la langue française connaît un net recul dans le monde et dans la plupart des pays francophones, Maurice est le seul pays au monde où la langue anglaise régresse en faveur du français (Grousset, 1993). L'île Maurice a été qualifiée par Daniel Huguet, conseiller culturel à Maurice, comme l'un des pays les plus francophones de par le nombre important de locuteurs francophones. En effet, plus de 80% de Mauriciens peuvent communiquer de manière usuelle en français (Huguet, 1993: 161). Le fait d'avoir choisi Maurice pour accueillir le cinquième sommet de la francophonie démontre non seulement l'attachement que porte la France à son ancienne Isle de France, mais aussi l'atout important que représente Maurice pour le gouvernement français et pour la francophonie. Malgré un multilinguisme qui demeure une des caractéristiques principales de l'île, la dimension francophone est néanmoins dominante à Maurice. Cet état de choses s'explique par une conjugaison de plusieurs facteurs, à savoir:

1) l'histoire de l'île, ainsi que son évolution socioculturelle et sociolinguistique.
2) les efforts du gouvernement français, qui, à travers l'Ambassade de France et divers organismes, mène une action culturelle qui dépasse largement celle des autres puissances présentes à Maurice (Bienvenu, 1993: 59).
3) une pratique linguistique en faveur du français dans le milieu scolaire.
4) la préférence des jeunes Mauriciens pour le français, préférence expliquée en partie par l'histoire de l'île, et en partie par son lien de parenté avec le créole mauricien, un créole à base lexicale française parlé par 95% de Mauriciens.

Nous nous proposons d'examiner chacun de ces points dans le courant de ce chapitre.

1.2 Histoire sociale de l'île

L'île Maurice était inhabitée quand les Français la colonisèrent en 1721. Ils y emmenèrent des esclaves d'Afrique et de Madagascar pour cultiver des plantations de canne à sucre. Ainsi ces esclaves durent acquérir tant bien que mal, plutôt mal, la langue de leurs maîtres, comme ils ne parlaient pas tous la même langue étant issus de tribus différentes, et parce que les langues serviles étaient officiellement interdites dans les sociétés coloniales (Chaudenson, 1992: 1252). C'est à partir du contact entre d'une part le français populaire et régional, et d'autre part, les langues africaines qu'est née la langue créole aux XVIIe et XVIIIe siècles dans les plantations esclavagistes. Peu à peu ce parler, transmis aux nouveaux arrivants, a évolué pour se constituer en langue autonome.

Au XIXe siècle, Maurice tomba aux mains des Britanniques. Il faudrait rappeler que l'acte de capitulation, le traité de Paris, stipulait que les habitants pouvaient conserver leurs religions, lois, coutumes et terres. Cependant, la langue de l'administration devait être l'anglais. C'est ce qui explique la prolifération du créole et du français dans cette ancienne colonie britannique.

L'affranchissement des esclaves au milieu du XIXe siècle provoqua une crise dans l'industrie de la canne à sucre, car il ne restait presque plus d'esclaves pour travailler volontairement dans les champs. Par conséquent, les Britanniques ont fait venir un grand nombre de travailleurs indiens sous contrat. Ces derniers, pour la plupart, ont d'ailleurs préféré rester sur l'île à la fin de leur contrat plutôt que de rentrer en Inde, pour des raisons socio-économiques. L'immigration massive de travailleurs indiens pendant l'occupation britannique a changé la composition ethnique de la population mauricienne qui est devenue, à la fin du XIXe siècle, majoritairement d'origine indienne.

Les travailleurs indiens, issus de différentes régions de l'Inde, arrivaient souvent avec leurs familles. Ainsi ils emmenèrent avec eux leur religion (hindoue ou musulmane), leurs dialectes régionaux, ainsi que leurs coutumes et traditions. Néanmoins, une fois sur l'île, ils ont aussi dû apprendre le créole et le français pour communiquer avec le reste de la population non-indienne. Des historiens ont d'ailleurs fait remarquer que les Britanniques n'ont pas vraiment cherché à angliciser la colonie car ils auraient pu le faire en exploitant le potentiel linguistique représenté par les Indiens pour rendre l'anglais obligatoire dans l'île (Chaudenson, 1979: 546).

Une autre catégorie d'immigrés à s'installer sur l'île à cette époque, était des commerçants chinois. Ceux-ci étaient originaires de Chine et de Hong-Kong, et parlaient le plus souvent le hakka, un dialecte chinois, le mandarin ou le cantonais. L'immigration chinoise s'est poursuivie jusqu'au moment de l'indépendance en 1968, mais en nombre de plus en plus restreint.

Pour résumer, les deux périodes coloniales ont contribué à diversifier la population mauricienne tant sur le plan ethnique et culturel que linguistique. Cependant, la colonisation britannique a opéré une politique de tolérance à l'égard des autres langues et cultures. C'est ce qui explique la présence et la prolifération des langues asiatiques et européennes, et plus particulièrement du français et du créole.

1.3 La situation sociolinguistique actuelle.

La population mauricienne comprend un million d'habitants et se compose de 66% d'Indo-Mauriciens, 30% de Population Générale (cette catégorie comprend les Mauriciens de souche Européenne, Africaine et Métisse) et 4% de Sino-Mauriciens. Les religions principales sont l'hindouisme, le catholicisme et l'islam.

Le multilinguisme reste le caractère majeur de la situation linguistique mauricienne (Chaudenson, 1979: 508). Le recensement de 1990 a mentionné une douzaine de langues qui sont couramment parlées par les Mauriciens de différents groupes ethniques et linguistiques. Ces langues sont par ordre alphabétique: l'anglais, le chinois (hakka, cantonais), le créole, le français et les langues indiennes (le bhojpuri, le gujrati, le hindi, le marathi, le tamil, le telegu, l'urdu). Une explication de leur statut, fonction et de leur contexte d'usage permet de mieux saisir la complexité de la réalité linguistique à Maurice.

L'anglais, langue officielle, est théoriquement obligatoire dans l'administration, les cours de justice, au parlement, et dans l'enseignement. Mais la réalité est différente. Dans les tribunaux par exemple, des interprètes sont disponibles dans différentes langues sauf pour le créole. A l'assemblée nationale la langue officielle est l'anglais, mais le français est aussi accepté (Hookoomsing, 1993: 26). L'exemple le plus parlant, est sans doute dans le système éducatif qui stipule que la langue de l'instruction est l'anglais mais qu'il est permis d'utiliser «les langues de l'environnement» pour faciliter la réussite scolaire, sans pour autant les mentionner (Tirvassen, 1992: 70). Ce point sera abordé plus en détail dans la section 1.5. L'anglais a un statut aussi prestigieux que le français, mais à la différence du français, l'anglais n'a pas d'ancrage historique, c'est à dire qu'il n'est la langue maternelle d'aucun groupe social en particulier. De ce fait, il est considéré comme une langue plutôt «neutre» (Ramharai & Taher, 1991: 86).

Les langues chinoises (le hakka, le cantonais, le mandarin) sont des langues minoritaires. Elles sont parlées par des personnes âgées et de moins en moins par les jeunes (Stein, 1982: 619).

Le créole est la lingua franca de l'île mais son statut demeure sans rapport avec sa fonction. Le créole, même s'il est parlé par la quasi majorité des Mauriciens, n'est pas une langue standard. De plus, il ne jouit d'aucun prestige auprès des autres langues standard européennes et indiennes. Nous avons ainsi un modèle diglossique classique entre le créole et le français (Stein, 1982: 135). Dans cette diglossie les besoins de communication sont couverts par les deux langues mais c'est leur statut social qui diffère. En effet, le français, langue standard, a un statut élevé alors que le créole, langue orale, a un statut plus bas.

Le créole trouve, cependant, des défenseurs qui voient en lui un moyen de surmonter les rivalités ethniques et de fonder une unité nationale. Néanmoins, les personnes ou groupes, qui revendiquent le statut de langue pour le créole, se sont souvent engagés dans des partis politiques d'extrême gauche. La revalorisation du créole a été alors perçue comme symbole d'une idéologie de l'extrême gauche. Ce qui s'est traduit sur le plan social par une méfiance et, sur le plan linguistique par un refus de standardisation du créole.

Toujours est-il que le créole a vu son statut et son rôle se modifier durant ces vingt dernières années et son champ d'application s'en est vu élargi. Il a fait son apparition dans la vie politique et religieuse, tout en ayant un usage limité. L'utilisation du créole paraît dans tous les cas être liée à un souci d'efficacité immédiate et de réalisme, comme par exemple dans le domaine de la publicité, pour promouvoir des produits de consommation courante (nourriture, produits électroménagers, médicaments etc). Le créole est aussi utilisé dans des programmes de santé et dans l'éducation des ouvriers analphabètes par le groupe LPT (Ledikasyon pou Travayer = éducation des ouvriers). Ce groupe a introduit un système orthographique propre à lui et a aussi publié des livres en créole. Il existe aussi deux autres orthographes qui sont utilisées mais aucune d'elles n'est standard.

Le *français*, jadis langue maternelle des Franco-Mauriciens, n'est plus aujourd'hui le monopole des Franco-Mauriciens, mais il est plutôt la marque d'une bourgeoisie. Le français est aussi la langue la plus fréquemment employée dans des interactions sociales surtout dans les régions urbaines (banques, magasins, agences de voyages etc) et les écoles. La presse locale est écrite majoritairement en langue française. Celle-ci compte cinq grands quotidiens, une dizaine d'hebdomadaires, quelques mensuels et revues périodiques (Cornic, 1993: 89). Le français semble aussi transcender les barrières ethniques pour ce qui est de la littérature, car les auteurs mauriciens qui écrivent en langue française aujourd'hui appartiennent à tous groupes ethniques confondus (Bienvenu, 1993: 60).

Les *langues indiennes* dans le contexte mauricien comprennent le gujrati, le hindi, le marathi, le tamil, le telegu et l'urdu. Le bhojpuri, un dialecte du Nord de l'Inde, est la langue que parlaient les travailleurs originaires du Bihar, de l'Uttar Pradesh et du Bangladesh actuel. Ce dialecte maintient un rapport diglossique, dans le sens classique du terme, avec le hindi, comme le créole par rapport au français. De plus, Stein (1982) a fait remarquer qu'il y a une autre situation diglossique, qu'on pourrait qualifier de non-classique, entre le créole et le bhojpuri. Dans ce deuxième cas c'est le créole qui a plus de prestige que le bhojpuri. Stein se réfère à Domingue (1971) qui en a fourni l'explication: « Creole has the prestige of a more useful language since it allows communication with members of other speech communities, and it represents the values of city living and white collar jobs» (Stein, 1982: 136). Il faudrait aussi noter que les langues indiennes et chinoises sont aussi appelées langues orientales ou langues ancestrales dans le contexte mauricien.

Stein a distingué deux catégories de langues à Maurice: les langues «supracommunautaires» (anglais, français, créole), dont la connaissance n'est pas limitée à un groupe ethnique et linguistique en particulier, et les langues «intracommunautaires» (langues indiennes et chinoises) dont la connaissance est limitée à un groupe ethnique et linguistique (Stein 1982: 614–9). Il a aussi fait remarquer que l'évolution linguistique de ces deux catégories était opposée, à savoir que la connaissance des langues supracommunautaires augmentait, surtout chez ceux qui ont fait des études, alors que celle des langues intra-communautaires diminuait d'une manière générale. Dans ce trilinguisme courant anglais/français/créole, c'est le bilinguisme créole/français qui domine nettement la situation linguistique. Bien que le créole soit de plus en plus admis dans tous les contextes, c'est le français qui occupe une place privilégiée dans l'environnement socio-culturel.

Stein a aussi constaté un recul des langues indiennes et chinoises d'une manière générale, et plus particulièrement du bhojpuri au profit du créole dans les campagnes. Si le bhojpuri est encore parlé dans les régions rurales, où la population Indo-Mauricienne est majoritaire, il l'est de moins en moins dans les régions urbaines. L'explication linguistique qui en a été proposée est que les langues indiennes ne jouent pas le rôle de lingua franca que joue le créole.

Cette première partie a eu pour objet de démontrer comment une dimension francophone dominante s'est développée d'une manière quasi naturelle dans une île plurilingue, multiculturelle et multiraciale. La deuxième partie a pour but de développer les deuxième et troisième points énoncés au départ, à savoir une promotion accrue de la langue française de la part du gouvernement français et une pratique linguistique qui privilégie le français dans le milieu scolaire mauricien.

Tableau récapitulatif du rôle, contexte d'usage et fonction des langues

Langues	Statut	Contexte	Fonction
anglais	standard officiel prestige	éducation administration médias	communication formelle neutre
français	standard quasi-officiel prestige	éducation médias	communication sociale identitaire
créole	non-standard	le quotidien	communication populaire idéologie
bhojpuri	non-standard	le quotidien	communication rurale surtout
langues orientales	standard prestige	éducation médias religion	identité religieuse et culturelle

2. Politique et pratique linguistiques en faveur du français

2.1 Politique linguistique et culturelle du gouvernement français à Maurice

Les organismes, organisations et institutions qui oeuvrent pour le développement de la langue française à Maurice sont nombreux comme l'a constaté Daniel Huguet (Huguet, 1993: 162–3). Parmi ceux-ci nous pouvons citer tout d'abord le réseau de l'Alliance Française à Maurice, qui possède une maison-mère et 8 filiales sur tout le territoire, une dans chaque district de l'île. Ensuite, viennent le Centre Culturel d'Expression Française, situé à Curepipe, qui bénéficie régulièrement des subventions du Service Culturel de la Mission de Coopération et d'Action Culturelle (ACCT), et le Centre Culturel Charles Baudelaire, situé à Rose-Hill, dont la bibliothèque comporte un centre d'information technique, scientifique et économique. Il y a aussi le Centre d'Information, de Formation, d'Orientation et de Documentation qui est très impliqué quant à lui, dans des opérations d'apprentissage et d'amélioration de la lecture à l'école, ainsi que dans la promotion des éditions en langue française. Finalement, nous pouvons citer le Bureau du Livre qui est rattaché au Service Culturel, ainsi que deux bibliobus, offerts par la mission de Coopération au Ministère de l'Education et des Sciences (dans le cadre d'une pédagogie rénovée), et au Ministère des Droits de la Femme, du Développement de l'Enfant et du Bien-Etre de la Famille.

La promotion et la dissémination de la langue française s'effectue par l'intermédiaire de plusieurs canaux:

(i) l'aide à la formation des enseignants.

(ii) le financement du lycée français par le ministère français des Affaires Etrangères.

(iii) l'élargissement du réseau audiovisuel grâce à RFO (Radio France Outremer), l'un des grands réseaux francophones par satellite. Les Mauriciens peuvent recevoir le journal de 20 heures en direct de France tous les jours.

Cette action dynamique menée par le gouvernement français, bien qu'elle soit efficace, trouve encore plus d'impact dans un environnement naturellement favorable au français, qui est aussi encouragé par les institutions de l'état telle que l'éducation comme nous le verrons au prochain paragraphe.

2.2 Politique et pratique linguistiques en milieu scolaire.

En 1957 une ordonnance règlemente l'usage des langues dans l'instruction publique à Maurice (Tirvassen, 1992: 64–5). L'anglais et le français doivent être enseignés dès la première année à l'école primaire. Comme nous l'avons déjà signalé dans la section 1.3, le médium de l'enseignement est en principe l'anglais, mais en pratique, les professeurs peuvent utiliser la langue qui leur paraît la plus susceptible de promouvoir la réussite scolaire de leurs élèves au cours des trois premières années. Ainsi, la décision officielle reconnaît aux professeurs la possibilité d'utiliser une langue autre que l'anglais lorsqu'il y a nécessité pédagogique de le faire. A ce stade de l'enseignement, l'usage du français et du créole se fait d'une manière générale avec cependant, la prédominance du français en milieu urbain et du créole en milieu rural. Le français joue donc un rôle majeur dès l'enseignement primaire (de 5 à 11 ans). Le matériel didactique et les livres sont rédigés en anglais mais les explications sont souvent données en français.

Depuis les années 70 et 80 les gouvernements successifs ont voulu promouvoir le caractère multilingue de la nation mauricienne grâce à l'introduction des langues «ancestrales» (c'est à-dire les langues indiennes et chinoises) dans l'enseignement. Le but d'une telle politique fut d'une part, la préservation des langues et traditions ancestrales en fournissant la possibilité de les apprendre de l'école primaire à l'université. D'autre part, c'était une manière de mettre l'accent sur l'appartenance ethnique, l'héritage culturel et linguistique, et par là même de renforcer leur valeur symbolique.

Les langues orientales (arabe, hindi, marathi, mandarin, tamil, telegu, urdu) demeurent une option possible dès la troisième année du cursus primaire et pendant tout le long du cursus secondaire. En 1992 les élèves avaient la possibilité de passer des examens en huit langues orientales, les sept langues citées ci-dessus avec le sanskrit également (Rughoonundun, 1993: 35). Toujours dans la perspective qui encourage l'enseignement et l'acquisition des langues orientales, l'université de Maurice offre la possibilité de faire une licence d'anglais ou de français, avec le hindi en langue optionnelle. Un diplôme bilingue langue orientale/français a aussi dû voir le jour, il y a peu de temps, entre l'institut Mahatma Gandhi et l'I.N.A.L.C.O (Institut National des Langues et des Cultures Orientales) à Paris (Rughoonundun ibid.).

L'utilisation du créole dans la salle de classe, surtout au niveau du primaire, avait été recommandée par l'UNESCO en 1953. De plus, plusieurs commissions d'enquête sur l'éducation depuis l'indépendance ont insisté sur l'emploi des langues de l'environnement pour faciliter l'apprentissage chez les jeunes (Tirvassen, 1992: 67–8). Cependant, de telles recommandations n'ont jamais été vraiment acceptées par les Mauriciens eux-mêmes, ni suivies par les gouvernements successifs qui ont été au pouvoir depuis l'indépendance.

Pour résumer cette deuxième partie, la langue française garde un certain privilège à l'île Maurice. Cette prédilection est encore renforcée par une politique active et dynamique sur le terrain que mène le gouvernement français. Quant au gouvernement mauricien, même si la promotion du multilinguisme reste toujours au centre des préoccupations gouvernementales et pédagogiques, le français est une des langues les plus fréquemment employées en milieu scolaire et l'utilisation du créole dans le système éducatif demeure plus officieuse qu'officielle.

Vu la situation linguistique complexe, l'accroissement du trilinguisme (anglais, créole, français) et le déclin des langues orientales (Stein, 1982), nous avons étudié, dans le cadre de notre thèse, l'usage langagier ainsi que la perception linguistique des jeunes Mauriciens. La partie qui suit traitera des attitudes sur l'adoption du créole dans le système éducatif et la perception des langues d'une manière générale. Les réponses nous permettront également d'essayer de cerner l'identité véhiculée à travers le choix et la perception des langues dans le contexte plurilingue mauricien.

3. Perceptions linguistiques des jeunes Mauriciens

3.1 Présentation de l'enquête

Pour avoir un échantillon représentatif de la population adolescente en milieu scolaire nous avons mené une enquête, en 1993, dans une dizaine d'établissements scolaires secondaires situés dans différentes régions de l'île. Il y avait en tout 200 témoins âgés de 11 à 20 ans. L'échantillon comprenait 49% de filles et 51% de garçons.

La méthodologie qui a été utilisée pour rassembler les données est celle du questionnaire et de l'entretien individuel.   Le questionnaire était rédigé en anglais et en français et comportait trois parties: la première concernait les renseignements d'ordre biographique. La deuxième partie contenait des questions linguistiques ayant trait à l'emploi des langues dans différents contextes. Finalement, la troisième partie était destinée à nous renseigner sur les perceptions et les attitudes des jeunes Mauriciens face aux langues qu'ils parlent, et plus particulièrement, face au créole. Un exemplaire du questionnaire en français figure en annexe.

Nous avons fait passer 46 entretiens individuels. Les questions des entretiens suivaient un même plan et se déroulaient généralement de la même manière, dans les trois langues (anglais, créole, français). Les deux langues les plus employées furent le français et le créole. Les entretiens d'une durée de dix à quinze minutes par témoin étaient enregistrés. Le point de départ des entretiens fut la dernière question du questionnaire qui était la suivante:

Si vous aviez la possibilité, aimeriez-vous:

a) Apprendre le créole à l'école?   OUI   NON
b) Etre enseigné en créole à l'école?   OUI   NON
c) Parler le créole uniquement?   OUI   NON
d) Avoir le créole comme langue principale à Maurice?   OUI   NON

Pouvez-vous dire pourquoi en général?

3.2 Analyse des données et résultats

L'analyse des données du questionnaire s'est faite par ordinateur suivant les facteurs sociologiques de l'âge, du sexe, du domicile et du statut social des parents, estimé à partir de leurs catégories socio-professionnelles. Le corpus oral, quant à lui, a été transcrit et analysé. Ainsi nous avons pu dégager des tendances générales ainsi que des particularités. Les exemples cités en guise d'illustration sont extraits du corpus oral uniquement. Le sexe et l'âge du témoin figurent entre parenthèses et précèdent les citations.

Les résultats (voir tableau ci-dessous) du corpus analysé par ordinateur montrent que la majorité des témoins sont contre l'adoption du créole dans le système éducatif. Il y a néanmoins une minorité non-négligeable qui serait d'un avis contraire. Comme nous pouvons le remarquer les pourcentages sont variables pour chaque choix, ce qui laisserait supposer un avis partagé sur la question. Nous avons aussi pu distinguer quatre catégories de points de vues face à l'adoption du créole dans le système scolaire: les témoins qui sont pour, ceux qui sont contre, ceux qui ont une attitude mixte et ceux qui disent qu'ils ne savent pas ou qui restent silencieux. Nous allons tour à tour examiner chacun de ces points de vue.

	oui	non	non-réponse
apprendre le créole à l'école	18.4% (37)	77.8% (153)	3.8% (8)
être enseigné en créole	23.9% (48)	72.7% (145)	3.4% (7)
parler créole uniquement	17.4% (35)	78.6% (157)	3.9% (8)
créole comme langue principale à Maurice	29.4% (59)	65.6% (131)	5.1% (10)

(Les chiffres qui figurent entre parenthèses correspondent au nombre d'enquêtés)

3.3 Attitudes face aux langues.

3.3.1 Ceux qui sont en faveur du créole à l'école

La deuxième et la quatrième options sont les plus populaires avec 23.9% et 29.4% de réponses favorables. Cette attitude «positive» face à l'adoption du créole comme langue d'enseignement et comme langue principale comporte néanmoins des nuances comme l'ont laissé apparaître les entretiens. Pour ce qui concerne la quatrième catégorie, les réponses mettent l'accent sur le rôle du créole en tant que lingua franca et la nécessité de connaître le créole dans une population où pratiquement tout le monde l'utilise. Les réponses les plus complètes dans ce domaine sont peut-être les suivantes:

(M/12) «All the people can speak Creole in Mauritius ».

(M/16) «...les gens qui ne vont pas à l'école ne peuvent pas parler d'autre langue que le créole»

D'autres réponses insistent sur l'accessibilté et la simplicité du créole surtout à l'école en tant que moyen pour lutter contre l'échec scolaire. Cet élément prévaut dans les réponses que nous citerons ci-dessous:

(M/16) «Creole is easy for me to understand».

(M/14) «Parce qu'il y a des élèves qui savent parler plus le créole que l'anglais et je pense s'ils étudient le créole ils seraient plus classés et puis sera [sic] meilleur dans ce sujet là ».

Parmi ceux qui acceptent le créole dans le système éducatif et comme langue principale certains (une faible minorité) ont insisté sur sa valeur symbolique. En tant que langue des ancêtres, le créole fait partie du patrimoine culturel et linguistique:

(M/17) «Pour ne pas perdre nos racines...»

(F/14) «C'est notre langue natale et je parle tous les jours à la maison avec mes amis, mes grands-parents, mes cousins et tous les jeunes de mon âge».

Pour quelques témoins le rôle attribué au créole devrait être nettement plus important et il faudrait le standariser et peut-être en faire une langue officielle:

(F/16) «Nou bizin commence écrire créole montrer in pé l'ortograf parce qui pou lé moment pé éna narien». (Nous devons commencer à écrire le créole enseigner un peu l'orthographe car en ce moment il n'y a rien).

Il y a une seule attitude hostile vis-à-vis d'autres langues expliquée par un sentiment plutôt nationaliste:

(M/15) «If we see other countries they have their language for example England. If someone says he comes from England we must talk English to him or if they come from France we must speak French why when we Mauritians go to other country why shall we talk English and French [...]et les gens qui viennent à Maurice ils apprendront le créole ils seront curieux d'apprendre ce sujet là ».

Nous pouvons ainsi remarquer dans quelques-uns des cas cités ci-dessus des sentiments qui montrent, l'existence d'une identité mauricienne qui repose sur le fait de partager une même langue maternelle et dont l'instrumentalisation est perçue comme positive.

3.3.2 Ceux qui sont contre le créole

Il y aussi quelques réponses avec des commentaires négatifs sur le créole. Ces réponses montrent que le créole demeure encore méprisé par une partie de la population.

(F/13) «Je n'aime pas trop parler le créole et je n'aimerais pas être enseignée en créole».

(F/15) «I think it's a bit rude, I don't know ».

Les termes tels que dialecte ou encore patois sont employés pour désigner quelque chose de «moins» qu'une langue. Ces réponses où apparaissent ces termes font resurgir le discrédit dont souffre encore le créole tout en lui refusant le statut de langue.

(F/16) «parce que le créole c'est un dialecte, il n'y a même pas de verbe, ni de dictionnaire etc...»
(F/18) «le créole est un dialecte à interprétations différentes»

3.3.3 Attitude mixte face au créole

C'est d'une manière générale l'opinion la plus répandue comme le montrent les deux tiers des entretiens (30/46). Bien que la majorité ne soit pas en faveur de l'adoption du créole dans le système éducatif, elle s'accorde néanmoins à reconnaître que c'est la langue que parlent et comprennent tous les Mauriciens. Dans cette catégorie le refus envers le créole comme langue d'enseignement est expliqué par une attitude plutôt pragmatique qui insiste sur les limitations du créole et les possibilités que représentent les langues européennes comme ouverture sur le monde extérieur et sur le marché du travail. Bien que le multilinguisme soit perçu comme un atout majeur, les témoins pensent que le créole devrait être utilisé pour faciliter la compréhension, et non comme langue d'enseignement dans les salles de classe. Ce point de vue est renforcé par les réponses obtenues pour la troisième catégorie de cette question. En effet, la majorité des témoins (80%) refusent de parler uniquement le créole. Les exemples que nous pouvons citer sont les suivants:

(M/15) «Pour mieux comprendre l'explication du professeur, parce qu'on pratique le créole dès l'enfance».
(F/17) « Le créole ne va pas nous servir dans le futur puisque le monde évolue à grands pas vers le futur [...] le créole on le connaît depuis notre plus jeune âge, ben je pense qu'on devrait étudier d'autres langues que le créole lui-même».
(M/16) «On aura beaucoup d'ennuis à parler le français ou l'anglais. Et ça va nous poser beaucoup de problèmes en classe parce qu'on étudie l'anglais comme sujet principal et sans anglais on ne peut pas aller plus loin».
(M/16) «Le créole ne nous aidera pas à l'avenir parce que si vous parlez le français vous pouvez avoir des idées quand vous écrivez des compositions et dans d'autres sujets».
(F/18) «A Maurice on a ce problème côté langage parce qu'on manque de pratique surtout l'anglais on parle pas assez et le français aussi. Tandis que le créole on le parle couramment à la maison».

(M/16) «For my job it will be better to know English and French also».

(F/15) «Il y a très peu de gens qui comprennent la langue créole à l'étranger. Parce que j'aime être enseigné en anglais et en français et l'anglais est une langue universelle».

(F/132) «Mais avec les autres langues on pourra améliorer nos connaissances au lieu de se concentrer uniquement sur le créole».

Il n'est peut-être pas tellement paradoxal de constater des sentiments mixtes où se mêlent refus et affection pour le créole chez certains témoins. L'attitude envers le créole, même si elle semble conflictuelle, demeure néanmoins réaliste. En effet, pour communiquer avec les autres le créole est utile, mais les adolescents sont aussi conscients de son effet réducteur et par là même ils s'opposent à tout mouvement normalisateur:

(F/17) «I don't want to say that I do not like Creole because I like Creole because it is a tradition of our ancestors but I don't think it will be utile [sic] to us ».

(M/16.) «Creole is our mother tongue but English is speak [sic] throughout the world».

3.3.5 Les non-réponses

Il y a aussi eu quelques témoins qui n'ont pas répondu à la question et qui ont refusé de développer leur point de vue, soit parce qu'ils ne désiraient pas le faire, soit parce qu'ils n'avaient pas vraiment d'opinion sur cette question. Une autre raison pourrait aussi être une indifférence quant à la situation linguistique du pays.

3.4 Conclusion

Les résultats de notre enquête montrent que même si la majorité des témoins est contre l'adoption du créole dans le système éducatif mauricien, pour des raisons pragmatiques, cette même majorité s'accorde à reconnaître que le créole est la lingua franca de l'île, ce qui lui donne une authenticité et un cachet uniques. En outre, il y a une faible minorité en faveur de l'adoption du créole dans le système éducatif, mais pour des raisons de réussite scolaire et d'attachement sentimental plutôt que pour des raisons idéologiques.

Les attitudes semblent être influencées par la position de l'instance étatique qui considère que la langue créole doit demeurer essentiellement une langue orale, et qui a choisi de mettre à l'écart une politique linguistique influencée par une idéologie quelle qu'elle soit, au profit d'un «bon sens pratique» inspiré par un multilinguisme et une ouverture au monde extérieur. En effet, comme nous l'avons signalé dans la deuxième partie, l'état n'essaie pas d'imposer une politique linguistique en faveur du créole, ni de promouvoir son utilisation dans l'enseignement, mais de jouer la carte du multilinguisme. Robillard a d'ailleurs fait remarquer qu'une décision en faveur du créole risquerait fort de soulever un débat passionnel, qui pourrait s'envenimer et tourner en «crispation identitaire de la part des locuteurs qui craignent de voir le créole prendre une place trop grande, aux dÈpens d'autres langues» (Robillard, 1993: 128). C'est peut-être pour cette raison que les acteurs sociaux, en commençant par l'état et les pédagogues, laissent faire le «statu quo» linguistique.

En résumé, il semble que le gouvernement français ait trouvé un terrain propice pour mener son action de promotion de la langue et de la culture française à Maurice. Cette politique se trouve d'autant plus renforcée et encouragée par une aide financière importante de la part du gouvernement français (cf. 2.1). De plus, la pratique linguistique dans le milieu scolaire mauricien a aussi tendance à favoriser le français dans la salle de classe, même si l'enseignement devrait se faire en anglais (cf. 2.2). D'autre part, même si la politique linguistique des gouvernements successifs a été d'encourager et de promouvoir le multilinguisme grâce à l'éducation, le choix des Mauriciens ne va pas dans le même sens comme l'indiquent les résultats de notre enquête. En effet, la majorité des enquêtés disent préférer l'anglais et le français pour des raisons que nous avons déjà citées.

Pour revenir à notre point de départ c'est à dire la francophonie à Maurice, on pourrait se poser la question suivante: est-ce que la sécurité linguistique et le privilège dont jouit le français de par son histoire (cf première partie) et dans les institutions telle que l'éducation (cf deuxième partie) ne risquent pas de s'atténuer à l'avenir? Il ne faudrait pas oublier que même s'il n'y a pas eu besoin de politique linguistique pour promouvoir la langue française à Maurice, la situation socio-économique a énormément changé depuis les quinze dernières années. Le pays connaît une stabilité politique et une prospérité économique. En effet, au moment de l'enquête le pays connaissait une situation de plein emploi. Les Mauriciens valorisent l'éducation et si leur situation financière le leur permet, ils préfèrent faire des études supérieures à l'étranger. Les destinations favorisées sont bien sûr la France et le Royaume-Uni, mais aussi des pays anglophones situés à proximité comme l'Afrique du Sud, l'Inde, Singapour, et aussi l'Australie attirent de plus en plus de Mauriciens. De plus, les études universitaires y sont moins onéreuses. Le choix des Mauriciens qui auront poursuivi des études dans ces pays-là pourrait peser lourd dans la balance linguistique dans les prochaines décennies.

Du côté de l'Hexagone, on peut constater une contradiction entre le discours officiel sur la francophonie et la réalité de l'action menée sur le terrain. Par exemple le *Canard Enchaîné* datant du 20 mars 1996, avec son ironie bien connue, a fait remarquer que pendant que le président Chirac parcourait la planète d'Est en Ouest, de New-York à Bangkok, tout en vantant la francophonie, son premier ministre, Alain Juppé, prévoyait de geler plus de 60 millions de francs de crédits du Quai d'Orsay dans le domaine de l'audiovisuel. Parmi les budgets touchés figuraient ceux de Canal France International et la chaîne francophone par cable et satellite TV5. On pourrait alors se poser la question de savoir quelles seraient les répercussions à long terme sur la francophonie d'une telle politique?

La pluralité des langues et l'usage langagier des Mauriciens nous permettent d'introduire le concept de multi-identités dans lequel les locuteurs auraient recours à différents comportements linguistiques pour exprimer leur identité. En effet, les jeunes Mauriciens sont pour la plupart d'entre eux trilingues, voire quadrilingues dans certains cas, et ils n'hésitent pas à passer d'une langue à une autre suivant le contexte dans lequel ils se trouvent. Ainsi, plus une situation est formelle, plus les langues européennes s'imposent. Au contraire, si la situation est informelle, comme à la maison, avec les proches ou les amis, le créole ou le bhojpuri prendra le dessus. Dans le cas des cérémonies et fêtes religieuses ce seront les langues indiennes, chinoises, l'anglais ou le français qui seront utilisés. Ainsi nous pouvons suggérer que les différents comportements linguistiques seraient le reflet d'une multitude d'identités qui varieraient suivant le contexte, les désirs, ambitions, choix, plus ou moins conscients, des individus. Si par exemple les individus étaient motivés par un désir de poursuivre des études à l'étranger et de gravir l'échelle sociale, ils seraient plus à même de choisir et de parler les langues européennes; si au contraire, ils étaient plus poussés à rester sur l'île, le français et le créole leur seraient plus utiles; si au contraire ils connaissaient des difficultés scolaires, ils seraient peut-être plus portés vers le créole. Ce concept de multi-identités n'empêcherait pas l'existence de plusieurs identités chez un même individu.

Ce dernier point nous permet de pousser la réflexion un peu plus loin et d'ouvrir une perspective plus large en suggérant d'autres études comparatives dans des sociétés post-coloniales se rapprochant de Maurice. Celles-ci nous permettraient d'approfondir ce concept de modèle dynamique, implicite dans la notion d'identités multiples, qui se manifesterait à travers les comportements et choix linguistiques qu'opèrent les individus dans un contexte social donné.

Références

Bienvenu, L. (1993). 'La presse écrite, la langue française et la visite du Président Mitterand en 1990', *Culture et Pédagogie. Revue de l'A.M.E.F*, 10–11 septembre 1993: 58–62.

Le Canard Enchaîné, 20 mars 1996.

Chaudenson, R. (1992). 'Les Langues Créoles', *La Recherche*, 248: 1248- 1256.

Chaudenson, R. (1979). 'Le français dans les îles de l'Océan Indien'. In *Le Français hors de France*, Valdman, Chaudenson, Manessy (éds.), Paris: Honoré Champion: 567–586.

Cornic, A. (1993). 'La littérature mauricienne d'expression française: une présentation', *Culture et Pédagogie. Revue de l'A.M.E.F*, 10–11 septembre 1993: 87–94.

Grousset, V. (1993). 'L'île qui aime la France', *Le Figaro magazine*, 16 octobre 1993.

Hookoomsing, V. (1993). 'L'île Maurice et ses langues', *Revue du Livre: Afrique, Caraïbes, Océan Indien*, juillet-septembre, 114: 26–31.

Huguet, D. (1993). 'La Mission de coopération et d'action culturelle', *Revue du Livre: Afrique, Caraïbes, Océan Indien*, juillet-septembre, 114 : 161–4.

1990 *Population Census of Mauritius. Resident Population by Language Usually Spoken at Home. Table D8*, Government of Mauritius: Central Statistical Office. Port-Louis. Mauritius.

Ramarai, V. & Taher, A. (1991). 'Ecrire et éditer à l'île Maurice', *Revue du Livre: Afrique, Caraïbes, Océan Indien*, janvier-mars, 104: 86–9.

Robillard, D (1993). 'Les spécificités du créole mauricien', *Revue du Livre: Afrique, Caraïbes, Océan Indien*, juillet-septembre, 114: 123–8.

Rughoonundun, N. (1993). 'Les langues à l'école mauricienne', *Revue du Livre: Afrique, Caraïbes, Océan Indien*, juillet-septembre, 114: 32–5.

Stein, P. (1982). *Connaissance et emploi des langues à l'île Maurice*, Hamburg, Buske: Kreolische Bibliothek 2.

Tirvassen, R. (1992) 'Les langues et l'éducation à l'île Maurice ', *Etudes Créoles*, 15 (2): 63–80.

Questionnaire

1. Nom de votre collège:_____

2. Quel est votre sexe ?   ☐ Masculin   ☐ Féminin

3. Quel est votre âge ?_____

4. Dans quelle classe êtes-vous ?

☐ I   ☐ II   ☐ III   ☐ IV   ☐ V   ☐ VI

5. Où habitez-vous ? _____ Est-ce:

une ville   ☐
un village   ☐
un village sur la côte ☐

6. Quelle est la profession de vos parents ?

	mère	père
Femme de ménage, laboureur, travaille à l'usine	☐	☐
Professeur, infirmier (ère), travaille dans un bureau	☐	☐
Medecin, avocat (e), dentiste	☐	☐
Homme d'affarres, manager	☐	☐
reste à la maison	☐	☐
Autre _____(Précisez SVP)	☐	☐

7. Savez-vous de quelle partie du monde sont venus vos ancêtres ?

Inde	☐
Chine	☐
Afrique	☐
Madagascar	☐
France	☐
Royaume-Uni	☐
Autre _____(Précisez SVP)	☐
Ne sais pas	☐

8. Suivez-vous une religion ?

Hindouisme (Hindou, Marathi, Gujrati, Tamoul)	☐
Islam	☐
Bouddhisme	☐
Christianisme (Catholique, Anglican, Protestant)	☐
Autre _____(Précisez SVP)	☐

9. Quelles sont les langues que vous parlez, écrivez, lisez, comprenez:

	Parlez	Ecrivez	Lisez	Comprenez
Anglais	☐	☐	☐	☐
Allemand	☐	☐	☐	☐
Arabe	☐	☐	☐	☐
Bhojpuri	☐	☐	☐	☐
Cantonais	☐	☐	☐	☐
Créole	☐	☐	☐	☐
Français	☐	☐	☐	☐
Gujrati	☐	☐	☐	☐
Hakka	☐	☐	☐	☐
Hindi	☐	☐	☐	☐
Marathi	☐	☐	☐	☐
Tamil	☐	☐	☐	☐
Telegu	☐	☐	☐	☐
Urdu	☐	☐	☐	☐
Autre (Precisez SVP)	☐	☐	☐	☐

10. Parlez-vous ces langues:

	Très bien	Assez bien	Pas très bien	Quelques mots
Anglais	☐	☐	☐	☐
Français	☐	☐	☐	☐
Créole	☐	☐	☐	☐

11. Quelle(s) langue(s) parlez-vous avec vos parents et votre famille:

	Parents	Grand-parents	Frères & soeurs	Cousins	Oncles & tantes
Anglais	☐	☐	☐	☐	☐
Allemand	☐	☐	☐	☐	☐
Arabe	☐	☐	☐	☐	☐
Bhojpuri	☐	☐	☐	☐	☐
Cantonais	☐	☐	☐	☐	☐
Créole	☐	☐	☐	☐	☐
Français	☐	☐	☐	☐	☐
Gujrati	☐	☐	☐	☐	☐
Hakka	☐	☐	☐	☐	☐
Hindi	☐	☐	☐	☐	☐
Marathi	☐	☐	☐	☐	☐
Tamil	☐	☐	☐	☐	☐
Telegu	☐	☐	☐	☐	☐
Urdu	☐	☐	☐	☐	☐
Autre (Precisez SVP)	☐	☐	☐	☐	☐

12. Quels sont les sujets que vous étudiez à l'école, quels sont ceux que vous préférez et quel est celui que vous détestez ?

	Etudiez	Préférez en premier	Préférez en second	Préférez en troisième	Détestez
Accounts	☐	☐	☐	☐	☐
Allemand	☐	☐	☐	☐	☐
Anglais	☐	☐	☐	☐	☐
Art	☐	☐	☐	☐	☐
Biology	☐	☐	☐	☐	☐
Commerce	☐	☐	☐	☐	☐
Chemistry	☐	☐	☐	☐	☐
Economics	☐	☐	☐	☐	☐
Français	☐	☐	☐	☐	☐
General paper	☐	☐	☐	☐	☐
GMD	☐	☐	☐	☐	☐
Home economics	☐	☐	☐	☐	☐
Mathematics	☐	☐	☐	☐	☐
Physics	☐	☐	☐	☐	☐
Physical education	☐	☐	☐	☐	☐

Social science	☐	☐	☐	☐	☐
Languages Orientale	☐	☐	☐	☐	☐
(Precisez SVP)					

13. Quelle langue emploie votre professeur le plus souvent dans ces cours:

	en classe (Cochez 1 seule case)			pour expliquer (Cochez 1 seule case)		
	Anglais	Français	Créole	Anglais	Français	Créole
Accounts & Economics	☐	☐	☐	☐	☐	☐
Art	☐	☐	☐	☐	☐	☐
General Paper	☐	☐	☐	☐	☐	☐
GMD	☐	☐	☐	☐	☐	☐
Home Economics	☐	☐	☐	☐	☐	☐
Mathematics	☐	☐	☐	☐	☐	☐
Physical education	☐	☐	☐	☐	☐	☐
Science	☐	☐	☐	☐	☐	☐

14. Si vous posez une question à votre professeur dans ces cours le ferez vous plutôt en:

	en classe (Cochez 1 seule case)		
	Anglais	Français	Créole
Accounts & Economics	☐	☐	☐
Art	☐	☐	☐
General Paper	☐	☐	☐
GMD	☐	☐	☐
Home Economics	☐	☐	☐
Mathematics	☐	☐	☐
Physical education	☐	☐	☐
Science	☐	☐	☐

15. Quelle langue vos parents veulent que vous ayez comme:

	Première langue	Deuxième langue	Troisième langue
Anglais	☐	☐	☐
Français	☐	☐	☐
Créole	☐	☐	☐
Autre (Precisez SVP)	☐	☐	☐

16. Quelles langues vous seront utiles dans l'avenir:

	Très utile	Assez utile	Peu utile	Pas utile
Anglais	☐	☐	☐	☐
Français	☐	☐	☐	☐
Créole	☐	☐	☐	☐
Autre (Precisez SVP)	☐	☐	☐	☐

17. Où voudriez-vous étudier, travailler et vivre ?

	A Maurice	Al'étranger
Etudier	☐	☐
Travailler	☐	☐
Vivre	☐	☐

18. Aimez-vous parler ces langues:

	Oui	Non
Anglais	☐	☐
Français	☐	☐
Créole	☐	☐

19. Pouvez-vous indiquer le pourcentage de votre emploi des langues au quotidien:

☐☐☐☐☐☐☐☐☐☐   Echelle
100%   50%   0%   ☐   Anglais
                              ☐   Français
                              ☐   Créole
                              ☐   Autre
                                   (Precisez SVP)

20. Si vous aviez la possibilité , aimeriez-vous:

	Oui	Non
Apprendre le Créole à l'école	☐	☐
Atre enseigné en Créole à l'école	☐	☐
Parler le Créole uniquement	☐	☐
Avoir le Créole comme langue principlae à Maurice	☐	☐

Pouvez-vous dire pourquoi en général ?

Identity, Insecurity and Image: the Objectives of Language Policy in France and the Francophone World

Dennis Ager, Aston University

1. A structure to help evaluation

Language planning is always controversial, and rarely about language, as Ozolins (1993, on the Australian situation), Stevenson (1995, on German-speaking areas) and Ager (1996a, contrasting Britain and France) amply show. Language policy – language planning done by governments – is similar, and, like any policy, is the end result of a political process, with all that this entails about the ideologies behind the policies, about negotiation and bargaining between policy-makers and those affected, and about pressure from special interests (Cooper, 1989). Potentially, a government's language policy both reflects what it stands for and reveals how citizens see themselves. Language policy gives rise to a series of public actions – laws, ministerial decisions, the allocation of resources, setting up codes of practice, giving instructions to schools – which are developed in order to demonstrate what any particular Government or State stands for, and how it responds to citizens' rights, makes use of the resources it has, and reacts to the problems which arise.

Governments' policy actions apply to three aspects of language: status, corpus and acquisition. The status of a language can be changed in a number of ways by governmental action: declaring it to be official, ensuring or rejecting its use in prestigious domains. The nature of the language, its corpus, can be the subject of direct policy action, too: teams can be set up to determine officially approved terminology, spelling can be standardised, users can be discouraged from using in print terms borrowed from another language. Teaching is in most countries the preserve of the state, and officially approved examinations, a National Curriculum or approved textbooks often incorporate an approved model of language, while it is usually up to government to dictate which foreign languages should be taught and when.

The motivations for language policy as devised by governments can conveniently be grouped under four headings which seem to correspond to these considerations: identity, insecurity, image and inequality (Ager, 1996a, 207-12). Questions of *identity*, of the role of language as a symbolic marker of inclusion and exclusion (Edwards, 1994: 125-45), are often closely associated with linguistic and political *insecurity* caused by the presence of a more powerful neighbour or of a dominating group within society (Fishman, 1991). Linguistic insecurity – Fishman calls it defeatism – which could lead to language shift or even language loss, can sometimes be corrected by public policy. Policy action to correct a false impression of the society held by those outside it – spreading the government's view of itself – is an attempt to project an *image* of the identity of the political community through its language (for a critical view, see Phillipson, 1992). The final motivator, the correction or reduction of social *inequality*, has lain behind much of the pressure in societies like France or Britain for the recognition of minority languages or non-prestigious social dialects (cf. Tollefson, 1991). In different countries and at different times, inequality has been tackled in opposing ways: imposing the language of one ethnic or social group on everybody may be seen as supporting social cohesion and thus ensuring individual equality, whereas others may consider that the best way of respecting minority communities is to encourage use of their languages and accept their separate identity. But inequality is not generally a motivator in Francophonie, where the main concern is the protection or defence of French itself, and so will not be included here. The three main motivators, applied to these three policy-making areas, give us a convenient matrix structure against which to measure language policy in (some parts of) the Francophone world.

Matrix of language policy

Motives (across the top); policy types (down the sides

	Identity	Insecurity	Image
Status policy			
Corpus policy			
Acquisition policy			

2. Language policy in France

A recent declaration outlined three principles for French language policy (Minister for Culture, Philippe Douste-Blazy, in *Le Figaro*, 21.3.1996):

- ensure the presence and spread of French (*assurer la présence et le rayonnement du français*)
- maintain the international communication role of French (*conserver au français son rôle de langue de communication internationale*)
- preserve cultural and linguistic diversity in the world through the promotion of multilingualism (*préserver la diversité culturelle et linguistique dans le monde par la promotion du plurilinguisme*).

These are fairly specific and political aims, which were first stated with this degree of clarity in Toubon's introduction to the 1994 Act that bears his name. They are obviously connected with a particular sort of nationalism and with particular political problems of the mid-1990s. They reflect views on France developed by the political Right in the 1980s (Club de l'Horloge, 1985); they seek protection of the French economy against the worst excesses of GATT-inspired open markets; they seek to defeat the construction of a free-trade Europe, unless it retains major features of the French State-oriented approach; and they are based on a specific concept of the role of France – or Europe – in world-wide diplomacy. But they are not just passing policies: they can be traced back some time in French history, the first aim certainly to before the sixteenth century (Szulmajster-Celnikier, 1996), the second at least to de Gaulle's 1966 position. Nor are they necessarily Right-wing: in many ways these policies derive from the Revolution, and much of the preparation for the Toubon Law was carried out before 1993, under a Socialist Government. The spread of French, particularly when the word is not the simple-minded 'spread' but the glorious '*rayonnement*', smacks of 19th century expansion, if not of regal, Revolutionary and Napoleonic ambitions to lead. The last policy principle, on multilingualism might give us pause for thought: if recognising diversity means what it says, then traditional French state policy marginalising regional languages in order to bring about the cohesive and unified state, could be reversed. But it could just be, also, that this policy really means opposition to domination by languages outside the Hexagon, and that the diversity which is sought is a hidden plea for more French, rather than an acceptance that French must give way. Certainly little slips like that made by a Minister opening a recent international conference purportedly on diversity, who congratulated participants on their efforts in favour of the defence of French, are sometimes revealing.

The Toubon Law of 1994, fully applicable from 1995, and the 1992 declaration in the Constitution of French as the official language of the Republic, are the two vehicles determining status and part of acquisition policy for French from the mid-1990s. The law covers at least two of the motivators: it reaffirms the identity of France, and gives practical instructions for protection against language encroachment from abroad. A Prime Ministerial Circular of 19th March 1996 (Brèves, 5, 2e trimestre 1996) clarifies what is intended in the different domains: commerce; the organisation of congresses in France; employment contracts and internal documents in workplaces; teaching; audio-visual; use in the public service. The approach taken in the law – to get it enforced by consumer protection services, and to get the punishments clarified as part of the normal penal system – was partly determined when the 1975 Bas-Lauriol Act was passed, and one of the main reasons for the Toubon Law was the fact that the previous one had been only poorly enforced (Rapport, 1994 and 1995). This was partly due to interference from the European Commission, partly due to lack of precision in the drafting, partly to lack of enthusiasm by enforcement agencies. Because of this particular approach, there remains suspicion outside France that the purpose of the law is to protect French manufacturers and institutionalise restrictive practices in distribution and marketing: while the Body Shop isn't really bothered about a fine of 1000 francs on one of its outlets in Chambéry in February 1996 (Brèves, 4, 1er trimestre 1996), consistent attacks on foreign importers, even if motivated by fear and insecurity, will not be well received in the European Union.

There are both positive and negative aspects to status laws like this. The negative aspects of affirming the overweening importance of the language of the state in a multilingual country like France are the feeling of domination it creates and the potential lack of individual freedom involved, as the Constitutional Council noted in its judgement on the acceptability of the law for ordinary citizens. French citizens in the overseas dependencies, and those not mastering French, would be put at a disadvantage as Darsières (a *député* for Martinique) commented in the Toubon debate. Another negative aspect lies in the very fact that English has to be opposed at all: if French was secure in its own excellence, it would have no need of legal protection. Some of the sillier arguments – English is a grey, uniform language without culture, as opposed to the precision, sparkling culture and humane values only detectable in French – were met with equally silly anti-Frog comments in the British and American press, ridiculing the 'Ministry of Purity'. But the Law is worded in such a way as to avoid the worst charges of Fascism which nonetheless appeared during 1994, and stresses the rights of French citizens to use French and to be addressed in French. The law is not xenophobic, racist nor fascist, although it certainly reflects a type of ethno-nationalism; 'language cleansing' (Guardian, 17.1.1996) is possibly close to 'ethnic cleansing' (cf. Thomas, 1991: 39-48; Rich, 1996).

Apart from legislation like the Toubon Law, which puts into effect the declaration of faith of the 1992 Constitution, legislation and official bodies intended to 'manage' the corpus of French go back three centuries. Ministerial commissions were set up in every Ministry from 1970 and are co-ordinated by the *Délégation Générale à la Langue Française*, the official body charged with devising, implementing and monitoring governmental language policy. These have the laudable aim of ensuring that technical terminology is defined, is agreed, is consistent and is actually used, and the perhaps less laudable aim of ensuring that American terms are systematically rooted out and replaced by sometimes contorted French. Replacing 'bug' by *bogue* on the argument that the latter is a thorn and thus really a native French word for the phenomenon looks like twisting the process a bit, and the lengthy *bande promotionnelle* may or may not replace the crisp *clip*. There is much discussion over whether *parrainer* really gets the sense of *sponsoriser*, and *nominer* is still preferred by many to *nommer* or *désigner*. The process has caught on: *trouvailles* like *mâchouillon* for chewing-gum, *remue-méninges* for brainstorming, *faste fou* for fast-food and *courriel* for an e-mail message are attempts to get rid of Americanisms. But the underlying ideas are still American imports, and corpus policy which concentrates on translation has problems. Thank heavens that official versions cannot be required of all citizens: imagine using the official, but awful and imitative *Mél.* before an e-mail address, on the analogy of *Tél.* for a phone number.

The French Academy, of course, is the official body agreeing and defending corpus policy. Fundamentally, it is a body of eminent persons little interested in language policy and consistently concerned to value actual usage above any management of language. Or at least that is the stated approach: unfortunately two fairly recent examples show how close the line is between accepting what is said and dictating what should be said. In the celebrated 1987 note of warning to the committee trying to find a way to make French a non-sexist language, the Academy found itself at odds with those who thought it right to decree that French should depart from traditional usage such as that whereby *la Générale* was the General's wife and titles like *le Professeur* or *le Recteur* were always in the masculine form. In the other case, those of the Academy's members who voted for the 1990 spelling reforms killing off the circumflex repented when *le Figaro* and other defenders of public morals thought that the very identity of the country was at stake. The Secretary-General of the Academy pointed out the advantages of such 'unofficial/official' policy-making during this 1990 squabble over spelling reform: the Academy was set up to do the job; it is one body, not a plethora of ad-hoc groups; it is weighty and likely to carry conviction with society at large; and it costs the Government relatively little. He did not spell out the disadvantages: slowness, lack of linguistic expertise, little knowledge of modern technology where the real terminology problem lies, the average age of Academy members and their inevitable prejudices, their maleness. But the undoubted authority of the Academy means its approval is now sought for terminological change, even if the proposed ministerial order on spelling reform was in the end demoted to a recommendation. Changes are slow, nonetheless, and Francophone varieties from outside France have only recently entered the dictionaries.

Corpus policy in France tends to originate in culture and values: French is protected, not merely for its linguistic forms, but for what it conveys. Here, there is much concern that the universal nature of French culture be recognised and that the language be protected from disintegration into 'particularisms' or fragmented (*la balkanisation*) as English has supposedly been fragmented into American, Australian, Indian and South African varieties. The Rights of Man and Republican values are frequently described as part of the human, universal, heritage rather than being specifically French. In this respect, the motivator is the concern to ensure that this is recognised outside France, for example by using the Parisian language norm throughout organised Francophonie, rather than permitting local variation. Slowly, however, the realisation that such insistence smacks of colonial oppression rather than humanitarianism is leading to acceptance of Quebec and African forms in French-produced dictionaries, just as it led to the well-known reversal of the formula in the 1992 Constitution from *Le français est la langue de la République* to *La langue de la République est le français.*

Acquisition policy – what happens in the educational world – is the final area of language planning where the policy objectives can be put into play. Here, the policy requires that teaching of all subjects except foreign languages take place in French, which seems sensible enough. There is one area of concern, flagged up in the 1995 Rapport for further investigation: teaching in the Business Schools, where courses given entirely in English are not rare. It is perhaps for this reason that the European branch of the Georgia Institute of Technology in Atlanta (Georgia Tech Lorraine) was taken to court in 1997 for using English (only) on its Web site. In foreign language teaching, the main problem is to convince parents that they do not really want to have their children learn English. The country needs speakers of Japanese, of German, Italian and Spanish in border areas, in addition to speakers of English. But nearly 90% of children select English, and the provisions requiring two foreign languages in secondary education are only just coming into force. The policy is that the languages available are determined by one of three criteria: they are either major languages of international communication, or those of use to French business, or they are those of major immigrant communities. Abroad, there is official support through the *Direction Générale des Relations Culturelles, Scientifiques et Techniques* of the Foreign Affairs Ministry for cultural policy and '*coopération*' including the teaching of standard French.

It seems fairly clear that questions of identity loom large in French language policy. Insecurity, particularly with regard to French as against English, is strongly felt, although possibly less among the mass of the population than in circles such as the Parisian intelligentsia. Image is a significant motivator, but seemingly more so among diplomats and politicians than elsewhere, while the correction of inequality is so strongly attached to Republican and Revolutionary concepts of the social contract, giving freedom to individuals rather than groups, that language policy of the type 'Anglo-Saxon' countries have implemented in relation to their minorities is practically non-existent and the possible fragmentation of the country that might result from supporting these has always been rejected. Similarly, low prestige continues to attach to non-standard language varieties, and a debate on whether standard French should be used in education, similar to that which took place in Great Britain over the National Curriculum, is almost inconceivable.

Matrix of language policy for French in France

	Identity	**Insecurity**	**Image**
Status policy	High status for French: 1992 French Constitution; 1994 Toubon Law	Ban use of English: Toubon Law	Language and culture linked: cultural exports; support for Franophonie; French in international organisations (e.g. Olympics)
Corpus policy	Standardisation: French Academy	Terminology: Ministerial Committees	One norm for international use: Joint corpus work in Francophonie
Acquisition policy	Education through French: Toubon Law; Georgia Tech	Diversity: support teaching of languages other than English	Cultural diplomacy: DGRCST

3. Language policy in Quebec

To what extent is this relationship between the motivators of identity, insecurity, image and inequality, and policy in the language field still relevant for the nations and regions which make up both organised and actual Francophonie? These nations and regions have different traditions, different, usually multilingual populations, changing relationships with each other and with other countries on the international level and roles in geopolitics which are necessarily quite different from that of France (for a general overview see Ager, 1996b). Canada, and Quebec in particular, is important to this discussion, if only because it contains the second largest Francophone population in the world. But we should remember that Canada is not Quebec: Canadian language policy has quite different aims from those of Quebec province. Canadian language policy aims at establishing Canadian identity as a bilingual, if not multilingual, State, and stresses the aim of social cohesion in the full awareness of the multicultural nature of present-day Canadian society. Correcting inequality is thus a fundamental motive, and in this Canada follows the perhaps hopeful conclusions of Lord Durham's mid-nineteenth century attempt to compromise between the domination of the Anglophones and the rebellious demand for self-realisation of the Francophones. The difference with the USA is also important, and reflects Canadian insecurity about its powerful neighbour. Hence Canada's bilingualism underlines the contrast to the USA's deliberate traditional melting-pot policy of forging a new identity by rejecting existing ones, and particularly linguistic ones. As a new country, external image has also been important for Canada: for some diplomats, there is a considerable competitive advantage in acknowledged bilingualism. This may be one of the reasons why so much effort has been expended by politicians in the ten Provinces to accommodate Quebec's demands for support for French. But Canada, if it is to be bilingual, has found it hard to accommodate demands for separatism and even for acknowledgement of a 'distinct society'. The series of proposals from the early 1980s for a new Constitution and hence a new identity, particularly the Meech Lake and Charlottetown proposals, have been rejected either because recognition of Quebec's special status seemed to deny the same status to the First Nations, or because French speakers and English speakers alike found that the compromises did not create an adequately clear identity.

Quebec language policy, by contrast, aims at reinforcing one identity only: that of the French-speaking Quebec majority, and suppressing as far as possible all others (see, for an overview, Poirier, 1994). The cultural identity, interestingly and for a number of historical reasons, is that of Quebec, not France. Today it reflects the slow development of confidence after World War Two, after two centuries of political domination by the English conquerors of 1759, followed by economic and cultural domination, much of it from the USA, during which attempts were specifically made to prevent the use of French. The language Law 101 of 1977, the Charter for French, has set the basis for a range of actions designed to give comfort to the specific character of French Canada, to ensure protection for French and to counter what was seen as the otherwise certain demise of the culture, indicated by a reducing percentage of Francophones in the Canadian population as a whole, by relegation of French speakers to lower, less well-paid and executive rather than management and directing jobs, and by a noticeable preference for English-language education by new non-French-speaking immigrants. Since 1977, these laws and practices reinforcing a new identity have been reaffirmed against continuing opposition. This has generally used arguments based on human rights and individual freedoms as opposed to the rights of the French-speaking collectivity, and has taken, in addition to court cases, symbolic action such as the relocation of major enterprises outside Quebec and the departure of English speakers. The identity policy, which has been maintained through more than thirty years, has included insistence on the use of French in firms, enforcing a French public image by removing English-language signs, and particularly dynamic management of language through terminology and language use in the media and education. By contrast to the Toubon Law in France, Quebec insists on the use of French as the normal working language of firms, and has imposed rules on the use of French in street signs and advertisements. The results to date of the actions taken very nearly produced a positive vote in favour of separation in Quebec in 1995 and have reinforced political support for the Bloc Québécois. There has been a major re-evaluation of French, particularly in economic life, and much more practical use of the language. Generally, and in contrast to French policy aims, a new Quebec norm of French has gained in status (Edelman, 1995; René, 1996).

For some commentators (Mordecai Richler, 1992) such Quebec actions are very negative, racially motivated and smack of the worst excesses of ethnic nationalism. This is an extreme view, and the sincere wish of many Anglophones in Canada for an amicable resolution of the conflict was underlined in the last days of the October 1995 referendum. It is nonetheless clear that insecurity has been a main motivator for Quebec's language policy. The desire to be recognised as different – the '*Société Distincte*' is often mistranslated as 'distinctive' – is sincere. The awareness of imminent disappearance and of the threat from powerful Anglophone society, in the USA as much as if not more than in Canada, is widespread. The approach to the problem in its choice of economic actions, promoting the publicly visible use of French, and ensuring continuation of, and high prestige for, French-language education for new immigrants, is very pragmatic and has been successful.

Quebec corpus actions, too, are systematic, highly efficient, modern and well-resourced. They are aimed at ensuring that the Province, or future country, has access to terminology suitable for its role, can defend itself against American domination in new fields, and that it has the tools for an effective language-based policy in other areas. Language quality has been a constant concern, although the sociolinguistics of variation within Québec has been widely studied; the institution of a 'language police' in the *Office de la Langue Française* has been instrumental in both enforcing and encouraging the use of standard French. In acquisition policy, insistence on the use of French is motivated by both identity and insecurity. Teachers generally, although they have accepted standard French in its written form, have declared themselves in favour of a Quebec pronunciation norm, and while media professionals often have European French, this is not the case for much of the elite nor for major political figures (Lepicq, D. and Bourhis, R., 1995).

In the Canadian language battles concern for the rights of minorities, particularly the First Nations, the aboriginal peoples, was important. The threats to Quebec autonomy from this source have been narrowly averted so far, although in both economics and culture aboriginal peoples may cause considerable difficulties for an independent Quebec. Canada and Quebec have consciously taken different positions in a number of areas, particularly in international relations, from those of France. Canada has stressed pragmatic, economic concerns in helping other members of Francophonie, as against what has often seemed French self-centredness. Canada was instrumental in setting up the *Agence de Coopération Culturelle et Technique*, now the *Agence de la Francophonie*, and took the first moves to annul Third World debt. Such actions arising from Canadian wishes to show a high profile on the international stage have not always been to France's liking (Thérien, 1993), but there has been close contact between Quebec and France. To some extent the survival motivation and the severity of the problem of interference from English in Quebec have sharpened French resolve, and the manifesto from a hundred Quebec intellectuals encouraging France to accept the Toubon Law in 1994 is one more indication of the extent to which language and identity problems have been at the heart of Quebec actions.

Matrix of language policy for French in Quebec

	Identity	Insecurity	Image
Status policy	High status for (Quebec) French: 1977 Law 101 and many subsequent	Ban use of English: *francisation* of firms; *Office de la langue française*	Active member of Francophonie
Corpus policy	Development of Quebec norm	Terminology: strong action against Anglicisms	
Acquisition policy	Education through French in Quebec	Monolingual Quebec policy: all immigrants	Cultural diplomacy: support for *Agence de la Francophonie*

4. Belgium

The whole story of the development of the Belgian State since 1830 is one of the conflicts between speakers: the gradual growth of status for Dutch/Flemish speakers as opposed to Francophones; the close relation between language, territory and individualism; the drive towards Federalism. As a result, Belgium has enjoyed since 1993 a Federal State with two sorts of structures: territorial Regions (mainly Wallonie, Flanders and Brussels) with parliaments, legislative and executive powers over territorial matters such as economics, public works, transport, agriculture, housing; and language Communities (French, German and Dutch) with legislative and executive powers over people-oriented matters like education, health and social welfare. The Flemish have combined the two: the French speakers keep Region and Community separate. Belgium is the classic example of the operation of the two principles of bilingualism: the territoriality principle, in which two or more essentially monolingual regions combine in a federal bilingual structure; and the personality principle, in which bilingual individuals use either language or both.

Francard (1995) sees three or four recurring themes over the years, particularly the post-war ones, in Belgian language policy. The first of these is the territorial problem: where does the frontier between the languages lie? The second theme is that of the eternal conflict between land and people: between the territoriality and the personality principles. Thirdly, the influence of economics and of industrial, commercial and political change are of major importance to Brussels, the capital of the country, situated in Flemish territory but Francophone for the most part, and growing increasingly so in its suburbs. More and more, too, Brussels is becoming important on the international scene, and the indigenous languages are not necessarily the only ones in contention.

How does the Belgian situation compare with that of the rest of Francophonie in terms of the motivations of identity, image, insecurity and inequality? As far as the force of these motivators is concerned, it is the Flemish speakers who have shown most clearly that they value their identity, and value it in two ways. The Flemish are proud of their variety of Dutch, and intend to ensure that Dutch is both prestigious and accepted as a language of international importance, although realistically many would accept, as Dutch speakers themselves do, that Dutch is unlikely to have the international importance of English, French or German. At the same time they are proud of not being part of the Netherlands, and of their regional identity as Flemish speakers. Within Belgium, it is the Flemish-speaking groups that have generally been nationalist, and have often opposed what they saw as historical political and cultural domination by French speakers. The policy solution for Belgium has been the creation separate language-based identities for the Flemish and for the French speakers.

French-speaking Belgium has traditionally felt itself to be at the cultural periphery; the low status accorded by France to the regional variants of French has left inhabitants of Wallonie with considerable problems of identity. *Belgicismes* and a Belgian accent are traditionally laughed at by French speakers. Indeed, cultural leaders themselves have been unable to offer leadership in establishing a Francophone Belgian identity, as the following quotations show:

> artists have often regretted that their region alone could not provide any symbolic legitimation of their worth; some deplore their Belgian identity (*leur belgitude*) (Wangermee, 1986.)

> The Flemish, the Dutch, the French, the Americans know who they are. Young Wallons don't ... Daily life is lived in an opaque world. Who are we? Young people have no idea. (Louvet, quoted by Beaugé in *Le Monde Diplomatique*, February 1994, 6).

Insecurity, if anything, meant that the French of Belgium had little prestige in the face of Parisian French, and corpus work, in which Belgian specialists join those from other countries, hence tends to concentrate on the international norm. The education system spent, and spends, resources and much of school time correcting *belgicismes* in language. The influence of Flemish is a bigger language problem than is that of English, and the severity of the linguistic battle in Belgium has completely put in the shade any difficulty with imported Americanisms. Now that the Regions and Communities are clearly part of a Federal State it may be possible for the French speakers to concern themselves with the battle French is waging in France, but the prospects are slim. English is if anything a help and a convenient way of avoiding conflict and linguistic battles with the Dutch speakers, and does not bear the connotations of linguistic or political problems.

Image has changed somewhat during the last thirty years, and the creation of centres like the *Délégation Générale* and *Centre de Wallonie-Bruxelles* in Paris, together with the international role of Brussels for the European Union and other organisations provides a basis for extension of the Belgian image abroad. But there is little attempt to teach the Belgian form of French abroad, and image is still the weakest motivator. There is little attempt to correct inequality by teaching Belgian forms at home. Belgian language policy is nonetheless more prepared to accept corpus change in correcting sexist usage than the French (cf. Niedzwiecki, 1994).

Matrix of language policy in Belgium

	Identity	Insecurity	Image
Status policy	Increasing status for Flemish: e.g. 1921 Civil Service bilingual. Identity in separation of the language communities	Conflict between French and Flemish (i.e. not necessarily with English)	Neither Flemish nor Belgian French seen as prestigious
Corpus policy		Terminology: work with French and other Francophone countries	In French, support for one international norm
Acquisition policy	Education through French in *Communauté française*	Correction of *belgicismes*	

5. Language policy in sub-Saharan Africa

In contrast to the prosperous parts of Francophonie looked at so far, every measurement of income, whether personal or collective, shows that African countries generally fall far behind other areas of the world. However, we should beware of lumping the whole of Francophone Africa into one pot: conditions are fundamentally different in the Ivory Coast from in Djibouti, and not merely the financial but also the communication problems of Gabon are quite different from those of the Democratic Republic of Congo (former Zaïre).

Is there, however, a key element in the language policies of the many ex-French and ex-Belgian colonial African countries which differentiates them from those of the ex-Anglophone countries, and from their European colonists? The main characteristic of concern to us here could be that the question of national identity assumes a quite different importance in different countries. In many cases, the present frontiers are fortuitous; ethnic groups, languages and cultural traditions spread across borders; the concept of the nation, and even of the state, has to be different from the European one; and it is not the Francophone identity that is important in countries where the percentage of Francophones can drop as low as one percent, but a new Franco-African identity which needs to be discovered. Ever since Senghor and Houphouët-Boigny it has been attractive for African leaders to take refuge in a sort of Francophonie heavily based on Paris. There have been many attempts to meld *négritude* and *Francophonie* in such a way that something remains which, although different from the identity of France, retains significant elements of French cultural identity. Many commentators (Kazadi 1991, Louvel 1993) doubt whether this has happened, or even whether it is possible. France herself has been somewhat at fault in this: French foreign policy has until mid-1997 refused to let go of Africa, and the many interventions since independence in the 1960s – usually military, but also humanitarian (cf. Ager, 1996b) – have affected both the countries themselves and also how France, and Francophonie, is seen by them.

This fact is not solely dependent on colonial history: it was the Organisation for African Unity which decided not to favour systematically changing frontiers, and there is constant move of migrants from one country to another (M'Bokolo, 1980). In the colonial period the only identity that mattered for Francophone Africa was that of France, and assimilation to this, including adoption of the Republican Values and understanding of a history quite at variance with that of Africa, was the only way that could guarantee individuals personal advancement or a significant role, particularly an official one, in their own country. But French since then has not generally been rejected: it has retained a number of positive advantages, and its role as national (rather than just official) language in the Ivory Coast is said to have enabled national feeling to have grown and national cohesion to have been established (Bokamba, 1991: 189).

The pressures to maintain French and use the norm of Paris are high, particularly among the political elite in many countries. But the linguistic reality of 'French' as widely used, is one of variety and difference from the European norm: in pronunciation, in vocabulary, even in syntax, although the language has not reached the level of pidginisation and creolisation of English or Portuguese in Africa. Some countries have developed one or more popular varieties of French, as in the Ivory Coast, where the two extremes, that of the educated and that of those who have not been to school, have developed slang forms (*'le zouglou'* or *'le nouchi'*) creating new words, and borrowing words from local languages or from English (*'j'ai breaké'*) (Gadet, 1995; Tschiggfrey, 1995). There are lexical items specific to each country, grammatical forms used differently from standard French (*que, c'est*) or changes in the grammatical category of roots (*travailler* verb or noun) and other linguistic changes regularly monitored by such as the *Observatoire du français contemporain en Afrique Noire* (Gueunier, 1992: 115; *Lettre de la Francophonie* (serial)). African French exists, and indeed everybody knows it does. Linguistic insecurity in the sense of fear that language may be contaminated from outside is simply not a motive for linguistic protectionism.

Linguistic and cultural insecurity is nonetheless a fact, and takes a number of specifically African forms. Finding an appropriate place for French in African multilingual societies, particularly those in which French itself may be branded as the language of the elite or of Government, and is used by a minute percentage of the population, means it is normally used only for some domains and some functions. Generally speaking and in many countries, the multilingual situation is managed as continuing and stable di/multi-glossia, with different languages used for different functions (commerce, education, administration) or with different communities each knowing its time of day in the market and its communicative needs. But more direct opposition also takes place between French and other European, ex-colonial languages, particularly English, as the military situation in Rwanda and Zaïre demonstrated only too clearly in 1996 and 1997. The *Front Patriotique Rwandais* (*FPR*) is more usually known by its English acronym Rwandan Patriotic Front (RPF), so called because of the support it got from Anglophone Uganda, and the conflict has been seen by some as an Anglo-French battle for minds and hearts, or as a conflict between France and the Hutus and America and the Tutsis (Braeckmann, 1994). This conflict is not limited to central Africa: Niger and Nigeria, Gambia and Sénégal, the Cameroons have all experienced the battles between ex-colonial languages, the latter to a serious extent.

Image, in terms of the export of a Franco-African identity from African countries, is currently of little force as a motivator for their language policy. Indeed, if one of the motivations for joining Francophonie is to gain access to the world outside, this may mean adopting an image rather than projecting one, and lead to negative policy in relation to national languages or varieties. The image of Africa which is projected is often made through some very specific aspects of cultural products, is often adopted by emigrants who have installed themselves abroad, and indeed to some extent by groups in France and elsewhere: rap, *verlan*, some forms of music, all of which have been adopted by African emigrants, strike an answering chord in the *banlieues* and the youth culture of France itself. Indeed, although France has been a major participant in the destiny of Africa since independence, there is little doubt that 'Africa has need of France more than France has need of Africa' (McKesson, 1993, 65).

Matrix of language policy in sub-Saharan Africa
(A general view: obviously there are enormous differences between countries)

	Identity	Insecurity	Image
Status policy	Official status for French, national or domain status for others	Some concern over conflicts between ex-colonial languages	Desire to establish and maintain access to the external world: support for Francophonie
Corpus policy	Identification of African language forms in French; work on national languages		One norm for international use
Acquisition policy	Education through French	Diversity: support teaching of languages other than English	

6. Francophonie and language policy

An exhaustive survey of language policy across organised or even across actual Francophonie is impossible here (but see, e.g. *Etat de la Francophonie*, annual; *L'Année Francophone Internationale*, annual; *Lettre de la Francophonie*, monthly; *Atlas de la langue française*, 1995; *Une politique pour le français*, 1996; Ager, 1996b). How far can specific actions be taken at governmental level, or a specific linguistic policy be pursued, to ensure a common identity and a common set of values for organised Francophonie? How close are such linguistic policies to social, economic or diplomatic policies generally? And how far can Francophonie divorce itself from France, in its linguistic policies?

The countries using French across the globe are very different from each other. They have in common only some use of French, by some part of their population, dropping in some cases as low as one percent, and – for most, with the notable exception of Algeria – their wish to participate in the international organisation of Francophonie. Motivations for language policy and its importance differ widely: if Vietnam, Romania, Bulgaria, Mali, and São Tomé et Principe find it useful to get their voices heard in the international forum of organised Francophonie, the same is not so true of Canada; if ex-colonial countries wish to share in the largesse of an aid programme, this is not true of Switzerland; if developed countries are concerned to sell TGV, TV5 or nuclear power-stations, such commercial intentions are not limited to French-speaking countries. Not all, indeed, subscribe to the values of western democratic countries like France, or to Republican values; very few share the strong sense of identity of France, or feel themselves so concerned about Anglophone domination as Quebec. But in all countries of Francophonie French is in contact with one or many languages, although these contacts are of quite different types. The simplest opposition is that between countries where the status of French is high – it is an official language, used in prestigious public domains – but the actual knowledge of the language, its spread throughout the population, may be either high (as in Belgium or France), or low (as in Mali or Benin). A second type of opposition is between those countries where French is in contact with another standardised, international language of communication of high prestige, such as Belgium or Quebec, those where it is in contact with less highly prized varieties of French such as regionally or socially conditioned varieties (town centres in some parts of Francophone Africa or indeed in France itself), and those where standard French is in contact with other 'national' or 'regional' languages without the same prestige as English, German or Dutch might have (Brittany, Sénégal, Vietnam). All these different situations may lead to different potential outcomes for French. Language policy decisions will differ greatly and often be closely associated with the world image and role of France itself, since half the world's Francophones live there.

Francophonie, as a group of countries represented by an international governmental organisation, is very recent. It was only really established in 1986, only found a real structure in 1991, and has several times been unsure of its real aims and purposes – as when it admitted Romania and Bulgaria, for example, or when countries like São Tomé et Principe and other Portuguese-speaking parts of Africa join, or when countries have membership both of the Commonwealth and of *Francophonie*

(Mauritius, Seychelles). Is there something specific to Francophonie, and thus inherent in French and French-based approaches to language questions, which marks it off as different and special? Certainly this is hoped for in the regular summit meetings, and the 1995 Cotonou Declaration, like that of Mauritius in 1993, identified specific values for the organisation, including, for example:

> our attachment to the French Community founded on the use of French and respect for the diversity of our cultures;...respect for the Rights of Man and for fundamental freedoms, and in full respect for minorities; ... Francophonie as an instrument for dialogue and multilateral co-operation; ... the desire to spread francophonie through the world (*Lettre de la Francophonie* 88, 12.1.1996).

Interpreting these general declarations, Margie Sudre, the then French Minister for Francophonie, outlined aims in 1996:

> to give a political dimension to Francophonie;

> real priorities are in education because the quality of French is being lost in the different countries of Francophonie ... if we do not act quickly, English will be everywhere and there will be no room for French;

> French would not survive if it was defended only by its cultural and linguistic dimension; there must be economic and commercial exchanges (*Lettre de la Francophonie*, 86, October 1995).

If there are any common features in language policy across Francophonie, they probably include:

- the fact that countries have access to French as an alternative to an imposed external language;
- a belief that the State has a role to play in language policy;
- a feeling that the Parisian, European norm of French can provide a common means of interaction, although many countries are less concerned with the details of correct forms and will accept deviations from the pronunciation and the lexis of France;
- the belief that English, in its role as a lingua franca, might be a danger for the use of French in that role;
- a keenness to ensure that French is used internationally as an alternative form of communication;

- awareness of the values conveyed by French in its history, particularly the Rights of Man and the fundamental freedoms, although many might in practice not follow them;
- awareness that French should be taking an active role in information highways and in new ways of communicating.

The future of French, for some analysts (Calvet, 1994), lies in its eventual disappearance, in breaking up as did Gallo-Roman into many new languages, in the very 'balkanisation' which is feared today. To act as the source for these new languages, French must be widely used, and in this sense, it is acquisition policy that matters. Some see the acquisition of a minimal level of French as being valueless: 'what's the use of Francophonie, or French, if the raison d'être of this language is denied from the very beginning?' (Figaro, 18.3.1996). For such political commentators, French is not a lingua franca and its aim is not communication: it is a training of the mind which must submit to the jurisprudence of a fixed norm, mastery of which then allows access to all symbolic systems. Acquisition policy now becomes a political act: not teaching the traditional norm reveals 'old-fashioned left-wing prejudices, pedantic and rancid ideologies which have gnawed French schools and downgraded the French they teach' (ibid.). But if French is to form the basis for Francophonie, politicians will have to ensure that their language policy binding the political community frees, rather than restricts, the speech community, and disallows such views (cf. Ager, 1997). Overall, the motivators for language policy in Francophonie are not necessarily those of France, and it may be this that is sometimes difficult for both French governments and the international organised Francophonie movement to understand. Indeed, in the end the differences between individual countries and regions in their language policy are such that no common grid can be established for Francophonie at all.

References

Ager, D. E. (1996a). *Language Policy in Britain and France: the Processes of Policy*, London: Cassell Academic.

Ager, D. E. (1996b). *Francophonie in the 1990s: Problems and Opportunities*, Clevedon: Multilingual Matters.

Ager, D. E. (1997). *Language, Community and the State*, Exeter: Intellect.

Bokamba, E. G. (1991). 'French Colonial Language Policies in Africa and their Legacies'. In Marshall, D. (ed.), *Language Planning. Festschrift in honour of Joshua A. Fishman*, Amsterdam: John Benjamins: 175-213.

Braeckmann, C. (1994). *Rwanda, histoire d'un génocide*, Paris: Fayard.

Calvet, L.-J. (1994). 'Y a-t-il une identité francophone?', *Les Cahiers de la Francophonie*, 2: 71-8.

Club de l'Horloge (1985). *L'Identité de la France*, Paris: Albin Michel.

Cooper, R. L. (1989). *Language Planning and Social Change*, Cambridge: Cambridge University Press.

Darsières, C. (1994). Speech to the Assemblée Nationale, *Journal Officiel, Débats* 26 [3] AN (CR) 4.5.1994: 1397-8.

Edelman, S. (1995). 'The Politics of Language: the Impact of Language Legislation on French- and English-speaking Citizens of Quebec', *International Journal of the Sociology of Language*, 116: 81-98.

Edwards, J. (1994). *Multilingualism*, London: Routledge.

Etat de la Francophonie, annual. Paris: La Documentation Française.

Fishman, J. A. (1991). *Reversing Language Shift*, Clevedon: Multilingual Matters.

Francard, M. (1995). 'Nef des fous ou radeau de la Méduse? Les conflits linguistiques en Belgique', *Linx*, 33, 2: 31-46.

Gadet, F. (1995). 'Sur le terrain. Interview de Suzanne Lafage'. *Linx*, 33, 2: 101-8.

Garvin, P.L. (1993). 'A Conceptual Framework for the Study of Language Standardisation', *International Journal of the Sociology of Language*, 100/101: 37-54.

Gueunier, N. (1992). 'Le français langue d'Afrique', *Présence francophone*, 40: 99-120.

Kazadi, N. (1991). *L'Afrique afro-francophone*, Paris: Didier.

L'Année Francophone Internationale, annual, Québec: Bibliothèque Nationale du Québec.

Lepicq, D., and Bourhis, R. (1995). 'Aménagement linguistique et norme langagière au Québec', *Linx*, 33, 2: 109-28.

Lettre de la Francophonie, monthly, Paris: Agence de la Francophonie.

Louvel, R. (1994). *Quelle Afrique pour quelle coopération?* Paris: L'Harmattan.

M'Bokolo, E. (1980). *L'Afrique au XXe siècle*, Paris: Editions du Seuil.

McKesson, J. A. (1993). 'France and Africa: the Evolving Saga', *French politics and society* 11, 2: 55-68.

Niedzwiecki, P. (1994). *Au féminin! Code de féminisation à l'usage de la francophonie*, Paris: Librairie Nizet.

Ozolins, U. (1993). *The Politics of Language in Australia*, Cambridge: Cambridge University Press.

Phillipson, R. (1992). *Linguistic Imperialism*, Oxford: Oxford University Press.

Poirier, C. (ed.) (1994). *Langue, espace, société*, Sainte-Foy: Presses de l'Université Laval.

Rapport. (1994, 1995). *Rapport au Parlement sur l'application de la loi du 4 août 1994 relative à l'emploi de la langue française et des dispositions des conventions ou traités internationaux relatives au statut de la langue française dans les institutions internationales*, Paris: Délégation Générale à la Langue Française.

René, N. (1996). 'Le français langue commune, enjeu de la société québécoise', Typescript, Québec: Gouvernement du Québec. Comité Interministériel sur la situation de la langue française.

Rich, V. (1996) 'Slovakians Watch their Language', *Times Higher Education Supplement*, 19.1.1996

Richler, M. (1992). *Oh Canada! Oh Quebec! Requiem for a Divided Country*, London: Chatto.

Stevenson, P. (ed.) (1995). *The German Language and the Real World*, Oxford: The Clarendon Press.

Szulmajster-Celnikier, A. (1996). 'Des serments de Strasbourg à la loi Toubon: le français comme affaire d'Etat', *Regards sur l'actualité*, mai 1996: 39-54.

Thérien, J.-P. (1993). 'Cooperation and Conflict in la Francophonie', *International Journal (Canadian Institute of International Affairs)*, 48, 3: 492-526.

Thomas, G. (1991). *Linguistic Purism*, London: Longman.

Tollefson, J. W. (1991). *Planning Language, Planning Inequality*, London: Longman.

Tschiggfrey, T. (1995). 'Procédés morphologiques de néologie dans un corpus de chansons zouglou en français', *Linx*, 33, 2: 71-8.

Wangermee, R. (1986). *Wallonie, Bruxelles. Quelle spécificité'culturelle? Wallonie, Bruxelles. Ces méconnues*, Brussels: Délégation Générale de la Wallonie-Bruxelles.

(1995). *Atlas de la langue française*, Paris: Bordas.

(1996). *Une politique pour le français*, Paris: Direction Générale des Relations Culturelles, Scientifiques et Techniques, Ministère des Affaires Etrangères.

Les débats parlementaires français sur la loi linguistique de 1994: actualité politique et permanence d'un modèle de langue à la française[1]

Jean-Michel Eloy, Université d'Angers

Le vote d'une loi linguistique, tel qu'il a eu lieu en France en 1994, constitue un évènement intéressant pour les linguistes à plus d'un titre. Affirmer cela, n'est pourtant ni simple ni évident, c'est même déjà prendre une position très marquée: car cela suppose que nous sommes concernés à raison de notre domaine scientifique, et que des circonstances comme celles-là sont légitimement à inclure dans notre objet. Rien de plus 'externe' que le vote d'une loi sur la langue – du moins a priori, et donc c'est tout le travail de la linguistique autour des notions d'interne et externe qui affleure déjà, alors que nous n'avons presque dit que le titre de ce chapitre. En fait, adopter pour matière ces discours et débats parlementaires nous amène à revenir sur la distinction entre l'interne et l'externe.

Les débats et le vote de la loi du 4 août 1994 (dite 'loi Toubon') étant retenus comme évènement, nous commencerons par y apporter des éclaircissements historiques et contextuels, qui leur donnent sens. Puis nous tâcherons de dégager des débats, à travers certains faits de discours, les grandes lignes de ce qui y apparait comme les représentations dominantes en matière de langue, ensemble qu'on nommera l'idéologie linguistique. Enfin, nous proposerons un prolongement souhaitable de ces recherches, visant à assurer et à valider le concept de modèle idéologique de langue.

La méthode appliquée ici au corpus consiste à relever des unités lexicales et des voisinages, et non des énoncés. En faisant éclater ainsi les opérations prédicatives, on s'affranchit de l'argumentation, et on dégage plus facilement les présupposés. Les idées linguistiques ne se distribuent pas exactement selon les tendances et partis; transversale, cette approche mène au plus profond ou au plus confus, à l'implicite, et à l'idéologie derrière le discours. Nous entendons ici par 'idéologie' l'ensemble des représentations, en posant qu'elles sont 'profondes' en ce sens qu'elles sous-tendent le discours ou les actes, sans préjuger si ces discours et ces actes les expriment ou les déguisent.

Cette idéologie de la langue française en France, a une histoire, sur laquelle nous ne reviendrons pas. Sa construction historique l'*explique* en grande partie (de 842 à nos jours en passant par 1789, v. F. Brunot et C. Bruneau (1927-34), Renée Balibar (1985), J.J. Thomas (1989), etc.). Mais cela ne nous dispense pas de mieux la décrire, en tant qu'objet idéologique, en quelque sorte en synchronie. Car si nous ramenons à une grille d'analyse transposable, si nous 'modélisons', cette idéologie linguistique, nous obtenons d'une part une possibilité accrue de comparaison, d'autre part des éléments de compréhension plus clairs; et même, les paramètres d'un tel modèle sont d'un réel intérêt pour envisager une action sur les représentations, c'est-à-dire une action politique.

C'est donc à partir de cette deuxième étape que nous sommes amené à évoquer, à titre d'hypothèse, le concept de 'modèle de langue'. Car intuitivement, on a d'abord l'impression qu'un tel débat n'est possible qu'en France. Puis on se prend à penser qu'il est certainement possible dans certaines cultures et impossible dans d'autres, et c'est donc, classiquement, en procédant par comparaison des cultures et idéologies linguistiques qu'il est proposé de connaitre ce cas particulier. La question qui se pose alors est celle de la grille de comparaison, qui fera l'objet de notre troisième partie.

Il faut souligner encore ceci, que nous n'aurons pas le temps de développer, sur l'intérêt de cette démarche. C'est qu'il ne s'agit pas seulement de représentations qui accompagnent la langue – auquel cas nous serions strictement dans la linguistique externe. L'intérêt de ces représentations pour la linguistique est qu'elles sous-tendent très directement toute l'activité normative, et donc, indirectement, tout ce qui est acceptabilité socialement déterminée: or la part de la normativité sociale dans la 'grammaticalité' nous parait à réévaluer, les faits de discours étant 'sous-déterminés' (c'est-à-dire seulement partiellement déterminés) par les contraintes proprement linguistiques.

1. Le contexte politique du débat de 1994

Certains aspects de ce débat politique de 1994 se situent dans un cadre contingent: le gouvernement issu des élections de 1993 exhibe (nous ne jugeons pas ici d'autres pratiques) une thématique aux accents gaulliens, nationalistes. La renégociation des accords du GATT, ainsi que les développements concernant plus particulièrement l'industrie cinématographi-que, occupent dès l'automne 1993 une grande place dans cette partie de l'actualité qui est directement suscitée ou créée par le gouvernement. Au nom de l'intérêt national, les hommes politiques ont un discours de résistance à l'ultra-libéralisme économique dans quelques cas où celui-ci profite de façon très visible à la puissance dominante, à savoir les Etats-Unis. Egalement nationaliste de son côté, avec un discours différent, cette puissance lutte pour imposer ses vues, et au nom du libéralisme agit évidemment aussi pour ses intérêts nationaux. C'est en effet globalement la même doctrine libérale qui est mise en avant par les diverses parties sur le terrain, et c'est la concurrence – déséquilibrée – qui explique qu'ils en soient toujours à en discuter, malgré l'accord de principe. Par ailleurs, sur le plan géopolitique ou stratégique, soit par conviction soit par faiblesse, la suprématie des Etats-Unis est reconnue de fait à maintes occasions.

Cependant, au-delà de cet accord global, existent parmi les personnels politiques de réelles divergences sur la place du politique par rapport à l'économique, qui sous-tendent la plupart des débats, y compris entre différentes sensibilités au sein des partis politiques proches du pouvoir. Mais même les plus libéraux sont amenés, au moins dans le discours *ad usum populi*, à développer le thème du nationalisme défensif.

La culture, et en particulier la langue, prend dans ces débats un rôle privilégié. Car il apparait clairement que la langue a aussi son importance sur le plan économique, et qu'on y a recours comme facteur de segmentation d'un périmètre préservé. C'est typiquement le cas, par exemple, quant à l'existence d'une industrie cinématographique française ou de langue française, c'est globalement le cas du réseau de la Francophonie, dont seule la définition est linguistique, ce sont enfin divers freins à la circulation de main-d'oeuvre ou de marchandises.

Dans ce contexte de 1994, donc, le ministre 'de la culture et de la francophonie' décide de proposer un projet de loi sur 'l'emploi de la langue française', c'est-à-dire, en fait, sur sa protection. Le ministre reprend par là un projet déposé par le gouvernement précédent (et bloqué par lui-même en avril 1993) qui avait fait une analyse du problème assez proche, et l'adapte à sa propre optique: plus répressive, plus déclarative – car les sanctions sont désormais pénales, mais moins efficientes -, et touchant plus de domaines d'activité. Tactiquement, le ministre donne aussi des satisfactions très concrètes à un lobby d'associations militant pour la répression.

Si cette situation est loin d'être un cas isolé (au sens où les protectionnismes et les nationalismes sont partout, avec des formes spécifiques), il vaut la peine de souligner que le discours collectif développé à cette occasion consacre une évolution idéologique importante (bien que perceptible depuis environ 25 ans).

Aux 18e et 19e siècles, le discours politique sur la langue utilisait principalement un thème 'universaliste-dominant-expansionniste' hérité des Lumières. Ce discours a d'ailleurs été réactivé dans le cadre de la Francophonie. Mais on voit aussi apparaitre clairement désormais un thème 'identitaire-minoritaire-défensif'. Autrement dit, l'universalisme, c'est bien connu, est l'argument qui convient à une position dominante, et sert une stratégie expansionniste, ou tout au moins une stratégie de maintien de zones d'influence acquises. En 1994, le débat prend acte d'une position de retrait et développe la thématique identitaire – sans abandonner tout à fait le discours universaliste, mais en le fondant lui-même, en quelque sorte, sur l'intérêt universel des identités particulières.

Les idées mises ainsi en avant ne sont pas neuves, mais l'initiative qui consiste à faire voter une loi est un évènement idéologique en ceci qu'il est un grand moment de discours sur la langue. Le débat parlementaire, au-delà de sa fonction législative, est un moment de mise au point et de 'réglage' de ce discours: c'est l'intérêt que présente le corpus de plus de 200 000 mots constitué par les débats parlementaires sur le projet de loi.

2. Représentations de la langue

Parmi les faits relevés dans ce corpus, les éléments vraiment circonstanciels sont saillants, mais assez peu nombreux: c'est essentiellement le contexte sécuritaire, triomphant de 1993 à 1995 sous la houlette du ministre de l'intérieur Charles Pasqua, qui semble influencer les débats linguistiques. La plupart des éléments semblent au contraire la répétition de conceptions déjà courantes, qui constituent un ensemble historiquement stabilisé. Ces éléments stables définissent le cadre, en matière d'idéologie de la langue, des questions de politique linguistique en France.

La première observation, c'est cette abondance de discours sur la langue considérée comme problème: 27 heures de débat, soit un débat 5 fois plus important que celui de 1975 (date de la loi linguistique précédente, dite 'loi Bas-Lauriol'). Au-delà de l'enceinte parlementaire, dans la presse, et même dans les conversations ordinaires, on pourrait aussi mettre en évidence cet aspect quantitatif: on parle beaucoup en France de la langue française.

Le thème principal des débats parlementaires, c'est celui de la 'dégradation de la langue': sentiment exprimé dans des mots violents comme *'bouillie de langage'*, '*l'état d'abandon dans lequel stagne notre langue*', etc. Le facteur principal, au centre des débats, c'est l'emprunt, désigné rarement par ce mot 'emprunt', ou par des mots affectivement neutres comme 'd'origine, adopté de, inspiré de, qui proviennent de', mais par des images telles que: '*contamination, pollution, violation, irruption, pénétration, gangrène, invasion, dénaturer*'.

Si l'on compare ces moments de débat parlementaire à ce qui parait dans la presse en temps ordinaire, on remarque que les discours sur les argots, le parler des jeunes, les modes, sont moins abondants ici, à cause des circonstances: car il y a ici une cible, l'emprunt à l'anglais.

On trouve toujours aussi peu de discours sur la 'modernisation' spontanée ou l'évolution positive de la langue, sur le fait qu'elle est bien vivante et riche de ressources de toutes sortes. L'affaire est entendue par principe, on le dit, puis on développe si peu ce sujet que la tonalité générale parait terriblement pessimiste.

Les discours sur l''enrichissement' volontariste du lexique sont abondants, c'est un sujet bien identifié sous le nom de 'terminologie', qui désigne dans ce contexte non un travail descriptif, mais la prescription (par arrêtés ministériels) de termes normalisés par des organismes officiels (politiques). Les organismes en question se sont donné très peu de moyens pour observer l'efficacité de leurs travaux, mais on a l'impression que leur fonction, en tout cas, est de donner corps et cohérence au discours sur la langue.

Car en contrepoint nécessaire au constat catastrophiste, s'affirme la croyance dans l'action politique sur la langue: le volontarisme est possible et légitime, son efficacité éventuelle n'est pas discutée, ce n'est qu'une affaire de conviction ... bref, de discours. Et ce discours a pour tâche de *fonder* l'autorité, non de lui donner corps et efficacité (Eloy, 1995).

Il faut distinguer ici l'autorité politique générale, l'autorité politique sur la langue, et l'autorité linguistique. Car il existe pour les parlementaires, abritée par l'autorité politique, une autorité linguistique, une instance qui peut dire la norme, et une seule pour le pays: c'est bien sûr l'Académie française. Grâce à cette référence, semblent-ils penser, on peut savoir toujours à coup sûr ce qui est correct. Bien entendu, les orateurs ignorent – ou font semblant d'ignorer – que la dernière édition complète du dictionnaire de l'Académie date de 1935, qu'elle n'a qu'une compétence scientifique et technique très restreinte en matière de langue, et qu'elle n'a aucune compétence juridique. Mais ce pôle d'autorité mythique joue un rôle important dans le discours de 1994: on cite 85 fois l'Académie au cours des débats.

Dans la comparaison avec d'autres situations linguistiques, il sera intéressant de chercher comment, ailleurs, est remplie cette fonction de référence (les institutions, les groupes, les personnes).

Le français est désigné par trois dénominations: 'langue française', 'le français', 'notre langue', qui ne sont pas synonymes car elles n'entrent pas dans les mêmes syntagmes. Par exemple, on 'apprend le français' (ou une langue étrangère) mais on 'maitrise la langue française', et on 'aime notre langue'. La présence du mot 'langue' dans ces syntagmes semble jouer un rôle: 'le français' est un classificateur, tandis que 'langue' porte un monde de représentations. On 'connait' le français, on 'respecte' la langue française. Le 'rayonnement' touche quatre fois plus, en proportion, 'notre langue' que 'le français' (les 'langues régionales' ou l'anglais ne sont jamais concernés par la notion de rayonnement). Enfin, parmi les variétés citées au cours des débats, le mot 'langue' est appliqué au français beaucoup plus qu'aux autres langues (Eloy, 1997).

Les autres langues ont un nom, pour la plupart: mais on dit 'l'allemand' (40 fois) plus que 'la langue allemande' (1 fois), 'l'italien' (20 fois) mais non 'la langue italienne'. A l'opposé, il est aussi une variété qui a beaucoup de noms, trop de noms: une espèce innommable qu'on évoque avec peine, avec une sorte de 'douleur dénominative'. C'est l'anglais qui est l'objet d'une telle profusion: 'l'anglais, la langue anglaise, l'angloaméricain, l'angloricain, l'anglosaxon, le cryptoanglais', et ses dérivés 'angloaméricanisme, anglomanie, anglo-marchand', etc. Et ici, certains orateurs établissent une relation d'opposition entre l'anglais – sous ces noms hostiles – et la langue anglaise: celle-ci est louée, tandis que l'autre est vilipendé. Car on ne peut, semble-t-il, que respecter une 'langue' – ce qui permet de mépriser tout ce à quoi l'on refuse le nom de langue.

Quelles sont ces représentations attachées au mot 'langue', quel est le contenu de la notion 'langue' aux yeux des orateurs de 1994?

La langue c'est la norme prescriptive. 'Respecter': est-ce au sens de 'respecter la grandeur' ou au sens de 'respecter le règlement'? Quand il n'est question que de 'fautes' contre la norme prescriptive, c'est évidemment le deuxième sens. Et de ce fait, la langue c'est l'unité, l'unicité. En effet il existe *une* norme claire, simple, unique (au point même d'être légalisable, selon certains amendements proposés): on parle de LA syntaxe, LA grammaire, LES règles, comme d'une loi univoque. Cette invariance est aussi stabilité diachronique: la langue ne change pas depuis le 17e siècle (c'était déjà une conception évidente dans les débats sur l'orthographe de 1990). Une des conséquences en est que l'emprunt est facilement reconnaissable: on sait (ou bien on peut toujours savoir) si un mot est dans ou hors de la langue. Cette certitude repose sur le sentiment d'un 'visage de la langue'. C'est (comme déjà chez Sauvageot) ce critère qui justifie la lutte contre l'emprunt, c'est-à-dire un dysfonctionnement non pas du signe linguistique, mais de la langue comme signe d'appartenance.

La langue c'est la difficulté ('maitrise'). Le statut de l'anomalie trouve là un éclairage sociolinguistique: elle représente un capital social pour le puriste, mais elle est aussi une richesse pour les autres. La dictée de Pivot intéresse aussi ceux qui ne la réussissent pas: il y a là un fait qui ne se situe d'abord *que* sur le plan idéologique, et qui pourtant donne lieu à un fait de langue objectif, à savoir le maintien d'anomalies. Pour anticiper un peu sur le commentaire de ces faits, nous sommes tenté ici de discuter la façon dont Milroy et Milroy (1985) expliquent 'l'idéologie de la standardisation': car au-delà de l'explication fonctionnelle, par le 'maintien du standard', on entend l'écho des 'maitres de parole' de la Grèce antique, c'est-à-dire d'une transformation lente et imparfaite de démarches magiques en démarches politiques.

On parle pourtant aussi de langues régionales: ce débat, au regret manifeste du ministre, n'a pas pu être évacué. A première vue, on n'est plus là sur le sujet 'une langue', mais sur 'les langues' du pays. La reconnaissance explicite de ces autres langues est un thème devenu obligatoire, comme la défense des droits de l'homme. Mais ce n'est pas tout à fait une reconnaissance en tant que langue: ce ne sont plus des patois, mais une 'langue-régionale' (pendant un temps les textes d'un ministre parlaient même de 'langue locale') n'est peut-être pas tout à fait une 'langue'. Au point qu'on peut se demander si vraiment a disparu l'idée que le français allait (et devait) détruire ces langues. Les débats donnent un exemple frappant d'une telle démarche phagocytaire.

Un député créolophone demande au ministre Jacques Toubon si le créole appartient à la 'langue française', aux 'langues régionales' ou aux 'langues étrangères'. Voici sa réponse:

> La question est d'une très grande simplicité. Le créole n'est ni une langue régionale ni une langue étrangère. D'après la définition du Robert c'est un 'système linguistique mixte provenant du contact du français, de l'espagnol, du portugais, de l'anglais, du néerlandais avec des langues indigènes ou importées et devenu langue maternelle d'une communauté '. Pour ceux qui le parlent dans les DOM, c'est donc exactement l'équivalent du français pour nous. (...) Il n'est donc naturellement pas question (...) de porter en quoi que ce soit atteinte à l'usage du créole au travers de cette loi.

Le créole, ainsi, est radicalement assimilé au français. Mais le plus intéressant est *l'équivalent du français pour nous*. Qui désigne ce 'nous' d'un ministre français, si ce n'est l'ensemble des Français? Cela n'inclut-il pas les citoyens des DOM, et ceux des citoyens qui sont bilingues créole-français ont-ils deux 'langues françaises'? On pourrait ironiser. Mais cette réponse à la fois ridicule et affligeante montre simplement une vieille aporie, devenue visible par accident, qui repose non seulement sur l'idéologie de la nation, mais sur celle de la langue: son degré d'unité va jusqu'à l'exclusivité, elle seule mérite la qualité de 'langue'. Rappelons-nous qu'elle a, au 16e siècle, conquis de haute lutte le statut de la langue latine, langue *sacrée*! Dans une autre dimension, ces constructions sont bien sûr d'ordre anthropologique et politique – groupes et clôture de groupes, assimilation, exclusion, pouvoir, moyens idéologiques du pouvoir ...

Les enjeux sont en effet sentis comme très importants pour la nation. Le vocabulaire joue un rôle à ce propos: il existe un risque de confondre 'français' et 'Français', de passer de 'langue française' à 'pensée' voire 'nature française'. On est ainsi orienté vers une 'ethnicisation de la langue', qui pourrait se paraphraser: ce peuple ne peut avoir que cette langue. Et de fait le ministre se voit soutenu par des alliés encombrants, qu'il n'a pas vu venir derrière un syllogisme de caractère parfaitement ultranationaliste ou chauvin. Première prémisse: la langue traduit *'le génie le plus intime de chaque peuple'* (phrase de Michelet citée à l'envi). Deuxième prémisse: la langue française est la plus riche, la plus précise de toutes. La résultante, non exprimée, est évidemment que le peuple qui parle cette langue est forcément le meilleur de tous!

Cet extrême de la pensée romantique coexiste avec d'abondants discours sur l'universalisme (c'est-à-dire l'intérêt universel) de la langue française. Entre ces deux directions, le compromis consiste à fonder l'intérêt universel sur l'identité particulière: l'humanité entière a besoin que nous gardions notre identité. Or c'est en fait un changement de direction qui est alors entériné.

Mais ce que nous appelons ici le compromis entre ces deux directions, il serait plus juste de le présenter comme un moment d'hésitation entre deux ensembles cohérents de représentations. Dans la perspective historique, le fait de caractériser chacun de ces ensembles, de façon en quelque sorte 'idéal-typique', permet d'en voir les évolutions et les rencontres, même sous nos yeux.

3. Vérifier le modèle: pour une enquête sur l'idéologie de la langue

Cependant, cette description sur le mode de l'*ideal-type* reste insatisfaisante, parce qu'intuitive ou impressionniste, voire subjective. Comment décrire et comment vérifier l'adéquation d'un tel modèle idéologique à la réalité sociale, et à quels autres l'opposer?

Il est évident d'abord que seule la comparaison, le contraste, permettra de dégager des modèles. Un deuxième aspect est que si l'on veut dépasser la synthèse impressionniste, il faut construire des données calibrées et comparables, il faut objectiver le fait idéologique. Enfin, si l'on veut atteindre l'idéologie ordinaire, de façon purement synchronique, il faut aller au-delà des écrits, qui émanent toujours de couches sociales assez restreintes, lesquelles justement, en partie, font profession d'idéologie. Pour ces trois raisons, il est raisonnable, malgré les difficultés, de choisir d'enquêter, de mener des enquêtes comparatives.

L'objectif étant, dans une même démarche, de proposer une modélisation et d'en vérifier l'adéquation, on peut faire l'hypothèse qu'une enquête d'opinion par questionnaire permettra d'objectiver des traits idéologiques dominants dans une population, de façon plus ferme et plus large que ce qu'on peut tirer d'un corpus de discours. Mais on pourra également mettre en rapport les deux types de données, sur les thèmes comparables.

On aura remarqué que les faits idéologiques relevés plus haut, dans notre corpus français daté de 1994, concernent ainsi différents thèmes socio-linguistiques: l'abondance de discours sur la langue comme problème (ou sur la 'dégradation de la langue'), la normativité, les instances normatives, la variation dans la langue, l'abondance lexicale, le traitement de l'emprunt, le lien langue-nation, le rapport de la langue aux autres langues (du pays ou d'autres pays).

Les obstacles majeurs, en la matière, nous paraissent être ceux-ci. Les notions descriptives, qui s'utilisent ici ou là, sont toujours suspectes d'être elles-mêmes idéologiques, c'est-à-dire marquées par le cadre social où règne cette idéologie qu'il s'agit de décrire. Le lexique utilisé est à lui seul responsable de la plus grande partie de cette faiblesse: il y a donc une nécessité profonde d'abstraire les termes descriptifs du langage ordinaire pour marquer qu'ils réfèrent à des concepts. Cette nécessité en rejoint une autre: les questions devront être traduisibles, en réduisant le plus possible les biais de traduction, dans les différentes langues sur lesquelles portera l'enquête. De ces deux points de vue, il paraîtrait salutaire de disposer d'un métalangage non trivial, d'un appareil descriptif abstrait, qui puisse s'instancier dans les enquêtes en leur donnant un référent vraiment commun.

L'appareil conceptuel de la 'topologie des domaines notionnels', adopté dans une partie de ses travaux de sémantique formelle par A. Culioli (1990), nous paraît offrir des possibilités intéressantes pour définir les traits essentiels que les 'membres' prêtent à leur langue. Les termes de la topologie notionnelle peuvent en effet fournir des repères descriptifs tels que: centre attracteur, frontière, ouvert-fermé, métrique, etc.

Il s'agit bien de repères, car bien sûr, définir un modèle exige un discours simplificateur, et l'on ne pourra prétendre couvrir tous les aspects ni de la langue, ni a fortiori du couple langue-nation (voire 'ethnie'): les données proprement linguistiques, l'histoire et la géographie ne sauraient se retrouver intégralement dans un métalangage, et y perdront forcément la complexité du contingent et de l'empirique. Mais il s'agit, précisément, de chercher à préciser l'hypothèse de configurations ou modèles, permettant de ramener l'infinie variété à une typologie ou à un ensemble restreint de variables. Le métalangage topologique fournira, outre des outils de repérage, une cohérence des termes utilisés. On sortira des catalogues ou des typologies conçues comme catalogues, au profit d'une profonde cohérence de l'appareil descriptif – cohérence descriptive, et aucunement explicative. A son tour ce modèle abstrait posera des questions à la sociolinguistique – par exemple sur la comparaison des différents niveaux d'analyse linguistique – c'est-à-dire qu'il aura des effets heuristiques.

Sur cette base, toute la littérature scientifique devra être convoquée, tant pour l'élaboration d'un questionnaire d'enquête que pour la discussion des données obtenues: car leur illustration, et éventuellement leur explication, consistent en faits sociolinguistiques et socio-historiques. Ainsi s'articuleraient par exemple, éventuellement, un type de structuration idéologique très centralisée, et l'existence effective, historique, d'une institution très centralisée.

Ce programme d'enquête envisagé à l'appui de la notion de modèle idéologique de langue aura donc pour originalité la formulation des questions, reposant sur des concepts topologiques qui constitueront donc un référent interculturel, un pivot de comparaison, en même temps que de traduction dans les différentes langues.

4. Conclusion

Les enjeux des débats que nous avons examinés ne sont pas seulement nationaux, car toutes ces questions ont aussi des enjeux sociaux: qu'on pense aux tests langagiers des procédures scolaires, des embauches, etc.

Sur les deux plans, la langue est un signe au second degré, un signe de signe (la 'culture' est signe d'appartenance aux groupes, et le langage est signe de cette culture); c'est le *travail* social de ce signe, à travers la multiaccentuation et le conflit (qu'est la discussion normative permanente), qui se joue dans la sphère des représentations. Cet ensemble – culture, représentations, travail sur le signe – s'ancre dans une société précise et la caractérise: il nous faut progresser dans sa description.

Ainsi, pour prendre un dernier exemple, au centre des débats français de 1994 se trouve un concept que nous utilisons, celui de 'statut'. Sa définition classique est d'ordre fonctionnel, mais l'on constate, en France en particulier, une dérive fréquente vers l'acception de 'statut légal'. Ce fait, probablement spécifique, il nous faudra bien le resituer dans un ensemble, et fournir une description de son (éventuelle) spécificité: tel est l'objectif d'un 'modèle idéologique', nécessairement comparatif.

Et quand Milroy et Milroy (1985, 178) constatent que le débat sur leur livre a été politisé, ils relèvent en fait que cette langue-signe est un lieu de lutte pour le pouvoir. On s'explique aussi par là que les linguistes soient volontiers écartés des débats sur la langue: comment ne pas se méfier, quand on pense en termes de pouvoir, de gens qui se veulent, par vocation, aussi critiques?

Note

1 J.-M. Eloy a adopté la rectification de l'orthographe de 1991, qui touche surtout le circonflexe sur i et u. Voir Dictionnaire de l'Académie, 9e édition, et Conseil supérieur de la langue française, *Les rectifications de l'orthographe*, Jounal officiel de la République française, Editions des Documents administratifs, no. 100 du 6 décembre 1990. (NDLR)

Références

Balibar, R. (1985). *L'Institution du français: essai sur le colinguisme, des Carolingiens à la République*, Paris: PUF.

Brunot, F., et Bruneau, C. (1927-1934). *Histoire de la langue française* (réédition 1966-1979), Paris: Colin, 23 vol.

Culioli, A. (1990). *Pour une linguistique de l'énonciation. Opérations et représentations*, tome I, Paris: Ophrys.

Eloy, J.-M. (1995). 'Débats sur une loi linguistique: où est l'autorité?', *MOTS*, 43: 6–18.

Eloy, J.-M. (1997). 'Français, langue française, et autres langues: le travail de dénomination des langues chez des parlementaires français en 1994'. In Tabouret-Keller, A. (éd.), *Le nom des langues*, Louvain: Bibliothèque des Cahiers de l'Institut de Linguistique de Louvain.

Milroy, J. et Milroy, L. (1985). *Authority in Language*, London: Routledge and Kegan Paul.

Thomas, J.-J. (1989). *La langue volée. Histoire intellectuelle de la formation de la langue française*, Bern: P. Lang.

'The politics of French'

Gabrielle Parker, Middlesex University

> La mise en oeuvre d'une politique de la langue française à l'étranger est l'une des constantes de notre action culturelle extérieure et figure au tout premier rang de ses priorités. (DGRCST, 1984: 27)

The 'politics of French' refers to *politique linguistique* – official French government policy – as it is understood and implemented by France.

> ... une politique linguistique, c'est l'action volontariste par laquelle un État distribue les moyens et les stratégies appropriées pour atteindre son objectif qui est la diffusion hors de ses frontières de sa langue et de sa culture. Les langues et les cultures ne se défendent pas seules. Elles sont des biens symboliques qui sont désormais pris dans une compétition planétaire (Porcher, 1995: 95-96).

Thus, this is a project which goes beyond language and inspires foreign policy, diplomacy, domestic cultural policy, education ... it not only affects teachers of French who wittingly or unwittingly help implement it but also has an impact on the livelihood and the moral well-being of many more individuals. Other chapters in this book deal with the legal aspects and with the objectives of language policy within France and in the Francophone world. In this chapter I should like to attempt a look at what determines the politics of French: the conception of the language and its culture, the ideology that inspires it.

During the Renaissance, du Bellay reminded his reader that '*La gloire du peuple romain n'est moindre (...) en l'amplification de son language, que de ses limites'*, and that although the Roman Empire at the height of its glory found itself unable to defend itself militarily, yet it was still admired for its language (Humbert, 1930: 110). Similarly, Post-Second World War France switched its ambition from expanding, or maintaining, the '*limites*' of its empire to that of the '*amplification*' of its language.

The former was making a virtue of necessity; the latter was a compensatory measure. From 1945 onwards, the politics of language have been an integral part of French foreign policy (Coste, 1984; Roche and Pigniaud, 1995). The primary objective for France was to retrieve its former position: *retrouver son rang*. Yet post-war France was left with no economic, financial, or military resources, indeed not even a sufficient workforce; its political credit and moral standing were damaged. Reconstruction at home was conducted in parallel with a foreign policy which sought to repair France's position in its overseas territories and to construct its own independence from the Western and Eastern blocs whilst little by little – and painfully – being forced to accede to the demands of independence on the part of its former colonies. However, whilst conceding independence, France sought not to relinquish influence: the importance of maintaining the presence of the language abroad was evident from the start. Similarly, not only did France fight for what it saw as its rightful position in international organisations, such as the UN, it also fought from the very start *le combat pour la langue* and for its status as official language. To this day, the status of French in international organisations remains both a preoccupation of and a criterion for measurement of the success of the politics of French (Cestac *in* AFI-CIDEF, 1996: 261-268 and Pontier, 1997: 26-31) which are tied up with the status and influence of France and her political aspirations.

The notion of cultural policy had started taking shape immediately after the First World War: 1920 saw the creation of *le service des oeuvres à l'étranger* (Baillou *in* Coste, 1984: 24). This preoccupation with cultural policy (and the symbiotic relationship with language policy) was paralleled in the English-speaking world by the creation of the British Council, founded in 1934, and in the United States by that of a Cultural Relations Division within the State Department in 1938 (Pennycook, 1994: 141-158). However, for France, '*la période 1945-1955 est l'âge d'or des conventions culturelles*', according to Jean Baillou who was its main architect (*in* Coste, 1984: 30). These conventions applied world-wide, from Eastern Europe to Japan or Brazil. They entailed cooperation and reciprocity – although Baillou admits that the latter, reciprocity, entailed '*parfois quelque artifice*' (*ibid*.: 29). At the core of the agreements was the place of French teaching in the school curriculum. The other prong of post-war French cultural policy was to ensure that French was also to be the medium through which French science and technology would spread (Bourbon-Busset *in* Coste: 30), hence the fight from the beginning for the use of French in international conferences and publications.

The policy in favour of the teaching of French overseas and its practical implementation through the cultural agreements devised in the 1945-55 period maintained its momentum in the 1960s:

nos ambassadeurs et tout particulièrement nos conseillers culturels, avaient pour consigne permanente de suivre attentivement et dans le détail la situation de l'enseignement du français, en particulier la place qui lui était réservée aux différents niveaux, le nombre d'années d'études et d'heures par semaine, la nature des examens les sanctionnant, les conditions de formation des professeurs de français, les programmes suivis, les méthodes d'enseignement, les livres utilisés, etc. (Basdevant *in* Coste: 43).

Besides securing a place for French in school curricula outside its own borders, France preferred to export its own teachers so that in the 1980s it held the world record of any country's nationals teaching abroad (*ibid.*: 44).

Furthermore, the post-war period and its linguistic and cultural policy were inspired by what Baillou has called '*l'esprit de mission*' (*ibid.*: 30). This perhaps marked the continuity of a French tradition. Albert Salon (*in* Coste, 1984: 191-193 *et al*) identifies Catholicism as the inspiration for this *esprit*: he underlines the enduring links between cultural politics and Catholicism from «saint Louis» (Louis IX, whose reign spanned the years 1226-1270) to the IIIrd Republic, a continuity which the Revolutionary period did not interrupt, and from the Ottoman Empire to China or Canada. He reminds us of the political deals between kings and popes and of the consistency of official state cultural policies from Colbert to the DGRCST (Direction générale des relations culturelles et techniques). The emphasis on the confessional rapprochement with Catholicism does not overlook the work of Protestant or lay missions, or of the variety of organisations and individuals involved in the actual dissemination of all things French. What Salon highlights, however, is the *cultural* imprint of Catholicism and catholicity; not only in its proselytism, but also through the belief in universalism which inspired it, and still does. As he points out:

La prétention de la France à incarner la catholicité s'est accrue ensuite d'une personnification au XVIIIe siècle et sous la Révolution: celle des Droits de l'Homme et de la libération de la personne humaine de toutes les forces de l'oppression (*in* Coste: 196).

For the inspiration for this missionary zeal did evolve in order to sustain France's wish to continue to embody 'modern', progressive ideas:

[La France] a voulu ainsi ... représenter, simultanément ou successivement, l'idée de progrès, le socialisme, l'internationalisation, la laïcité de l'État, le droit des peuples à disposer d'eux-mêmes, la coopération culturelle et technique internationale, l'organisation de l'Europe, l'aide aux pays sous-développés, le dialogue Nord-Sud, etc. (*ibid.*: 196).

The messianic tendency as Salon shows, has been shared by all political and spiritual families. It will come as no surprise, therefore, to find de Gaulle among its prophets. In 1966, for the twentieth anniversary of UNESCO, de Gaulle declared:

> S'il est vrai que la France a, de tout temps, labouré avec passion le champ de l'intelligence et offert à la terre entière d'assez précieuses récoltes, s'il est vrai qu'elle met à la disposition du monde une langue adaptée par excellence au caractère universel de la pensée, il l'est aussi que le but visé par sa politique n'est rien d'autre que l'unité nationale, européenne, mondiale. Pour nous, la langue française, facteur d'universalité, est un instrument de cette politique d'unité (Druon, 1994: 142).

Maurice Druon, Secrétaire perpétuel of the Académie française since 1986, quotes this statement in order to endorse it:

> On ne saurait mieux dire que le combat pour la langue a aussi un aspect politique, ce terme étant pris en son sens le plus noble et le plus haut, celui qui nous a été légué précisément par les Grecs, le «*politikos*» d'Isòcrate et de Xénophon, la «*politikè*» de Platon, l'ensemble des affaires politiques et la science de celles-ci (Druon, 1994: 142).

The 1970s were to prove a very fruitful period in terms of setting up the infrastructure of current French language policy. The creation of the Agence de coopération culturelle et technique (ACCT); the Conseil international de la langue française, the Association des universités partiellement ou entièrement de langue française, la Fédération internationale des professeurs de français ... all these organisations developed and multiplied during that decade. Maurice Druon, in an article originally written in 1971 for *La Revue des deux Mondes* and reproduced in his *Lettre aux Français*, expressed his own assessment of the situation. In his view, all over the world, different stages of development were juxtaposed and coexisted. This 'polychrony', if one may be forgiven the coinage, impeded communication. The only way to bring to the same level '*des vases inégalement remplis par les siècles*' was to synchronize communication via a language that is 'fully developed':

> Ici intervient la France, pour ce qui la concerne. Et ce qui la concerne, c'est sa langue, patrie sans frontières de deux cents millions d'hommes, sur quatre continents, pour qui le français est langage héréditaire ou principal ou officiel;

patrie mentale également d'innombrables millions d'autres hommes qui usent du français secondairement, comme instrument de relation internationale ou de culture (Druon, 1994: 100).

Naïveté, conceit, patronising attitudes, supreme confidence and comfortable certainties in the superiority of his own 'inheritance' combine in this *nanti* of the French language. Yet, there is no denying that he simply echoes the ethos which lies at the heart of the mission outlined as follows by Jean Basdevant, one of its main promoters, in the early 1980s:

> Une politique de défense, de diffusion et d'expansion de la langue française doit tenir compte à la fois des faits historiques et des données du monde d'aujourd'hui. Elle ne saurait être conçue comme une entreprise de propagande ou de domination. Elle doit être à la mesure de l'attachement des Français à cet héritage précieux qu'est leur langue nationale, riche de siècles de culture. Elle constitue aussi l'accomplissement d'un *devoir* (my emphasis), non seulement envers les peuples qui ont partagé le passé de la France, notamment à l'époque coloniale, mais encore envers ceux qui, éloignés d'elle, aspirent aujourd'hui à la mieux connaître et à accéder à sa langue, sachant que celle-ci leur permettra de participer plus aisément à la vie de la communauté internationale (*in* Coste: 42).

If the means and the positions have changed with the evolution of technology, research and world politics, the sense of mission, the faith in the inherent values carried by French culture and language and the belief in the universal desire to share them, have not.

Maurice Druon feels able to affirm the superior attributes of the French language: universality, ability to convey rational thought, its pedigree... in a candid illustration of the phatic function of language. Having stated what distinguishes French as a language and celebrated its virtues in terms echoing Rivarol he pursues:

> Aujourd'hui, de surcroît, où le grec et le latin sont devenus plus que des langues mortes, des langues enterrées, la langue française se trouve en situation d'aînée dans l'héritage, je dirais presque de légataire universelle. ... L'homme moderne, grâce à elle, peut continuer de puiser, et de se raffermir, aux millénaires racines méditerranéennes d'où sont issus et sur quoi sont fondés nos raisonnements, nos pouvoirs et nos oeuvres (*ibid*.: 101).

In his view, therefore the principal and most efficient aid France can provide 'aux peuples qu'on appelle du tiers-monde' is 'une langue de civilisation et de communication':

Ce qui fait les hommes frères, c'est moins la communauté du sang que la communauté de mémoire. Le français est une immense mémoire, et la mieux organisée ...

L'oeuvre de la France aura été de déposer cette mémoire au milieu de la forêt tropicale ou équatoriale, du désert de sable, de l'archipel océan. Une oeuvre qui est loin d'être achevée (*ibid.*: 101 and 140).

French is to act as a flying bridge between eras and continents – a *passerelle* (*ibid.*: 102). One recalls that *Passerelle* was the title of a textbook designed for teaching French to migrant workers: the titles of textbooks for teaching and learning French might yield interesting material for a semiotic analysis: *Passerelle, Archipel, Espaces, Sans frontières, Horizons, Points de départ...*

These spatial concerns lead us to the place of 'francophonie' in French geopolitics. The evolution of the meaning of *francophonie/Francophonie* has been retraced most notably by Xavier Deniau (Deniau, 1983, 1995), also by Michel Guillou (Guillou, 1988, 1993, 1995) and shadowed since 1985 by the yearly Reports produced by the Haut Conseil de la Francophonie: *État de la francophonie dans le monde*. The 1998 edition of *L'Année francophone internationale*, AFI-CIDEF, Quebec, a yearly report, gives the following set of definitions in an editorial page:

> la *francophonie*, avec un petit f, désigne généralement l'ensemble des peuples ou des groupes de locuteurs qui utilisent partiellement ou entièrement la langue française dans leur vie quotidienne ou leurs communications;

> la *Francophonie*, avec un grand F, désigne normalement l'ensemble des gouvernements des pays ou des instances officielles qui ont en commun l'usage du français dans leurs travaux ou leurs échanges;

> *espace francophone* représente une réalité non exclusivement géographique ni même linguistique, mais aussi culturelle: elle réunit tous ceux qui, de près ou de loin, éprouvent ou expriment une certaine appartenance à la langue française ou aux cultures francophones – qu'ils soient de souche slave, latine ou créole, par exemple. Cette dénomination est la plus floue, mais aussi la plus féconde. (AFI-CIDEF,1998: 12)

However, these definitions may perhaps underplay the fact that the concept has evolved to encompass a formal structure, a mental construct and an intrument of politico-economic influence as well as a cultural affirmation. The extension of the concept to include the notion of network – a *cercle d'influence* that spans the globe came fairly early on:

> Un immense filet mondial, unique si on le compare aux autres nations, qui est à la fois un sédiment de l'histoire mais, davantage, le fruit d'une action volontariste où l'État tient le rôle principal (Clergerie *in* Coste: 212).

This more abstract understanding of the term relates it to the more recent definition of *politique linguistique* quoted at the start of this chapter. '*Action volontariste*' is an oft-used phrase: an understatement for official action supported by appropriate personnel, administrative structure and funding. The 1994 report by the Haut Conseil de la Francophonie, which marked the tenth anniversary of its creation, offered its own explanatory note to a table showing the '*évolution de la francophonie*' – the latter '*évolution*' referring to expansion:

> Francophonie: Terme signifiant à la fois la diffusion de la langue française, l'impact de la Communauté internationale francophone et le rayonnement de la polyphonie culturelle francophone (*Données*, 1994: 517).

Yet the subjectivity of the notion of 'belonging' has been long-recognised and officially acknowledged:

> ... le concept de francophonie n'a pas de base objective sérieuse, mais la représentation subjective de ce concept est une réalité politique, sociale et culturelle (DGRCST, 1984: 28).

The new definition of francophonie proposed and agreed at the Ile Maurice summit (1993) – *l'ensemble des peuples ayant le français en partage* – confirmed a process of heightened awareness of the political dimension of francophonie and of its potential strength. Although the emphasis on the shared inheritance remains, there is an explicit recognition of France's expectations in return. *En partage* does imply a community of peoples having a stake in French. One recalls Druon's coinage '*communauté de mémoire*' (Druon, 1994: 101). However, the Mauritius summit underwrote this stake by the declared support of the francophone community for France's stance in favour of cultural exemptions in the GATT battle. This political dimension was re-affirmed at Cotonou (Bénin) in 1995 when the Francophone heads of states and governments decided to endow themselves with the institutions that would give it a framework – '*La politique de la langue française croise également une autre politique malaisément définissable et en partie ambiguë, qui est celle d'une protection d'intérêts français ...*' (Pontier, 1997: 136). Jacques Chirac put it unambiguously: '*la France affirme la dimension politique de la francophonie ... elle doit plaider d'une seule voix aux Nations-Unies, au Fonds monétaire international ou à la Banque mondiale'* (*Universités*: 36).

This message was reinforced by Margie Sudre, Ministre d'État chargée de la Francophonie in the Juppé government in a brief article entitled *Après Cotonou*:

> ... j'adhère profondément à l'idée que la francophonie est l'un des caractères particuliers de notre présence sur la scène internationale, qu'elle est le produit de mille et un héritages – fort variés d'ailleurs – que nous ont transmis l'histoire et la géographie, qu'elle nous crée des devoirs de solidarité tout autant qu'elle sert objectivement nos intérêts.
>
> ...
>
> En quoi la francophonie serait-elle utile? Je crois tout simplement que la communauté francophone constitue un forum original pour débattre les affaires du monde et tenter d'apporter des contributions conformes à notre vision des choses et à nos intérêts. Bref, la solidarité culturelle et linguistique peut se transformer en solidarité politique. (*in* AFI-CIDEF, 1996: 247-48).

The multiple, varied inheritance which owes as much to geography as to history might appear to refer to the wide community which shares the use of the French language. However, it is not clear, throughout, how inclusive the first person plural pronoun and possessives are meant to be: whose duties? whose interests? whose vision? Or could it be the royal (imperialistic) we standing for France? The statement is ambiguous. Yvette Roudy, *députée*, in her official report to the French Parliamentary Assembly is more explicitly inclusive:

> Je m'associe pleinement à la définition des Sommets de la Francophonie comme 'Conférence des chefs d'État et de gouvernement de pays ayant le français en partage', à l'idée d'un patrimoine commun qui n'est l'apanage d'aucun État (Roudy, 1997: 7).

Roudy also recognises the existence of common economic interests, but sees the limitations of such ties and emphasises the political and the cultural over the economic (Roudy, 1997: 15). For instance, she refers to the opportunity afforded by the 1997 summit in Hanoi for the creation of *un espace économique francophone* (Roudy, 1997: 15) with some cautious scepticism.

The deliberate steps taken to involve the Francophone world in politico-economic stances against the perceived Anglo-American threat underscore what is at stake: the defence of French and French identity against the dual forces of the European Union and of the United States. For France, the *Europe des Six* was practically a francophone community, with its centres in Strasburg, Brussels and Luxemburg. The arrival of the United Kingdom signalled that of the arch rival, English, within these hallowed institutions. This was immediately perceived and denounced as a danger (Deniau, 1983; also Hessel, *in* Coste, 1984: 50 *et al*) – it may be an interesting coincidence that the early 1970s coincided with the growth of the infrastructure supporting French cultural policy, as seen earlier.

However, I should like to dwell for a moment on the 1993 re-definition of the word 'francophonie' because of its implications and of the reverberations which the phrase *en partage* sets echoing in people's minds. *En partage* implies a share in an inheritance: French has 'fallen into the lots' of a number of peoples scattered across the world. 'Fate' has devolved French upon them. This good fortune is not entirely left to destiny, though: nations can lay claim to this inheritance. This has indeed been the case from Cap Verde to Rumania. For France is generous and bountiful with her legacy:

> Lorsque nous affirmons que le français demeure et qu'il doit demeurer une des langues universelles, il n'y a dans ce constat aucune idée d'impérialisme linguistique ou culturel. Il y a une réalité. Nous n'avons pas à nous considérer comme propriétaires de notre langue. Une langue est le bien partagé de tous ceux qui la parlent ou l'utilisent. La langue française est porteuse d'une civilisation, d'une conception du monde, d'une philosophie de l'homme. En ce sens, elle n'appartient pas seulement à la France, elle fait partie du patrimoine commun de l'humanité (Druon, 1995: 141).

The idea of legacy, heritage, weaves its way through history, continuity and economics. The shared interest of those who have *le français en partage* is clearly its continued prosperity, its continued appeal, continued take-up. They have a stake in the product and in its defence. Its appeal is a matter of quality, which fosters 'discrimination'. It implies valuing this aspect of one's inheritance – at the expense of others such as regional or local languages. It also carries the risk of a set of mental representations anchored in the past, of limited currency: a concern with regard to the promotion of the language.

The phrase *en partage* also reinforces the concept of a family – or at least a community – sharing in an inheritance. As seen earlier, France is simply the *aînée* in the family – and according the napoleonic code, this birthright no longer confers any privilege. An inheritance confers duties as well as rights; the gift can be something of an imposition so that those doing the bequeathing can be tempted to echo La Fontaine, *Le Laboureur et ses Enfants*, v,9,15-19:

> Gardez-vous, leur dit-il, de vendre l'héritage
>
> Que vous ont laissé nos parents:
>
> Un trésor est caché dedans.
>
> Je ne sais pas l'endroit; mais un peu de courage
>
> Vous le fera trouver: vous en viendrez à bout.

The combination of the farming metaphor, rooted in the French collective psyche, and of resolute perseverance, which de Gaulle's statement echoed, express confident faith: prudent and steady husbanding of one's heritage will yield precious crops.

The 'treasure' – or thesaurus – itself is more broadly defined than used to be the case: French is becoming a broader church. The publication of *Le Dictionnaire universel* jointly published by Hachette Edicef et l'AUPELF-UREF (1996) may be seen as a symptom of this ecumenism. This dictionary was the outcome of a decision taken at the IVth francophone summit in Chaillot (1991). Its entries include usage in Africa, as well as France, Belgium, Switzerland and Canada. It includes a *'nomenclature ethno-linguistique'*. In addition, its pricing policy is in keeping with French policy in favour of the language: it sells for 58FF in Africa and the Indian Ocean and for 232FF in the rest of the world (Latin, 1996: 63).

The nature of the legacy is perhaps less easily defined. Maurice Druon, addressing the Conseil économique et social on 5 November 1993, exulted in a new concept: that of a *patrimoine immatériel* (his emphasis). In order to place this novel idea in a familiar context, Druon outlined what constitutes a *patrimoine génétique*, which allows us to learn, understand, act and create:

> ... dans l'ordre matériel comme dans l'ordre de l'esprit.

> Et c'est ce que nous créons dans cet ordre de l'esprit qui constitue, sens nouveau, un patrimoine immatériel, à la fois personnel et collectif.

Cet hémicycle du Conseil économique et social, voué à la réflexion approfondie sur tous sujets d'intérêt général, était bien le lieu où enregistrer l'acte de naissance de la notion de patrimoine immatériel (Druon, 1994: 134).

Druon goes on to assert that language forms the first and foremost part of this symbolic inheritance:

C'est donc celui qu'il importe essentiellement de protéger et de défendre, tout particulièrement lorsqu'il s'agit d'une langue universelle, et devenue, de ce fait même, patrimoine de l'humanité (*ibid*: 135).

The duty of defence and protection is incumbent on all francophones. As legatees, they must do their duty by the 47 countries or areas of the world whose representatives were at Ile Maurice precisely because of their having *le français en partage*; do their duty by France itself; do their duty by themselves (*ibid.*: 136).

Henri Estienne or Joachim du Bellay had exhorted their contemporaries in similar terms already. In his conclusion to the *Defense et Illustration*, du Bellay entoned:

Vous souvienne (...) de vostre Hercule gallique, tirant les peuples après luy par leurs oreilles, avecques une chaine attachée à sa langue. (Humbert, 1930: 116).

In a note, the editor refers to the Gallic shift of attribution to the god Hercules as described by Lucian – from embodying strength to representing eloquence – and to the popularity of this later representation in sixteenth century France (*ibid.*: 482). Now, here is an allegory that speaks volumes: the god of strength transmogrified into that of eloquence; eloquence riveting peoples. A concatenation of images: one tongue captivating hearts – or fettering minds. Especially since the idea is explicitly linked to conquest in this, du Bellay's *Conclusion de tout l'oeuvre*, that is of his *Defense et illustration*. Regarding France's linguistic policy, the *Hercule gallique* might still serve as an allegory for the herculean (and painful?) task of pulling these peoples together – an expensive one too, for *'la francophonie a un coût ... l'dentité a un coût comme la liberté.'* (*État de la francophonie*, 1994: 510-511).

In order to help share this cost, Philippe Rossillon, the editor of the recently published *Atlas de la langue française*, has some simple advice to give to politicians: the most effective way of ensuring the consolidation of the current position of French is to increase family allowances in France and in Quebec: *'Pas de français sans Français'* – no French language without French people. Other policies he advocates include '*la francisation de l'Afrique noire*', a policy in favour of translation and the defence of French in France. As to the rest of Europe, he suggests:

> D'énergiques pressions sur l'Espagne, l'Allemagne, l'Italie pourraient en outre amener ces pays à mieux diffuser une deuxième langue vivante (ce sera toujours le français) dans leur enseignement secondaire: la France n'a pas de véritable «diplomatie linguistique», c'est à dire qu'elle ne sait pas négocier la situation du français dans l'enseignement étranger en contrepartie d'accords économiques ou politiques (Rossillon, 1995: 128).

Fair is fair; the message could not be more plain: linguistic diplomacy is a matter of negotiating the place of French as a counterpart to political or economic preferences. Roudy says much the same in a rather more elegant way which integrates an ethical dimension: her price includes the rights to have a say on issues such as women's or children's rights (Roudy, 1997: 26). However, throughout her report Roudy is consistent in arguing that *francophonie* must mean a commitment to the French language. In that context, she notes in passing that '*une politique de visas malthusienne ... a mis en péril les intérêts de la francophonie*' (Roudy, 1997: 21), that is to say, the restrictions put on the movements of putative students from African or other non European countries does little to help promote French culture and language overseas.

Another 'cost' to be taken into account is the invisible one of being caught in the '*immense filet mondial*' referred to by Maurice Druon: *rets* or *réseau*? What price being caught in the toils set by the whole '*dispositif*' or official apparatus of Francophony? The 'cost' of Francophony is not borne by the providers alone: interdependent interests suggest reciprocity.

As stated at the start of this chapter, teachers of French also have a stake in the politics of French. They are a key element in its promotion and wittingly or unwittingly, part of its policies and of their implementation. It is not just that our own stake-holders, as the students of our corporate universities have been called, are our livelihood and that their supply is dependent on the success or otherwise of French policies. It is also that whereas teaching French remains our core activity, research has become just as essential to keep intellectual body and soul together. And linguistic research – applied linguistics particularly – is part of French language politics. From the CREDIF onwards, research has served, inspired and sustained the politics of French. As one of the potential instruments of the politics of French, French language teachers have to be on their guard. The price of resisting this process of incorporation is eternal vigilance.

References

[anon] (1996). 'Un **Secrétariat** de la francophonie', *Universités*, Vol. 17, No1.

Coste, D. (ed.) (1984). *Aspects d'une diffusion du français langue étrangère depuis 1945*, Paris: Hatier.

Deniau, X. (1983, 1995). *La Francophonie*, Paris: Presses Universitaires de France.

Direction générale des relations culturelles, scientifiques et techniques (DGRCST) (1984). *Le projet culturel extérieur de la France*, Paris: La Documentation Française.

Druon, M. (1994). *Lettre aux Français sur leur langue et leur âme*, Paris: Julliard.

Guillou, M. (1993). *La Francophonie, nouvel enjeu mondial*, Paris: Hatier.

Guillou, M. (1995). *La Mangue et la Pomme: Voyages en Francophonie*, Paris: Eurotext.

Humbert, L. (éd.) (1930). *Joachim du Bellay: La Défense et Illustration de la langue française*, Paris: Librairie Garnier.

Latin, D. (1996). 'Dictionnaire universel, **francophone** et **africain**', *Universités*, Vol. 17, No1: 63.

Pennycook, A. (1994). *The Cultural Politics of English as an International Language*, London: Longman.

Porcher, L. (1995). *Le français langue étrangère*, Paris: Hachette.

Pontier, J-M. (1997). *Droit de la langue française*, Paris: Dalloz.

Roche, F., and Pigniaud, B. (éds.) (1995). *Histoires de diplomatie culturelle des origines à 1995*, Paris: La Documentation française.

Rossillon, Ph. (ed.) (1995). *Atlas de la langue française*, Paris: Bordas.

Roudy, Y. (1997). *La francophonie: de la culture à la politique*, Rapport d'information No 390, Assemblée Nationale, Paris.

(1996). *L'Année francophone internationale*, Quebec: AFI-CIDEF.

(1998). *L'Année francophone internationale*, Quebec: AFI-CIDEF.

(1994). *État de la francophonie dans le monde. Données 1994.* Paris: La Documentation Française.

The Impact of European Linguistic Policies on French

Anne Judge, University of Surrey and Stephen Judge, London Guildhall University

France has a long history of governmental linguistic interference. This has been in respect of the natural development of the language and also to ensure the dominance of French over the regional or minority languages of France. More recently, the main aim has been to protect the status of the French language in Europe and internationally 'pour lutter contre le tout anglais'. Nowadays, however, France can no longer function in a vacuum, since European Community law[1] and membership of the Council of Europe restrict her freedom to initiate national linguistic policies.

There are two issues at stake. Firstly, the use of French as an official language within the European Union (EU) and the restrictions placed on national linguistic policies by the EU. Secondly, the impact on French of European policies in respect of the regional languages. In France, these have generally been thought to be nearly extinct, but initiatives by the European Parliament (EP) and the Council of Europe aim to encourage a resurgence of these languages.

This chapter will consider: (i) the use of French within the EU institutions; (ii) the possible impact on French of legislation and legal decisions passed in the EU; (iii) the Conventions and Charters issued from the Council of Europe in favour of the regional languages; (iv) European Parliament initiatives in favour of regional languages; and (v) recent linguistic initiatives by the Commission and the Council of Ministers in respect of regional and official languages.

1. The use of French within the EU institutions

The European Economic Community (EEC) was always intended as a plurilingual body following the precedent of the European Coal and Steel Community (ECSC). Originally created in 1951 with French as its official language, by 1953 the Official Journal was published in the four languages then represented in the ECSC: French, Italian, German and Dutch. Today the EU[2] includes 11 official languages, and the position is considerably more complex. For the purposes of interpreting and translation there are 110 possible pairs of languages instead of the original 12. The result is that, although the principle of full plurilingualism – all languages of equal status – is still strictly adhered to in theory, in practice some languages are more equal than others.

1.1 Theoretical plurilingualism of the EU

The 11 official languages are currently Danish, Dutch, Finnish, French, English, German, Greek, Italian, Portuguese, Spanish and Swedish. The choice of official language is the concern of the Member State which may lead to problems in plurilingual countries. Thus in Spain, although Castilian is the official language of the country, three regional languages have official status within the geographical regions in which they are spoken, namely Catalan, Basque and Galician. The MEPs of these regions, in particular Catalonia, frequently express annoyance over the non-recognition of their language in the context of the European Parliament. Spain is not unique in this respect. Most Member States have minority languages, often those of an adjoining state (e.g. Swedish in Finland). According to the European Bureau for Lesser Used Languages (EBLUL, see 4 below), there are some 40 indigenous languages spoken within the EU, i.e. nearly 50 million people out of a total population of around 370 million have as their native language a language other than one of the 11 official languages.

Officially there are no such 'problems' in France since the position of the regional languages has been eroded by centuries of centralisation and the principle of equality through uniformity. Efforts continue to be made to reverse this trend by various minority linguistic groups in France[3], but these languages are unlikely to resurface as naturally spoken languages, if only because the fight to preserve the regional languages has to some extent been displaced by the fight to maintain the status of French against English. This is clear from polls conducted at the time of the Toubon law in 1994 which showed the French as proud of their language and in favour of defending it despite finding the legislative proposal ridiculous and unenforceable.

Apart from the 11 official languages already mentioned, there are also two 'Treaty languages' (i.e.treaties are in these languages as well as the official languages), Irish since 1972 and Luxembourgish since 1984. Since Irish is the first official language of the Republic of Ireland, 1972 is the first time the principle of full plurilingalism was abandoned. Luxembourgish became a Treaty language in 1984 when it became the official language of Luxembourg. French is also an official language and is the language of legislation. Scientific, technical and political reports are normally in French while German is the language of the press.

1.2. Plurilingualism in practice in EU institutions

The serious practical problems arising from the need to translate all documents into all the official languages becomes clear when the number of translators involved is considered. The figures given below are those of 1988 (see Labrie 1993 for all subsequent figures given for 1988) when neither Finland nor Sweden were members. The problems today are proportionately worse. As a result, a number of EU institutions have rejected the practice of full plurilingualism in their day-to-day operation and use one or two 'working languages' instead. In some cases these languages are established in the internal regulations governing the institution, in others the position has arisen 'de facto'. Where these institutions are in a Francophone country, this has clearly benefited French. In the case of English, its role as a world language gives it a particular advantage in all dealings with non-EU countries and for all financial matters.

An examination of the languages spoken in the main EU institutions reveals the following:

(i) In the European Council, all the official languages are used. This necessitates a large number of interpreters and translators (there were already 454 translators in the 'Service de Traduction du Conseil' in 1988, Labrie 1993).

(ii) The European Parliament exceeds the legal requirements of plurilingualism since, apart from the 11 official languages for which there must be translators/interpreters at all times, it is possible to use Irish and 'regional' languages if adequate notice is given so that translators/interpreters can be found. This is stated in the 'Règlement du Parlement de 1992, Article 79, paragraphe 2': 'Les interventions dans une des langues officielles sont interprétées simultanément dans les langues officielles plus toute autre langue que le Bureau estime nécessaire'. In 1988, the European Parliament employed 485 translators.

(iii)   The European Commission has traditionally used French as a working language; however, since Great Britain's accession in 1973, English is also used, although less frequently. There are signs that German may be included since the reunification of Germany and the accession of Austria make it the most widely spoken mother tongue in the EU. In 1988, the 'Service de Traduction de la Commission' was the largest in the world with its 1700 employees of whom 1200 were translators. On the accession of the UK, President Pompidou and Edward Heath agreed that British officials in the Commission would be able to speak French, and the French organised language courses to that effect. The same practice was followed with the entry of the Scandinavian countries and with Austria.

(iv)   In the European Court of Justice (ECJ) matters are complex. French is the only working language for administrative purposes, but all 11 official languages and Irish may be used in court proceedings (Irish has been used once). Where proceedings are in a 'lesser used language', the party must pay for the translation of all documents into a language 'easily understood' by the judges. French and English are the two most widely-known languages, and their adoption means a reduction in costs. Cases are, therefore, frequently conducted in a language different from the mother tongue of the parties and even the counsel. Deliberations between the judges are in French, but the final judgement is handed down in the official language of the case. The Advocate-General, however, delivers his advisory judgement in his own language and this is translated into French. On the day of the judgement, judgements are published in all official languages (except for Irish), but, since 1994, the full text of the hearing is only available in the official language of the case. Previously the full text was translated, leading to considerable delays. This shows expediency as a determining factor in linguistic matters since the new system ignores the fact that important points of law emerge from the full text of the case. The European Court of Justice employed 115 translators in 1988 (Labrie, 1993).

(v)   The Economic and Social Committee employed 115 translators in 1988 (Labrie, 1993); there is no mention of the use of languages in its regulations.

(vi) The Community Trade Marks Office, created in 1993, allows initial application for recognition in all official languages but stipulates that subsequent dealings are restricted to one of the five working languages: English, French, German, Italian and Spanish. In 'Christine Kik v Le Conseil de l'Union Européenne et la Commission de la CE[4]', a Dutch lawyer, Christine Kik, unsuccessfully contested the refusal to recognise the use of Dutch as a working language.

(vii) The Court of Auditors uses French and English and sometimes German.

(viii) The European Centre for Professional Training based in Berlin, uses French, English and German.

The cost of plurilingualism clearly escalates as the EU increases in size. Moreover, there has been an increase in translation from and into non-Community languages, especially those of Central and Eastern Europe. The increase seems smaller however than could be expected if one takes as an example the Translation Service of the Commission, the largest in the EU. For example, in 1995, new translators were recruited to translate into Swedish and Finnish, which brought the total to 50 in both cases (see the 1995 General Report on the Activities of the European Union), a fairly modest number for two new languages. As far as the overall members of staff are concerned, in 1996, there were 1,867 persons employed in the Translation Service of whom 1,344 were translators[5], which does not represent a very large increase compared to the figures given by Labrie for 1988. In terms of work-load, the Translation Service of the Commission translated nearly 1,000,000 pages in 1990 (Labrie 1993); 1,024,000 pages in 1994, 1,094,370 in 1995 and 1,135,846 pages in 1996 (figures taken from the 1994, 1995 & 1996 editions of the General Report on the Activities of the European Union), again not an enormous increase.

It is true however that freelance translation accounted for 18% of the translation output in 1996. Moreover, the Commission's Translation Service is continuing its modernization programmes, particularly the development of the machine translation system Systran (150,000 pages translated in 1994). As for interpreting, the Joint Interpreting and Conference Service (JICS) provided interpreters representing a total of more than 120,000 interpreter/days, for meetings for the Commission, the Council, the Economic and Social Committee, the European Investment Bank, the Committee of the Regions and other new European Union agencies. In 1995, the figure increased to 126,978 interpreter/days whereas in 1996 it was down to 123,649 interpreter days.

Depending on the point of view of the person using these figures, they could be used either to demonstrate the expensive nature of the language policy, or that it is perfectly manageable. The official French approach is that the burden of full plurilingualism is bearable (see Edith Cresson's comment in 5.ii below and conclusion).

1.3. Dominance of French and English as working languages

The clear desire to maintain equality between the various official languages conflicts with the practical problems posed by total plurilingualism. In practice, French and English tend to dominate resulting in the 'minorisation' of the other official languages (although the position of German may be improving).

Research on languages used by EU employees carried out by the university of Gerhard-Mercator in Duisburg in Germany[6] gave the following results:

- internal written communications: French in 75% of cases
- oral communication with Member States: French in 54% of cases
- written communication with Member States: French in 56% of cases
- oral communication in a world-wide context: English in 69% of cases
- written communication in a world-wide context: English in 71% of cases

The dominance of English and French is reinforced by their position in the Council of Europe: the European Commission of Human Rights generally functions in English and French (other national languages being allowed for correspondence and meetings) and the European Court of Human Rights only allows the filing of complaints in a language other than French or English if the complainant can prove a complete lack of knowledge of both of them. Since there is no translation from English or French into the language of the complainant of the 'verbatim record of hearing', a knowledge of French or English is essential if any corrections are to be made. This continued dominance, although reassuring for France, must be seen in contrast to the position prior to the UK accession when French was impregnable. This is no longer true.

From the point of view of the EU, the dominance of one or two national languages is politically undesirable: it is at the expense of other languages and does not foster a sense of loyalty to the Union. Other Member States – Denmark in particular – resent the inferior negotiating position in which they find themselves. In France, the idea that English could one day be the dominant language is a cause of anxiety. Surprisingly, the possibility of an enhanced role for German does not seem to have attracted much attention in any of the EU countries.

Total plurilingualism, however, is expensive and inefficient. Translation also leads to loss of precision: it is rare for words to correspond on a one-to-one basis from one language to another, let alone between 11. In addition there is a loss of meaning at the connotative level leading to possible misunderstanding particularly where something said 'tongue in cheek' is taken literally. As regards the cost of plurilingualism, this can be looked at in two ways. Those in favour only count the salaries of the linguists and point to the positive developments of Systran and Eurotra, the computer assisted translation systems. They see the cost as slight compared to the gains. Those against include the cost of buildings, paper, etc. and point to the failure to develop truly automated translation systems. In this case the financial burden is considered intolerable. It is clearly a matter of point of view.

2. Impact on French of EU legislation and legal decisions affecting language use

Basically, the EU approaches linguistic policy from a purely pragmatic point of view; national linguistic restrictions of Member States must not frustrate the fundamental rights: the free movement of persons, services, capital and goods enshrined in the EC Treaty 1957 and implemented by delegated Community legislation. Not all of the cases used to illustrate the operation of Community law relate directly to France, but the legal principles they establish apply to all Member States including France and indicate the nature of the restrictive environment within which her government can legislate.

(i) The right of free movement of workers is contained in Articles 48 – 51 of the EC Treaty 1957. In respect of these Articles, Regulation 1612/68 ensures equality of opportunity for nationals of other Member States, Article 3 prohibiting linguistic restrictions unless relevant to the post. In the case of 'Anita Groener v Minister for Education and City of Dublin Vocational Education Committee case (1987)'[7], however, the Irish Republic requirement that persons seeking permanent employment should possess an Irish Language Certificate of proficiency was found not to infringe Community law. In this case, however, the law sought to promote an official language – Irish – which also happens to be a minority language. Anita Groener was refused a permanent post as a teacher of commercial art because she had not obtained the Irish Language Certificate which is a national condition for permanent employment in the Irish Republic. Since all her teaching was to be in English, Mrs Groener considered that the condition was contrary to Article 3. The ECJ held that national linguistic laws with the aim of promoting the official language of a Member State are acceptable if applied without discrimination and if the level of linguistic ability required is not disproportionate to the aim of the policy. The court held that the obvious aim of the law was to require Irish nationals to learn Irish rather than to exclude nationals of other

Member States; that the linguistic level required was not disproportionate and that Irish language courses existed in Paris, Bonn, Rennes, Brest and Aberystwyth. It also appeared that Mrs Groener was the only person ever to have failed to achieve the required level.

That linguistic restrictions which are discriminatory are prohibited is clear from the decision in the case of 'The Commission v French Republic' (1989).[8] This case was brought under Articles 59 – 66 EC Treaty 1957 which requires Member States to abolish restrictions on the provision of services by nationals of other Member States. This case concerned a French regulation that tourist guides in France should have a national qualification which could only be obtained in France and required a level of linguistic competence in the French language. The guides in question were nationals of another Member State and were employed by a tour operator to act as guides for a group of tourists. The tour operator and the tourists were also from the other Member State. The ECJ found that the qualification requirement was discriminatory, since fluency in French was not a necessary requirement for a guide accompanying a group of non-francophone tourists. Two nearly identical cases were decided on the same day: 'The Commission v Hellenic Republic' and 'The Commission v Italian Republic[9]'. This precedent was again applied in the later case of 'The Commission v Spain' (1994)[10].

(ii) Another interesting case, 'Camille Petit v L'Office National de Retraite'[11] (1991) concerns the rights of nationals of Member States to establish themselves permanently in another Member State under Articles 48 to 51 of the EC Treaty 1957. This right of establishment is facilitated by Regulation 1408/71 (since updated by Reg. 2001/83) which seeks to harmonise the social security systems between Member States. Under Article 2 of this Regulation, national authorities, institutions and courts cannot refuse to accept documents in the official language of another Member State. In this case, M. Petit, a francophone Belgian national who had lived all his life in Belgium, filed a document in a legal action against the 'Office National de Retraite' in French and not Flemish as required by the Belgian linguistic laws for the region in which he resided. As a result the document was judged inadmissible. The ECJ refused to extend Article 2 of the Regulation to cover the situation. It interpreted the Article narrowly and held that it only applied to nationals of one Member State who had established themselves permanently in another Member State. It could not be used by a national belonging to a national minority language group within his own Member State.

(iii) Increased mobility of nationals from one Member State to another raises the problem of transliteration of names and surnames for persons of one Member State with a different alphabet. This is usually done so as to convey to a native speaker of the target language, the closest possible approximation of the correct pronunciation. Where the target alphabet is used by several languages, however, the phonetic values of some letters vary, and a different spelling will be required for each language. Thus French newspapers write 'Eltsine' instead of the English 'Yeltsin' and Spanish newspapers talk of 'Jomeini' rather than the more general 'Khomeini'. The International Organisation for Standardisation (ISO) produced a system for the transliteration of Greek names valid in all countries using the Roman alphabet. The use of the standard system, ISO-18, is required by Article 3 of the Convention on the Representation of Names and Surnames in Registers of Civil Status[12], which means that it has force of law in all those countries signatory to it. In the case outlined below, however, this Article came into conflict with EC regulations, with the latter overriding the former.

The 'Christos Konstantinidis v Stadt Altensteigstandesamt and another'[13] case concerned the legality of a German law requiring transliteration of Greek names according to the ISO standard system. In this case, the transliteration of the plaintiff's marriage certificate and his birth certificate were inconsistent. He therefore applied to change the marriage certificate from 'Christos KonstADinidis' to 'Christos KonstANTinidis' which more accurately reflected the correct pronunciation of his name. Unfortunately, as a result of the application of ISO-18, Mr. Konstantinidis' first name was rendered as 'Hréstos' instead of 'Christos', which he maintained was misleading for his clientele. The ECJ held that the obligation to have his name transliterated in a way that modified and distorted its pronunciation and caused confusion amongst his clientele was contrary to his right of establishment under Article 52 of the EC Treaty. The ECJ also criticised the ISO system for using diacritic signs beyond the technical capacities of typewriters and wordprocessors and stated that 'if the ISO system is used ... in any other Member State, many Greek names ... will be written in a way that gives a highly misleading impression of their true pronunciation. In fact, some names will be distorted beyond recognition.' This represents another example of the supremacy of Community law.

(iv) Articles 30 to 37 require the removal of quantitative and similar restrictions on imports between Member States. In respect of these, Directive 79/112[14] concerns the labelling, packaging and publicity for foodstuffs. Article 14 of the Directive allows Member States to restrict the sale of foodstuffs only if the labelling details are not in a language which is 'easily comprehensible to the buyer'. To comply with this Directive, Belgium had promulgated a law ('le Décret Royal du 13 novembre 1986') which specified that the labelling had to be in the language of the region where the product was to be sold.

In the 'Peeters Decision'[15], the defendant was prosecuted for selling mineral water in the Flemish speaking part of Belgium in bottles labelled only in French and German. The ECJ decided that these labels could be easily understood by the buyers and that the Belgian law was contrary to European law and inapplicable. The Directive aimed at ensuring the free movement of goods and also the protection of the consumer which was exceeded by the Belgian law.

Following the decision, the European Commission published on 10 November 1993 a Communication[16] on linguistic policy and consumer protection. The Commission, in keeping with the principle of subsidiarity as enshrined in the Maastricht Treaty, recognised that, on the question of languages, competence rests with the Member State. It also drew attention to the confusion of existing regulations which vary depending upon the nature of the product. In a second Communication[17], however, published on the same day, the Commission attempted to establish guidelines concerning Article 14 in the light of the 'Peeters Decision'. The Commission identified two possible situations. In the first, the goods imported from one Member State to another were being put on sale without any alteration to the product's packaging or labelling. In the second case, the importer was going to change the labelling and packaging before marketing them. The Commission limited the operation of Article 14 allowing Member States to restrict the sale of foodstuffs unless labelled in a language which is 'easily comprehensible to the buyer' to the first case only. Any attempt by a Member State to impose a wider restriction on the import of goods from another Member State labelled in the language of their place of origin would be contrary to Community policy of free circulation of goods.

Following publication of these Communications, the French government requested that the notion of the 'langue facilement compréhensible' contained in Art. 14, Dir. 79/112 should be abandoned in Directives in favour of a formula which is less ambiguous and 'plus respectueuse des souverainetés linguistiques'. This reflected a general mistaken perception in France that the 'langue facilement compréhensible' would reinforce the position of English to the detriment of French.

In 1993[18], the ECJ held that Article 30 requiring the removal of quantitative and similar restrictions on imports between Member States did not apply to national measures concerning 'selling arrangements' only and that restrictions on the 'who, when and how of commerce or trade' would only fall within Article 30 if they were discriminatory in fact or in law. Thus national restrictions on shop opening hours or the sale of cigarettes outside shop-opening hours are not restrictions against free movement of goods if generally applicable to domestic and imported products alike.

On the other hand, national restrictions on the 'shape, size, weight, composition, presentation, identification or putting up' of a product may be contrary to Community law even though applicable to both domestic and imported products, if they effectively bar imports or make them more difficult or more costly to market than equivalent domestic products. The 'Cassis de Dijon Case'[19] concerned a German restriction on the marketing of fruit liqueurs with an alcoholic content below 25%, the effect of which prevented the import of the French liqueur 'Cassis de Dijon'. The ECJ held that the regulation was illegal. In the 'Clinique Case'[20] a German law relating to misleading advertising prevented Estée Lauder from using the trade name 'Clinique' on packaging and in advertising since the name had medical associations for the Germans. The ECJ held that the fact that the producers were required to incur additional packaging and advertising costs demonstrated that the measure affected free trade, and that the law was excessively restrictive and inapplicable.

(v) Language laws aimed at protecting the national language may also fall within the scope of Article 30. The Ministerial Circular implementing a law for the protection of the French language which required all customs documentation to be in French was the subject of legal proceedings against France for infringement of Article 30. The proceedings were only discontinued when the French government agreed to limit the restrictions to retailing operations[21].

More recently, legal experts have questioned the legality of the Articles 2, 3 and 4 of the Loi Toubon[22] requiring the use of French for:

- all sales descriptions, presentation, terms of supply and invoices in respect of the sale of any good or service;
- any advertisement, whether written, oral or audio-visual for any goods or service;
- any slogans or product description registered with a trade mark;
- any poster to be displayed in a public place.

There are exceptions where the foreign language version of the product name is known to the general public. This has saved words like 'pizza', 'sandwich' and 'hot dog' but the courts have previously held that the terms 'cheeseburger' and 'hamburger' are not commonly understood[23]. There is also an exception where the foreign language text is accompanied by a French translation which must be 'aussi lisible, audible ou intelligible' as the foreign language version. This means that the French language version must be as large and as striking as the foreign language original. It will not be sufficient to put the translation in small print in some unobtrusive position. In relation to the packaging, labelling and advertising of products imported from other Member

States, this could clearly constitute a restriction on free import by the imposition of extra costs. In respect of foodstuffs, whether a particular foreign language is 'easily understood' as required by the Labelling Directive must be considered in the light of the 'Peeters Decision' (above). With regard to slogans in connection with trade marks, the French law may prevent a pan-European marketing strategy and restrict the use of foreign words which are often used to enhance the product image[24]. The provisions of the law could also infringe the Community Trade Mark Regulation 40/94 of 20 December 1993.

It will be interesting, therefore, to see whether the Toubon law is found to infringe Community law in the future.

3. Minority languages and the Council of Europe

Whereas the EU deals with linguistic matters indirectly when they impede the principles of the EC Treaty, the Council of Europe addresses such matters directly. Whereas the EU texts mentioned above deal with official languages, the Council of Europe deals with the problem of minority languages. However, the Treaty on European Union 1992 (or Maastricht Treaty) refers to linguistic matters in Article 126 on education and Article 128 on culture which require Member States to respect regional diversity. This is the first time that the concept of regional languages appears in the context of a treaty. This could have important consequences.

There are three Council of Europe texts of importance in respect of minority or regional languages: the European Convention for the Protection of Human Rights and Fundamental Freedoms, the European Charter for Regional or Minority Languages, and the Framework Convention for the Protection of National Minorities. Only the first of these texts is operative but it has little significance for language rights, whereas the other texts are potentially much more important in that respect. France, as with all members of the Council of Europe, is bound by the Convention on Human Rights but has, so far, refused to ratify the other texts.

(i) The European Convention for the Protection of Human Rights and Fundamental Freedoms, has been in operation since 1953. It is currently enforced by the European Commission for Human Rights and the Court of Human Rights[25]. The Convention and subsequent Protocols protect a number of human rights but excludes protection for the rights of linguistic minorities, this was felt to be too explosive an issue to be included in a document which had to obtain unanimous approval of the signatories. Linguistic minority groups have, nonetheless, sought protection against linguistic discrimination under Article 14 of the Convention which ensures non-discrimination, and under

Article 2 of the First Protocol which ensures access to education. Article 14 does not, however, provide an absolute protection against discrimination but only ensures a right against discrimination in terms of the other rights recognised in the Convention.

This was proved by the 'Affaire Linguistique Belge' A 6 (1968), in which the plaintiffs argued unsuccessfully that it constituted discrimination and denial of the right to education to send a child to a school using a different language from the child's mother tongue. This settled two issues. Firstly, the Court of Human Rights recognised a distinction between legal and illegal discrimination. Discrimination could be legal if (i) the discrimination had a legitimate purpose and (ii) the discrimination practised was proportional to this purpose. The court found that the discrimination operated by Belgium was legal. Secondly, the Court stated that the right to education would be meaningless without recognition of the right to an education in the national language or one of the national languages of the country. However, it also stated that the Convention did not oblige a State to finance or to subsidise a specific form of education. Thus, if a State decides that it cannot afford to establish education in a particular language, nothing under Article 2 obliges it to do so. From this it can be seen that the European Convention on Human Rights affords little or no protection for the rights of linguistic minorities.

(ii) The European Charter for Regional or Minority Languages was given the legal status of a Convention in 1992 by the votes of all but five of the members of the Council of Europe. The exceptions were France, Cyprus, Turkey and Great Britain (fearing presumably that Irish would become a regional language in the process) which abstained. Greece voted against the proposal. The Charter required ratification by five countries to come into force. It has been ratified by Croatia, Finland, Hungary, Liechtenstein, the Netherlands, Norway and Switzerland and entered into force from 1 March 1998 for those countries with the exception of Switzerland for whom the date is 1 April 1998 and should be of some significance for minority language rights in those countries.

In principle, the Charter is far reaching, but, unfortunately for the supporters of the cause of minority or regional languages, it would be less so in practice. Having dealt with generalities in Part I, Part II of the Charter sets out the principles and aims which each contracting State must accept in its entirety. Part III contains measures destined to promote the use of regional or minority languages in public life. The State must agree to apply a minimum of 35 paragraphs or sub-paragraphs of Part III for each language designated by the State on ratification. At least three paragraphs must relate to teaching and to cultural activities and facilities. The Charter concerns the role of the regional or minority language in a number of areas: education (Art. 8), justice (Art. 9), public services (Art.10), the media (Art. 11), cultural activities and facilities – libraries, museums, archives, theatre, literary and cinematographic output – (Art. 12) and economic and social life (Art. 13). However, the Charter allows the State to choose the degree to which it will recognise the regional or minority language in each category, from equal recognition to simple tolerance. This removes most of its bite, but, potentially, makes it easier for States to ratify.

The issue of linguistic discrimination is similarly fudged. The topic is dealt with in Article 7(2) which provides: 'The Parties undertake to eliminate ... any unjustified distinction, exclusion, restriction or preference relating to the use of a regional or minority language and intended to discourage or endanger the maintenance or development of a regional or minority language. ...'. The effect of this statement is, however, compromised by Article 21 which allows States to make one or more reservations to paragraphs 2 to 5 of Article 7 at the time of signature or ratification. This potentially weakens the effect of the Charter.

The Parties must present periodical reports in a prescribed form to the Secretary General of the Council, one in the first year and then at three-yearly intervals. The reports are examined by a Committee of Experts and national bodies and associations can make representations to the committee. The Committee of Experts prepares a report for the Committee of Ministers incorporating the State's report and any representations. This report may be made public. The Secretary General of the Council of Europe is also to make a two-yearly detailed report to the Parliamentary Assembly on the application of the Charter.

Having learnt of the French Council of State's opinion that the Charter did not conform with the French Constitution an association, the *Collectif pour la langue*, was created to unite cultural associations, unions and the Economic, Social and Cultural Council of Corsica in a campaign to draw the government's attention to their demand for the constitution to be changed to facilitate France signing the Charter. There is a large consensus in Corsica in favour of the Charter and also in other regions of France. The group is pressing for an amendment to Article 2 of the Constitution which is not amenable to cultural pluralism.

(iii) The Framework Convention for the Protection of National Minorities was signed in 1994 by all the member countries except for France, Belgium and Greece. The Convention has been ratified 12 states and entered into force in those states by 1 February 1998[26]. The aim is stated in Article 1: 'The protection of national minorities and the rights and freedoms of persons belonging to these minorities are an integral part of the international protection of the rights of man and, as such, are within the domain of international cooperation.'

The Convention has 32 articles and covers very diverse questions such as how to avoid assimilation, the problem of legal equality, the right of peaceful assembly, access of minority groups to the media, participation in cultural, social and economic life, cross-border contacts and cooperation. Articles 9 – 14 deal with issues relating to language and culture. Thus the Convention recognises the right to freedom of expression of national minorities in the minority language (Art.9); freedom to use the minority language in private and in public, orally and in writing (Art. 10); right to the use of name and surname in the minority language, right to display signs in the minority language (Art.11); obligation of the State to foster knowledge of the culture, history, language and religion of national minorities (Art.12); recognition of the right to private educational establishments (without financial obligation on the State) (Art.13); right to learn minority languages and right to be taught the minority language or receive instruction in this language subject to sufficient demand (Art.14). The Convention fails to define the term 'national minority'. An explanatory document states that: 'For certain persons the term only applies to historical national minorities. For others, it encompasses historically multinational minority groups, Gypsies or Jews for example, and regional minorities. Whereas for others the term should also include new minority groups, such as migrant workers and refugees'.

As for the European Charter for Regional or Minority Languages, there is no direct power of enforcement of this text. But failure to ratify it could be politically embarrassing. Moreover, the Parliamentary Assembly of the Council of Europe in Recommendation 1285 of the 1996 Ordinary Session in Paragraph 10 clearly aims at complementing these two Conventions 'with an additional protocol to the European Convention on Human Rights setting out clearly defined rights which individuals may invoke before independent judiciary organs.' In other words, the aim is to incorporate in a Protocol to the European Convention for the Protection of Human Rights and Fundamental Freedoms some of the principles contained in the two other texts in order to make them enforceable.

The relatively negative position adopted by France (abstention rather than outright rejection) in terms of these texts reflects her traditional policy of linguistic centralisation in favour of French. This position is due to the fact that the French constitutions since the Revolution have all espoused two incompatible ideals: equality and liberty. Equality presumes a degree of uniformity, hence policies over two centuries which have had as their aim to establish French as the sole national language for all legal, administrative, educational and cultural matters. This has been in contradiction to the ideal of freedom of choice in respect of language and the discouragement and even suppression of the regional and minority languages. Matters appear to be changing – albeit very slowly in favour of these languages; either because they are no longer seen as a threat to French, or because there is a genuine sense that the loss of a language is a real loss to the country. But many people in France think that it is 'trop peu, trop tard'. The European Parliament, also fighting for the cause of regional languages, has been trying to encourage the trend towards the valorisation of the regional or minority languages.

4. The rights of minority languages and European Parliament initiatives

The European Parliament (EP) has fought consistently for the protection and development of regional languages and cultures within the EU. The fight has mainly taken the form of motions to put pressure on the Commission and the Council of Ministers. These have, incidentally, led to research on the linguistic state of the EU, namely the Killilea and the Euromosaïc Reports (see below).

The EP started taking an active interest in this topic at the very end of the 70s. Thus several motions were passed by the EP in 1979 and 1980 demanding protection for regional languages and cultures. These led to the EP voting for the First Arfé Resolution in 1981[27] which led to the creation in 1982 of the European Bureau for Lesser Used Languages (EBLUL, see 5.(i) below). The importance of this is that it implicitly recognises the existence – and the right to exist – of minority or regional languages (these terms are not synonymous since a language may be a minority language in one country – German in Belgium for example – and a majority or official language in another). In 1983 a Second Arfé Resolution[28] was passed on the financial measures to be taken in this respect. This led to the creation of an official budget to support Community languages and cultures.

In 1987, the Kuijpers Resolution[29] asked for concrete measures to be taken by the Member States and the EU to save and promote regional languages and cultures. This resolution covered several issues including the languages and cultures of non-permanent residents of the EU, the need for cross-frontier links and the decentralisation of linguistic policies and support for the Council of Europe's efforts to draw up a Charter for Regional and Minority Languages (see 3 (ii) above).

The Arfé and Kuijpers resolutions are fundamental and thereby famous. Later resolutions are less significant. The De Pasquale Resolution, adopted by the EP on 28 October 1988, repeated previous demands and stated the need to establish and enforce policies to take cross-frontier languages into account. The De Vries Resolution adopted by the EP on 21 March 1989, dealt with the need to finance and protect the European film and television industry. A 1991 resolution[30] concerned the problem of Catalan, an official language of Spain but not of the EU (campaigners would like to it to be recognised at least as a Treaty language), and recommended its use in a number of official European contexts. The European Charter for Regional or Minority Languages, although drawn up by the Council of Europe, effectively marks the culmination of all these efforts.

All this activity has had important educational repercussions; in the LINGUA programme, in 1989, which includes all the official languages of the EC plus Irish and Luxembourgish; in the ERASMUS programme, also in 1989, which does not mention regional or minority languages as such but includes in its projects Welsh and Catalan; and in the MERCATOR network of information on minority or regional languages created in 1990. The SOCRATES project which has succeeded Erasmus allows for exchanges aimed at developing lesser used languages. Such projects are firmly supported by the EU. Indeed in 1992 the European Council of Ministers passed a Resolution in favour of improving and diversifying the teaching of foreign languages in the various Member States.

In 1993, the Barzanti Resolution[31] entitled 'New prospects for Community cultural action' expressed disquiet at the apparent neglect of the arts by the Commission and the Council and called for coordination between the EU, UNESCO and the Council of Europe. It also included a resolution on books and reading (the Gutenberg Programme), which introduced the idea of an `aid to translation' and demanded that the status of translators be examined.

The same year, in a resolution adopted by the EP on 21 January 1993, Mrs Duhrkop Duhrkop called on the Commission to consider whether the Maastricht Treaty laid the foundations for a legal right to education in a child's mother tongue, with the host country taking responsibility for providing such education. She also called on host countries to offer immigrant children supplementary education in the language of their country of origin. 1993 also saw the setting up of a new EU project called Citizenship 2000, with the aim of developing bilingualism.

In 1994, a Resolution was passed calling all Member States to sign the European Charter for Regional and Minority Languages, and reiterating commitment to Article 18 of the Maastricht treaty on the 'flowering of the cultures of the Member States'; this resolution also recognised for the first time the need to protect weaker languages. The same year the EP adopted a resolution on linguistic and cultural minorities in the EU prepared by Mr Mark Killilea[32]. The resolution includes as an appendix the 'Killilea

Report' which gives statistics on the status of all the languages spoken within the EC. The statistics have been disputed but the report marked a positive move towards the recognition of linguistic rights in Europe and the first effort at describing a linguistic situation.

Resolutions and reports led to a scientific study of regional languages in the EU commissioned by the European Commission called 'Euromosaïc'. A call for tender for such a study was sent out in November 1992. The project was awarded to the 'Institut de Sociolinguistica Catalana, Generalitat de Catalunya', the 'Centre de Recherche sur le Plurilinguisme', KUB, Brussels, 'Research Centre Wales', University of Wales, Bangor, and the 'Fédération Nationale des Foyers Ruraux', Paris. It builds on earlier reports to the various institutions of the EU, but differs in having drawn upon theoretical and methodological resources of the social sciences. The main aim was to determine the potential for production and reproduction of the various minority languages. The theoretical perspective adopted was to consider the various social and institutional mechanisms whereby a language group produces and reproduces itself. This led to the study of language prestige and the link between language use and the concepts of institutionalisation and legitimisation. These were seen to relate to the general processes of social, cultural, economical and political restructuring that is currently in progress in the EU. Indeed, much importance is attached to the economic and political restructuring of Europe in this study.

These are largely political issues, hence the potentially explosive nature of the study. This presumably explains why the Commission reduced to 62 pages of text, a large and extensive study of over 2,400 pages including eight reports based on 2,400 lengthy interviews across eight language groups.[33]

The report is, nonetheless, interesting linguistically speaking in that it wilfully departs from 'the normativity of orthodox sociolinguistics and the sociology of language', which tends to reify language, leading to concepts such as language shift and language contact. The team proclaimed these concepts 'devoid of any social or economic context'. Instead of studying language per se, they preferred to study 'the language groups which were analyzed as social groups', bearing in mind that 'a single person may belong simultaneously to several social groups'. This is not, therefore, a sociolinguistic study in the traditional sense but something more closely related to the sociology of language (G. Williams is much quoted) and potentially to glottopolitics.

This does not mean that the data is not of great interest to sociolinguists. As far as France is concerned one of the eight special studies reported on Breton. Basque, Occitan and Catalan are also included. The findings are, however, largely confined to a number of figures and tables which are rather user-unfriendly. Careful reading of the text, and a study of figures and tables, enables the reader to draw some interesting conclusions as to the survival potential of these languages and the economic and political conditions necessary for that survival. It is hardly surprising that such a study is not being given much publicity. At present, the great fear within the EU is that any discussion of the linguistic issue, be it the official minority languages, could upset a very fragile 'apple-cart', i.e. the whole EU.

5. Initiatives by the Commission and the Council of Ministers

These have been both in the area of regional languages (i) and official languages (ii).

(i) Constant pressure from the EP and other institutions has led to various moves by the Commission and by the Council of Ministers in respect of regional and lesser used languages. The creation in 1982 of EBLUL which is financed by the Commission was the first step in recognising the plight of these languages. The Commission also sends representatives to the Council of Europe meetings and is considering the possibility of joining the Council of Europe as a full member. It was represented at the Vienna Summit of the Member States of the Council of Europe and it supported the Vienna Declaration Appendix II which led to the Framework Convention for the Protection of National Minorities of 1994. The Declaration includes the statement: 'States should create the conditions necessary for persons belonging to national minorities to develop their culture, while preserving their religion, traditions and customs. These persons must be able to use their language both in private and in public and should be able to use it, under certain conditions, in their relations with the public authorities.' On the other hand, it has been shown above in relation to the 'Euromosaïc report' that the Commission does not intend to rush to intervene. As a parallel development, the Organisation for Security and Cooperation in Europe (OSCE) created in 1993 the post of High Commissioner on National Minorities.

In 1995, the European Council of Ministers declared its support for the Ariane Programme[34] aimed at promoting knowledge of history and culture of each of the Member States. One of the aims is to encourage wider dissemination of works of contemporary literature, giving priority to translations of works in the lesser-known languages including the indigenous languages. In 1996, this led to the setting up of a pilot scheme providing financial assistance for the translation of literary, theatrical and reference works[35]. The programme envisages cooperation with the Council of Europe, UNESCO and other bodies.

(ii) With regard to plurilingualism within the EU institutions, matters remain static but the scale of the problem is recognised. The Council of Ministers emphasized the importance of linguistic diversity in its decision of 12.06.95[36] and asked the Commission to establish a working group of representatives of the Member States to study the issue of linguistic diversity and multilingualism. The 'Working Group on the language problem in the European Union', led by Hans Erasmus, was established in 1995. It published a Position Paper on 15 September 1995[37] which set out the theoretical options. Three fundamental options were identified as being able to 'guarantee linguistic and cultural diversity combined with efficiency, equal rights and non-discrimination for each language group in a multi-national Community':

Option A - All official languages to be treated in the same way.

Option B - One common language to take over inter-ethnic communication.

Option C - Two foreign languages obligatory for everybody

> *one* for assuring/guaranteeing equality, efficiency and inter-ethnic (multilateral) communication, that is a non-discriminatory *universal language model* (planned language),

> *and one* for guaranteeing diversity, cultural and linguistic identities, better understanding of one's neighbour, his culture, background and his position; this can be *any (foreign) national / regional / minority language* according to the person's private or professional preference.

The paper remarks on each option and identifies its advantages and disadvantages. For 'A' – all languages to be treated in the same way – it remarks that this option does not even solve the problem of regional or minority languages within the Member States. Among the disadvantages it highlights the 'clear physical, human and financial constraints evident ... which are needed to translate all internal documents in time' and 'the interpretation ... from and into all languages in hundreds of daily meetings'. The paper concludes by stating that the need for efficiency in daily work and decision making 'requires a more rational but also non-discriminatory approach'.

In the remarks on option B – one common language only – the paper rejects the idea of two, three or five national languages as working languages because it fails the criteria of equality and non-discrimination. The disadvantages associated with this option are that citizens of the EU who did not learn the common language 'might not feel involved in this Union', and that it fails to stimulate 'the learning of one's neighbour's language' and 'the integration into local and regional communities'. It also identifies the problem that 'citizens ... might feel discriminated against in relation to their colleagues and neighbours, *if this common language is the official language of another Member State*', with the result that an 'increasing group of citizens and countries might therefore become hostile to this peaceful integration process'. This option is also seen to result in a 'cultural one-way-street' for citizens not having that language as their mother tongue, leading to 'cultural domination' of those who can speak and write in their mother tongue and bringing 'economic advantages to this language group' and the possibility that 'the long-term political cohesion of the European Union will come under strain'. The paper sees the only alternative to this dilemma as either the use of a neutral language – like Latin in the Middle Ages, or a universal language system or 'planned language'.

Of option C – two foreign languages obligatory for everybody – the paper remarks that it had already been decided that pupils in schools should learn at least two foreign languages and that one of these could be an artificial planned language. The paper points to research showing that exposure to such a planned language makes the learning of a first foreign language easier and quicker and concludes that it 'is the best solution in language learning and use for combining non-discriminatory multilateral communication with conserving cultural identities and linguistic diversity'.

The working group produced a further paper on 1 November 1995 containing three proposals. Firstly, the working group had concluded that a neutral language is a reasonable and logical proposition. It also called for a 'comprehensive document of an official interdisciplinary study-group of the European Commission' to deal with all aspects of linguistic diversity and multilingualism. It also called for a repetition in all Member States of experiments to establish that foreign languages can be taught more quickly and more efficiently by means of a language orientation course based on the concept of a logically conceived planned language and for an experiment using a universal language as a bridge-language for translation.

Questioned on the subject on 23 March 1995, Edith Cresson, a Commissioner for France, stated that Esperanto was not being considered, and that the EU was committed to full plurilingualism[38]. Indeed, the concept of a planned – and thereby neutral – language remains to a large degree a taboo subject for many linguists[39]. The newly established 'Forum de la Jeunesse Européenne' has, however, adopted English and French as working languages and Esperanto as its official language. Research in France by an English Esperanto speaker[40] showed that, although most of the French were unaware of the existence of planned languages, they were not, unlike the French State, necessarily opposed to the idea.

Conclusion

The EU does not plan to abandon its plurilingual policy. The increase in the number of official languages makes the policy expensive and inefficient but the Council and the Commission are unwilling to address such an explosive problem. At present, therefore, language is only an issue which arises indirectly when internal policies of Member States conflict with the essential freedoms of the Community.

The impact of these matters on France is important. French was the dominant language in the European Community until the entry of the UK. The French language was and is seen as a symbol of the nation's prestige and the collapse in status and use of the language is taken as indicating a fall in national prestige. This has led to a sense of defensiveness as illustrated by such statements as: 'Aujourd'hui, les menaces qui pèsent sur l'intégrité de notre langue sont d'une autre nature. Elles proviennent essentiellement de l'extérieur de nos frontières, tout en prenant appui sur au moins l'indolence de la plupart de nos compatriotes quant à la préservation de la langue française contre les dégradations dues à l'usage abusif de termes étrangers' (M. Francisque Perrut, MP in the French National Assembly[41]). And in a similar vein: 'On nous laissera peut-être La Marseillaise, à condition d'en changer les paroles ... On nous abandonnera notre langue, quitte à nous laisser le soin de l'abâtardir alors que, pour tant de peuples, le français reste encore synonyme de liberté' (M. Phillippe Seguin, MP in the French National Assembly[42]).

This fear led to the amendment of the French Constitution in 1992 – the year of the Maastricht Treaty – making French the official language of France, a point which had never been queried in the past. The threat from English also led to laws protecting French in France, of which the Toubon law is the most recent example. France's membership of the EU, however, restricts her freedom for independent policy initiatives and some aspects of the law may be null and void under Community Law.

France and the French support the policy of full plurilingualism to defend the position of French and to broaden the range of languages taught at school. The SOFRES poll on the 4 and 5 March 1994 for the Ministère de la Culture showed that 78% were in favour of encouraging the learning of several languages and only 20% in favour of all Member States encouraging knowledge of English. This plurilingual educational policy has proved advantageous for the regional languages, since selective plurilingualism would be indefensible. Thus two bilingual Occitan/French secondary schools have been created, one in Toulouse which has just completed its 'classe de cinquième', and one which started in September 1997 in Montpellier. Purely Breton speaking schools saw their first class of 'bacheliers' emerge in 1997, and both Diwan and bilingual schools are developing. In 1993, a CAPES for Basque was created, which implies increased teaching of Basque at secondary level. Thus the plurilingual policy put forward by the French government is indirectly benefiting the regional languages.

The convergence of the EU and the Council of Europe with regard to the rights of regional or minority languages, seen in the Commission's endorsement of the European Charter for Regional and Minority Languages and the Framework Convention for the Protection of National Minorities and the position paper of the working group led by Hans Erasmus, seems to indicate the recognition of the right to function in one's mother tongue as a new Human Right. The entry into force of these conventions following their ratification by the required minimum number of countries has given champions of minority languages a means of exerting political pressure and France may be forced into ratifying the Conventions in contradiction of her previous policy. If the EU decides to become a member the Council of Europe itself, their impact would be greater since they could be enforced against Member States before the ECJ.

In conclusion, given the European context, it is increasingly doubtful that the internal linguistic policies of France both as regards the protection of French against English and the promotion of French over the regional or minority languages can be continued without significant modification in the future.

Notes

1. The European Economic Community (EEC) was created by the EEC Treaty (Treaty of Rome) 1957. Since the Treaty on European Union (TEU) (the Maastricht Treaty) 1992, it is correct to refer to the European Community (EC) and the EC Treaty.

The EC is a source of legislation giving rights to nationals of Member States enforceable before national courts. This is contained in certain Articles of the EC Treaty and Regulations, delegated legislation initiated by the Commission and passed by the Council of Ministers. Another form of delegated legislation is the Directive which is used to harmonize the law between Member States. Member States must, within a stipulated period, pass domestic legislation to give them effect. The European Court of Justice (ECJ) has the monopoly of interpreting Community legislation and national courts may - and sometimes must - refer to it Community law issues in cases before them for a ruling on the interpretation of community legislation. This and decisions of the ECJ have supremacy over national law and national legislation inconsistent with Community Law is unlawful and inapplicable.

2. There is confusion between the EC and the EU. The EC is a legal entity whereas the EU is a political entity. The EC, European Coal and Steel Community (ECSC) and the European Atomic Energy Community (Euratom) form one of the three pillars of the EU. The others are intergovernmental organisations whose decisions are made by co-ordinated or joint action of the Member States. They are the Common Foreign Security Policy (CFSP) and Co-operation in Justice and Home Affairs (CJHA).

3. An increasing number of students study a regional language as an option for the Baccalauréat, and more universities offer courses in these languages and their culture, see Judge, A. in 'Language, linguistic policies and nationalism in France' in *Language and Nationalism in Europe*', Barbour, S. & Carmichael, C. (eds.), OUP, 1998, forthcoming.

4. (Case T-107/94) [1995] 2 CMLR 857.

5. According to figures released by the Information service of the Service de Presse attached to DGIX.

6. See *Contact bulletin*, published by The European Bureau for Lesser Used Languages, Spring 1996, Volume 13, Number 1, p. 4.

7. (Case 379/87) [1990] 1 CMLR 401.

8. (Case 154/89) [1994] 3 CMLR 500.

9. (Case 198/89) & (Case 180/89) [1994] 3 CMLR 500.

10. [1994] 3 CMLR 500.

11. (Case C - 153/91) [1993] 1 CMLR 476.

12. Convention No 14 of the International Commission on Civil Status of 13 September 1973 [1976] BGB1 1473. The Convention is in French and there does not appear to be an official English version.

13. (Case C - 168/91) [1993] 3 CMLR 401.

14. [1979] OJ L33/1.

15. Groupement des producteurs, importateurs et agents généraux d'eaux minérales étrangères (PIAGEME) v Peeters (Case C-369/89) [1993] 3 CMLR 725.

16. COM(93) 456 final.

17. COM(93) 532 final.

18. Keck/Mithouard (Case C-267/91) [1993] ECR 1-6097.

19. The popular name for Rewe-Zentral AG v Bundesmonopolverwaltung fur Brantwein (Case C-120/78) [1979] ECR 649.

20. (Case C-315/92) [1994] ECR 1-317.

21. Loi No 75-1349 du 31 décembre 1975 relative à l'emploi de la langue française (JO 4 janvier 1976).

22. Loi No. 94-665 du 4 aout 1994 (JO 5 August 1994), et Décret No. 95-240 (JO 5 mars 1995).

23. Court of Appeal of Versailles, 24 June 1984.

24. Audi's 'Vorsprung durch Technik'; Nike's 'Just do it'; Carte Noire's 'Un café nommé Désir'.

25. The Eleventh Protocol will replace the Commission and the existing court by a permanent Court. This Protocol will come into force one year after having been ratified by each Member State. The aim is to cut down delays in processing petitions. At present it takes more than five years for a final decision.

26. The Convention has been ratified and entered into force for the following states by 1 February 1998: Croatia, Cyprus, Denmark, Estonia, Finland, Germany, Hungary, Moldova, Romania, San Marino, Slovakia, Spain and Tfyromacedonia. It entered into force for Italy, Liechtenstein from 1 March 1998; and for the Czech Republic from 1 April 1998.

27. OJEC 1981 C 287/106.

28. OJEC 1983 C 68/103.

29. OJEC 1987 C 318/160.

30. OJEC 1991 C 19/42.

31. OJEC 1993 C 42/173.

32. 9 February 1994, Doc.A. 3 0042/94 PR 201 963/fin.

33. 'Euromosaïc, The production and reproduction of the minority language groups in the European Union', European Commission, Luxembourg: Office for Official Publications of the European Communities, 1996.

34. OJEC 1995 C 279/7.

35. OJEC 1996 C 119/4.

36. Document 7755/95 of the Council of Ministers.

37. Obtained through EBLUL.

38. OJEC 1995 C 145.54.

39. Comment reflects reactions of colleagues confronted with the notion.

40. Final Year Dissertation on the use of Esperanto in France, Nikola Markarian, 1995. Department of Linguistic and International Studies, Surrey University.

41. Document 1158 of the 'Assemblée Nationale', 25 April 1994.

42. JO, Débats, Ass. nat. 5 mai 1992, p.868. See also: 'Ce que pensent les Français' Alain Kimmel, Points de Vue, échos No 73-74 - 1994, p. 86; Libération, 13 avril, 1994.

References

Articles, papers and reports:

Albers, H.J. (1996). 'The Trouble with Toubon: Language Slogans and Messages in the Light of Article 30 EC', *21 European Law Review* (Feb).

Contact Bulletin, published by the European Bureau for Lesser Used Languages (EBLUL).

Debbasch, R. (1992). 'La reconnaissance constitutionnelle de la langue française', *Revue française de droit constitutionnel.*

Judge, A. (1994). 'La planification linguistique française: traditions et impact de la Communauté européenne', in 'Les langues régionales et l'Europe', *Revue internationale d'éducation, Sèvres* No. 3, September.

Erasmus, H. (1995a). 'Position paper of the Working Group on the Language Problem in the European Union', 15 September 1995, obtained via EBLUL.

Erasmus, H. (1995b). 'Second Position paper of the Working Group on the Language Problem in the European Union', 1 November 1995, obtained via EBLUL.

General Report on the Activities of the European Union, Years 1994, 1995, 1996.

McCarthy, N. and Mercer, H. (1996). 'Language as Barrier to Trade: The Loi Toubon', 5 *ECLR* 308.

Books on legal matters:

Harris, D.J., Boyle, M., Warbrick, C. (1995). *Law of the European Convention on Human Rights*, London: Butterworths.

Robinson, O.F., Fergus, T.D., Gordon, W.M. (1994). *European Legal History*, London: Butterworths.

Textes législatifs et réglementaires in *'Dictionnaires des termes officiels'*, no. 1468, 7e édition, (avril 1991). Paris: Délégation générale à la langue française & Direction des journaux officiels.

Books on linguistic policies:

Durand, J. (1996). 'Linguistic Purification, the French Nation State and the Linguist' in Hoffman, C. (ed.), *Language, Culture and Communication in Contemporary Europe*, Clevedon, Avon: Multilingual Matters.

Judge, A. (1993). 'French: a Planned Language?' in Sanders, C. (ed.), *French Today*, Cambridge: Cambridge University Press.

Judge, A. (1998, forthcoming). 'Language, Linguistic Policies and Nationalism in France' in Barbour, S. and Carmichael, C. (eds.), *Language and Nationalism in Europe*, Oxford: Oxford University Press.

Labrie, N. (1993). *La construction linguistique de la Communauté européenne*, Paris: Honoré Champion.

The Euromosaïc Report, the Production and Reproduction of the Minority Language Groups in the European Union (1996). Luxembourg: European Commission, Office for Official Publications of the European Communities.

Vade-Mecum, Guide to Legal Documents, Support Structures and Action Programmes pertaining to the Lesser Used Languages of Europe (1994). Dublin, EBLUL.

The Series Editors and AFLS Projects and Publications Committee would like to thank all those who have helped to assess and edit so many submitted manuscripts since the launch of the series in 1991.

Past and present membership of the Projects and Publications Committee is

James A. Coleman (1991–)
Robert Crawshaw (1991–95)
Dulcie Engel (1993–98)
Marie-Anne Hintze (1995–)
Gabrielle Parker (1991–)
Annie Rouxeville (1991–)

Other referees to whom we convey our thanks are:

Robin Adamson
Eve-Marie Aldridge
Nigel Armstrong
Gertrud Aub-Büscher
Noëlle Brick
Elspeth Broady
Inès Brulard
Peter Bush
Janice Carruthers
Francine Chambers
Aidan Coveney
Robert Crawshaw
Béatrice Dammame-Gilbert
David Drake
Peter Dyson
George Evans
Bob French
Raymond Gallery
Marie-Marthe Gervais le Garff
Ruth Goodison
Terry Goodison
Geoffrey Hare
Marie-Monique Huss
Anne Judge
Michael Kelly

Marie-Madeleine Kenning
Anthony Lodge
Nicole McBride
Ian Mason
Rosamond Mitchell
Florence Myles
Susan Myles
David Nott
Malcolm Offord
Charles Russ
Kamal Salhi
Rodney Sampson
Carol Sanders
Penelope Sewell
Samuel Taylor
Ros Temple
Richard Towell
Jeanine Treffers-Daller
Robert Turner
Raynalle Udris
Richard Wakeley
David Walker
David Williams
Hilary Wise
Marie-Paule Woodley

CURRENT ISSUES IN UNIVERSITY LANGUAGE TEACHING

Series Editors: James A. Coleman, Marie Anne Hintze, Gabrielle Parker and Annie Rouxeville

Published by the Association for French Language Studies (AFLS) in Association with the Centre for Information on Language Teaching and Research (CILT)

The Association for French Language Studies, founded in 1981, has always believed in a close link between teaching and research, and in the insights each can bring to the other.

The present series was conceived as a channel for disseminating research findings, theoretical developments, and good practice in foreign language teaching and learning at university level. It also provides a focus for discussion of themes of topical or enduring concern to university language teachers.

The books are principally concerned with French, but since the outset have embraced all modern languages, and despite the focus on British higher education have welcomed contributions from the perspective of many different countries. All chapters are read by three referees.

Current Issues in University Language Teaching complements other AFLS activities: regular workshops focused on specific aspects of teaching or research; the authoritative, international *Journal of French Language Studies* (Cambridge University Press, biannual); the triannual *Cahiers AFLS*, containing shorter articles, reviews and news; the AFLS-NEWS bulletin board; the thematic annual conference; support for postgraduates and for innovative teaching and learning materials. We gladly acknowledge the support AFLS receives from the Service Culturel, Ambassade de France.